GOD
A HUMAN HISTORY
REZA ASLAN

人類はなぜ〈神〉を生み出したのか？

レザー・アスラン＝著
白須英子＝訳

文藝春秋

人類はなぜ〈神〉を生み出したのか？　目次

第Ⅲ部 〈神〉とは何か？ 137

わが息子サイラス、ジャスパー、アサが
それぞれの心の旅路に出立する日のために

人類はなぜ〈神〉を生み出したのか？

装幀・永井翔

序　章　〈神〉の似姿を求めて

子どもの頃の私は、〈神〉とは、自分の父親を拡大、強化したような老人で、空の彼方に住む、大柄で迫力があり、不思議な力を持っている人かと思っていた。想像の中のその人は、がっしりとした肩に長い銀髪をなびかせ、ハンサムな姿で雲に包まれた玉座に収まり、話すと声が空いっぱいに響き渡った。怒るとさらに声高《こわだか》になる。しかも、しょっちゅう怒る。だが、あたたかく、やさしい人でもあり、慈愛に満ちていて親切だった。嬉しい時にはよく笑い、悲しい時には声を上げて泣いた。

そのような〈神〉のイメージはどこから来たのかよくわからない。もしかすると、ステンドグラスや絵本などでちらりと見たことがあったのかも知れないし、生まれながらにそういうイメージを抱いていた可能性もある。学問的研究によれば、幼い子どもはみな、生まれや信心深さには関係なく、その行為や働きに関して、人間と〈神〉の違いを区別するのがむずかしい時期のあることが証明されている。だから、「〈神〉のイメージは？」と尋ねられれば、子どもはたいてい、超能力を持った人間の特徴を挙げる(1)。

成長するにつれて私は、そうした子どもっぽいものの見方から少しずつ脱皮した。だが、〈神〉のイメージは変わらなかった。とくに信心深い家庭に育ったわけではないが、私は宗教や心の世界《スピリチュアリティ》に早くから関心があった。私の頭の中には、〈神〉とは何か、どこから来て、どんな姿形をしているのか（奇妙なことにそれはまだ自分の父親とそっくりだった）について生半可《なまはんか》な思惑でいっぱいだった。単に〈神〉について知るだけでなく、自分の生活の中で〈神〉の存在が実感できるような経験をしてみたいと思っていた。ところがそれを試みるたびに、双方の間に深く大きな隔たりが広がってゆき、一方に〈神〉、他方に自分がいる状態のまま、互いに交わる道はないように感じられた。

人間の脳は〈神〉を人格化せずにはいられない

一〇代の頃、私はアメリカに移住したイラン人両親のあまり熱心ではないイスラームから、学校友だちが熱心に信じるキリスト教に鞍替えした。そしてたちまち、子ども時代にあこがれていた偉大な人物という〈神〉のイメージにぴったりの、「神の似姿」と言われるイエス・キリストを崇拝するようになった。最初、その経験は、それまでずっと痒《かゆ》くてたまらなかったところを掻けたような感じだった。何年も自分と〈神〉との間の隔たりを埋める手段を模索していた私は、ようやくその隔たりはないと主張する宗教に出遭ったのだ。〈神〉とはどんな存在かを知るには、もっとも完璧な人間を想像しさえすればよかった。

なるほど、それなら合点がいった。〈神〉を一人の人間にしてしまえば、人間と〈神〉の間の垣根はなくなってしまう。キリスト教の〈神〉の概念がとてつもなく成功したのは、ドイツの有名な哲学者ルートヴィヒ・フォイエルバッハが言っているように、「ただ全人を自己のなかになっている存在者だけがまた全人を満足させることができるのである」[2]からだ。

大学に入った私が、初めてフォイエルバッハのその一節を読んだのは、ちょうど世界のさまざまな宗教の研究をライフワークにしようと決意した頃だった。フォイエルバッハは、人間が外観も自分とそっくりで、自分と同じように考え、感じ、行動する〈神〉に魅力を感じるのはほぼ世界的な現象で、それは人間の心の奥底に、神的存在を自分の姿の投影のように感じずにはいられない性向が宿っているからだと言っているように思えた。その鋭い指摘は雷鳴のように私を直撃した。子ども時代に私がキリスト教に惹かれたのはそのためだったのか？　その頃の私は、自分自身の特徴や感情を反映させた鏡の中の自分のような、自分なりの〈神〉のイメージを造り上げていたのだろうか？

そうだったかもしれないと思うと苦々しい気持ちがして幻滅を感じた。もっと深遠な〈神〉の概念を模索し始めた私は、キリスト教を棄《す》て、人間その他のイメージに限定されない〈神〉を信仰するイスラームの徹底した偶像破壊主義に惹かれて、イスラームに逆戻りした。だが、間もなく、イスラームでは、人間の姿をした〈神〉を描くのは禁じているが、人間に譬《たと》えて考えることは禁止していないことに気がついた。イスラーム教徒もまた、人間の美徳や悪徳、自分自身の感情や欠点の原因が〈神〉に起因していると思いたがるのは、他の宗教の信者と似たり寄ったりである。ムスリムもこの問題についてはほとんど選択肢を持っていない。そう思わない人はわずかだからだ。

世界で知られているほとんどの宗教的伝承にもこうした特徴が中核にあるのは、神的存在を人格化せずにはいられない衝動が、人間の脳の働きにしっかり組み込まれているためであることがわかる。人間の進化の過程で生まれたこのような〈神〉の概念が、意識するかしないかにかかわらず、人間に似た〈神〉を必然的に形作って来たのである。実際、人間の心《スピリチュアリティ》の世界の進化の歴史をたどってみると、神的存在が自分たちと同じ感情や個性を持つと考え、それゆえに自分たちと同様の習性や願望を持つことを当然とし、同じような強さや弱さを持った、姿形まで**私たちそっくりの**〈神〉をつくることによって、神的存在を理解しようとする、長い、長い、試行錯誤しながらも絶え間なく進化し、驚くほど一貫した努力の連続だったことがわかる。つまり、私たちの大半は、しばしば、意識しようとしまいと、信仰者であろうとなかろうと関係なく、〈神〉とは、自分たち自身を神的存在にしたような、超人的能力を持った人間と考えているというわけだ。(3)

なぜ人類は宗教を生み出したのか？

本書は、〈神〉はそのような存在ではないとか、あるいは、〈神〉は完全に人間の発明であるとかを論じるのが目的ではない。そのどちらも真実である可能性はあるが、本書の趣旨はそれを解き明かすことではない。私は〈神〉が存在するか、しないかを証明することには興味がない。なぜなら、そのどちらの証拠も存在しないからだ。信仰には選択の自由がある。いや違う、と言う人にはあなたを転向させようとする下心がある。実在し、**認識できる**もの、形ある世界を超えたところにある存在を信じるか、信じないかを選べと。私と同じように信じるほうを選択するなら、自分に対してもう一つ別の質問をしなければならない。それを体験してみたいか？　そういう存在と心の交わりを持ちたいか？　それを**知る**にはどうしたらいいか？　もしそういう存在を知りたいなら、きわめて神聖な体験を表現する独特の言語《コトバ》を知るのが早道かも知れない。

そこで登場するのが宗教である。神話や儀式、神殿や聖堂、「するべきこと」や「してはいけないこと」をめぐり、人々は数千年も、しばしば意見が一致せず、自分の信仰する〈神〉を味方につけて陣営を構え、相争ってきた。宗教とは、言葉では言い尽くせない信仰体験を、信者同士で伝え合うためのシンボルや比喩だらけの〝言語《コトバ》〟にほかならない。宗教の歴史をひもといてみると、世界中のほぼすべての宗教で、〈神〉を象徴するシンボルや比喩として、普遍的かつ断然多いのが**私たち**、すなわち人間である。

こうした概念を、私は〝人格化された神〟と呼んでいるが、それは、人類が〈神〉の概念を初めて思い浮かべた瞬間から私たちの意識の中に埋め込まれている。そうした概念によって初めて、森羅万象とその中における人間の役割の理論化が始まった。そのおかげで私たちは、この世界以遠に感覚としてとらえ得る存在があることを初めて知った。人格化された神々への信仰は、狩猟採集民だった人間を、数万年のちに農耕民に変え、神々を超人間的存在と考えた人たちによって人類最初の神殿が建てられた――これが宗教の始まりである。メソポタミア人、エジプト人、ギリシア人、ローマ人、インド人、ペルシア人、ヘブライ人、アラブ人らはみな、人間を表す言葉と人間のイメージを持った有神論的体系を考え出した。ジャイナ教や仏教のような無神論的思想においても同様に、「業《カルマ》の法則」に縛られた、人間で言えば超人のような存在として精霊や神霊が登場する。(4)

人間の「無意識の欲望」の歴史を繙《ひもと》く

無形、無謬《むびゅう》で、あまねく存在し、すべてを知っている唯一の〈神〉について、神学的に〝正しい〟信仰告白をしようと懸命な今日のユダヤ教徒、キリスト教徒、ムスリムらの一神教徒たちでさえ、人間の姿をした〈神〉を想定し、人間を表す言葉で〈神〉のことを語らなければならないと強要されているように見える。心理学者や認知科学者が幅広くおこなっている研究によれば、もっとも信心深い信仰者が〈神〉をどう思うか述べよと迫られると、彼らは〈神〉をその辺の街角で会ったことがあるような人として扱う例が圧倒的に多いことが証明されている。(5)

信仰を持つ者がしばしば、〈神〉を善良、柔和、残酷、嫉妬深い、寛大、親切などと表現しがちであることについて考えてみよう。それらはみな、言うまでもなく、人間の属性である。だが、人間の場合と同じ感情表現用語をほかの何か――人間以外の何か――、つまり、まったく**非人間的なもの**に無理やり使おうとすれば、人間的な本質の中の価値あるもの（すなわち無限の愛や、同情、思いやりにあふれた心、正義の希求）ばかりでなく、攻撃性や強欲、偏見や頑迷、過激な暴力嗜好など下劣なものまで、私たちの人間性を〈神〉に反映させずにはいられない実存的な欲求もあることがいっそう強く証明されることになる。

神的存在を人格化したいという自然な衝動には何かしら理由があると想像がつく。〈神〉にそのような人間的な属性があると考えれば、そうした属性をどうしても**神聖視する**ことになる。つまり、私たちの宗教についての短所も長所もすべて、私たちの短所と長所を反映しているにすぎない。私たちの願望は〈神〉の願望になるが、〈神〉の願望には際限がない。私たちの行為は〈神〉の行為になるが、〈神〉の行為には因果関係がない。私たちは、人間的特性はあるが人間的限界はない超人的存在を造り出す。私たち人間は、自分自身の衝動に掻き立てられて宗教や文化、社会や政治を生み出す。それは常に〈神〉の衝動であると自分自身に言い聞かせながら。

それはまさに、人類始まって以来の歴史を通じて、宗教が無限の善ばかりでなく、筆舌に尽くしがたい悪の推進力でもあったことを物語っている。なぜ同じ〈神〉への信仰が、ある信者には愛と共感を促し、別の信者には憎しみや暴力をそそのかすのか。なぜ二人の人間が同じ聖典を同時に読みながら、まったく異なった解釈にゆきつくのか。実際、この世を掻き乱し続ける宗教がらみの紛争の大半は、〈神〉の存在、〈神〉の願望、〈神〉がだれを愛し、だれを憎むかを自分に当てはめて、自分を美化したいという生来の無意識の欲望に起因している。

私が探求していた〈神〉の概念は、一つの宗教の伝承だけで定義するにはあまりにも深遠で、神的存在を真に体験できる唯一の方法は、自分の宗教的意識の中で〈神〉を**非人格化する**ことだと気づくまでにずいぶん長い歳月がかかった。

そういうわけで、本書は、人間がどのように〈神〉を人格化してきたかという歴史を綴るだけでなく、私たち人間の神的存在に対する妄念の介入を抑え、もっと**汎神論的な**〈神〉観（〈神〉と森羅万象、または〈神〉と自然とは一体であるとみなす哲学的・宗教的概念）の展開に読者を誘《いざな》うつもりである。一つの〈神〉を信じるか、多数の神々を信じるか、あるいはまったく神を信じないかのいずれであっても、〈神〉の似姿を自分なりにイメージして来たのは私たち人間であって、その逆ではない。まさにその真理にこそ、いっそう成熟した、ずっと平和的で、この上なく本来の人間らしい心の世界《スピリチユアリテイ》のありようを探る手がかりがある。

第Ⅰ部　伏在する魂《こころ》

第1章　エデンの園のアダムとイヴ

はじまりは虚空《こくう》。闇。渾沌《こんとん》。形もなく果てもない広がり。天、地、海の区別もなかった。神々は顕《あらわ》れておらず、名前も知られていなかった。何の運命も定められていなかった……一条の光が、時間と空間、エネルギーと物質、無数の星をちりばめた銀河を次々と誕生させる原子と分子を照らし出すまでは。

微小な塵の粒子の一つであるそうした星が、近くの同じような星と衝突し、渦を巻き始め、数十億年のうちに大きな塊になって層を成し、海と大地が生まれ、そこに偶然、**生命**が宿った。単細胞生物はやがて多細胞生物になり、地を這い、やがて歩き回るようになった。

数千年が過ぎゆく間に氷河が地球表面に進出し、やがて後退した。氷冠が溶け、海面が上昇した。氷床がゆるみ、滑り出して、ヨーロッパやアジアの渓谷を覆い、広大な森林を樹木のない平原に変容させた。この安全地帯に足を踏み入れたのが黎明期の人類に譬えられてきたアダムとイヴ、〝賢い人間〟を意味する**ホモ・サピエンス**である。

長身でまっすぐな手足、幅広い鼻と後頭部への傾斜が少ない額、頑丈そうな体格のアダムとイヴは、紀元前三〇万年から二〇万年の間に人類系統樹の最後の枝分かれした部分から進化を開始した。彼らの祖先は、サハラ砂漠が今日のような不毛の地ではなく、豊かな水を湛《たた》えた湖や青々とした植生があったおよそ一〇万年前にここから歩き出した。彼らは大挙してアラビア半島を横断し中央アジア平原を越え、北部へ散開したり、東はインド亜大陸に、海を越えてオーストラリアに、西はバルカン半島を越えてスペイン南部やヨーロッパの端まで行き着いた。

その過程で、彼らは自分たちより数十万年前にヨーロッパへ同じような旅をしていた**ホモ・エレクトス**という初期のヒト科に属する移住人種や、シベリアや東アジアの平原を歩き回る元気な**デニソワ人**、がっしりした胸の**ネアンデルタール人**らに遭遇したが、**ホモ・サピエンス**は彼らを絶滅させるか、吸収するかした（確かなことはだれも知らない(1)）。

アダムは狩人《ハンター》であるから、マンモスの皮をつなげ、それに襞《ひだ》を寄せて肩にかけ、槍を持った姿になる。被食者から捕食者への変貌過程で、彼に狩猟本能という遺伝子が刷り込まれた。彼は動物の活動期を狙って辛抱強く待ち、絶好の機会をつかんで一撃のもとに仕留めることができる。獲物はその場で引き裂いてむさぼり食ったりはしない。自分の隠れ家に持ち帰って仲間と分ける。マンモスの骨で組み立て、動物の皮で覆った大きな天蓋の下に円形に石を並べて設《しつら》えた炉端で食べ物に火を通し、残り物は凍土層に深く掘った穴に保存する。

イヴもまた、狩人であるが、彼女の選ぶ武器は槍ではない。何カ月も、もしかしたら何年もかけて、繊細な植物の繊維から作った網である。薄明りの漏れる森の地面に屈みこんで、苔むしたところに注意深く罠を仕掛け、哀れなウサギかキツネが足を踏み入れるのを辛抱強く待つ。他方、子どもたちは食べられる植物を探しに森を歩き回り、キノコや木の根を掘り出したり、爬虫《はちゅう》類や大きな昆虫を捕まえて野営地に持ち帰ったりする。共同生活で食べてゆくには、すべての人に役割がある(2)。

アダムとイヴが持っていた道具は燧石《ひうちいし》や砥石《といし》で作られたもので、地上で集められたり、たやすく処分されたりするような、簡単で気の利いた器具ではない。それらは耐久性のある、丹念に成型されたり、手作りされたりしたもので、どこかから探し出してくる類《たぐい》のものではなく、恒久的な所持品の一部である。アダムとイヴは、隠れ家を移動する時、それらをいつも持ち歩き、時々それらをもっと良い道具や、象牙や鹿の角から作った装身具、骨や歯、甲殻類の殻製のペンダントなどと物々交換する。そういう貴重なものを持っていると、ほかの仲間と差がつけられる。仲間の一人が死んで地中に埋葬される時、これらの品物もまた、死者が来世でそれらを愛用し続けられるようにいっしょに葬られることになる(3)。

人類最古の宗教が生まれた日

来世はある、とアダムとイヴは確信している。そうでなければ、なぜわざわざ埋葬するのか？死者を埋葬する実質的な理由はない。遺体はそのまま野ざらしにして、朽ちるに任せるか、鳥たちにきれいに食いつくしてもらうほうがずっと簡単である。それなのに、彼らは友人や家族の遺体を、死者にある程度敬意を表するように扱ったり、自然の猛威から守ったり、埋葬したりしたがる。たとえば、彼らは遺体をわざわざ大の字に広げたり、あるいは胎児のような形に曲げたり、日の出が見られるような姿勢にして東向きに葬ったりする。頭皮を剝いで二次埋葬の時にそれを取り付けたり、完全に人に見せることを目的にして、頭部を丸ごと切り離し、義眼を入れて対面相手を見つめるかのように設えたりすることもある。頭部をたたき割って脳みそを取り出し、それをがつがつ食べたりすることさえある。

彼らは遺体を、花をちりばめた葬送用ベッドに横たえる前に、血の色（生命の象徴の色）に染め、ネックレスや貝殻、動物の骨、あるいは死者が大切にしていた道具など、来世で必要とするかもしれない品々で飾る。遺体の周りに明かりを灯し、供物をそなえる。小山の上に墓石を置き、何年もたってから再訪するときの目印にしたりもする。(4)

アダムとイヴもこのようなことをすると想定される。なぜなら、死者は、本当は死んでいるのではなく、別の境域にいて、生者は夢や想起を通して接触することができると信じているからである。肉体は朽ち果てるかもしれないが、肉体とは明らかに別の、霊魂《たましい》としか言いようのないものは消えずに残っているのではないかと。(5)

彼らがいつそう考えるようになったのかはわからない。だが、一番大事なことは、彼らが自分自身を認識するようになったことだ。アダムとイヴは自分たちの中に霊魂が伏在することを**直観的に**知っていたように見える。それは生まれ持った、本能的な、広く、深く行きわたった確信であるから、人間の経験の顕著な特徴と考えられていたに違いない。実際、アダムとイヴのこの確信は、自分たちの祖先であるネアンデルタール人やホモ・エレクトスと共通している。**彼ら**もまた、さまざまな形の儀式的な埋葬をおこなっていたように思われる。彼らもまた、霊魂を肉体とは別のものと想像していたのかもしれない。(6)

かりに霊魂は肉体から離れたものであるとすれば、肉体より長生きできるはずだ。そして、その魂が肉体より長く生き続けるとすれば、目に見える世界は、かつて生きていて死んだ人すべての魂でいっぱいになってしまうに違いない。アダムとイヴは、そうした霊魂を知覚できる。それらはたくさんの形で存在している。肉体から離れた霊魂は、鳥、樹木、山々、太陽、月などすべてのものに宿ることができる**精霊に**なる。それらにはみな、生命が脈打っている。すべてのものが**生き生きしている**。

やがてこうした精霊はすっかり人格化され、名前を与えられ、超自然的な存在に変容する神話が生まれ、神々として崇拝され、祈りを捧げられるようになる。

だが、私たちはまだそこにはいない。

アダムとイヴはまだ、自分たちの霊魂――彼らを**彼ら**たらしめているもの――が、形や質において、自分たちの周囲や目の前にある霊魂、そして樹木や山々に宿る精霊とそう違うものではないと一気に推断するには至っていない。霊魂がどんなものであろうと、本質的に何からできていようと、すべての被造物と共生している。霊魂は全体の一部である。

人間であろうとなかろうと、あらゆる事物に〝霊魂〟は宿る――これこそ心の世界《スピリチユアリテイ》の本質の特性である――と信じることを**アニミズム**と呼ぶ。それはおそらく、人類最古の**宗教**と呼べそうな発想であった可能性が高い(7)。

四万年前のホモ・サピエンスが描いた洞窟壁画

私たちの太古の祖先アダムとイヴが素朴で原始的であるのは、彼らの使う道具やテクノロジーに関してだけである。彼らの脳は私たちと同じくらい大きく発達している。抽象的な思考もできるし、それをたがいに共有する言語《コトバ》も持っている。私たちと同じように話をするし、同じように考えごともする。想像力を働かせたり、新しいものを創り出したり、意思疎通も、理論的に考えることもできる。要するに彼らは、ごく単純な意味で、**私たち**と同様、何から何まで完全に人間である。

何から何まで完全に人間であるということは、批判力もあれば、経験を生かすこともできるわけだ。彼らは実在の本質について複雑な理論を肯定的に仮定して、類推による推論をおこなうことができ、そうした理論に基づき、首尾一貫した信仰を形成することができる。しかもその信仰を保持し、何世代にもわたって伝えてゆくことができる。

実際、**ホモ・サピエンス**の移動先のほとんどどこでも、彼らのこうした信仰の痕跡を発見することができる。それらの中には、野外の記念碑のような形をとったものもあったが、大半は長い歳月の間に消え去った。墳丘墓に埋葬されて何万年もたってから、儀式的行事が執りおこなわれていた痕跡をはからずも露呈するケースもある。だが、まるで人類の移動の経路を示す足跡のように、ヨーロッパやアジアに点在する洞窟の中に鮮やかに描かれた壁画ほど、太古の私たちの祖先の**人間**としてのありようをありありと身近に感じさせるものはない⑻。

これまでにわかっている限りにおいては、アダムとイヴの信仰体系は、宇宙は階層化されたものであるという概念が基盤になっている。地球はドーム型の天界と浅いくぼ地のような地下世界の間に横たわる中間地帯である。上層境域には、夢の中か、非日常的な精神状態、通常は霊界と物質界の間の仲介者の役目を果たす**シャーマン**しか到達できない。だが、下層境域へはだれでもアクセスできる。地球の深奥へと穴を掘って、時には一マイルかそれ以上も這うように進み、通りすがりの洞窟や岩壁に直接、自分たちの世界と彼方にある世界を結ぶ〝隔膜〟の役目をすると信じる世界の絵を描いたり、模様を刻み込んだり、彫刻を施したりすればよい[9]。

　このような壁画のある洞窟は、オーストラリアやインドネシアの島々など、遠く離れた場所でも発見されている。カフカース山脈以遠のロシアのウラル山脈南部にあるカロヴァ洞窟からルーマニア西部のカチュラタ洞窟、シベリアのレナ川渓谷上流部にも見られる。世界最古でもっとも保存状態が良いとされている先史時代の岩絵《ロックアート》はヨーロッパ西部の山岳地帯で見ることができる。スペイン北部のエル・カスティーヨの洞窟の壁に描かれた大きな赤い円盤は、**ホモ・サピエンス**が初めてこの地域にやってきた時代とされる約四万一〇〇〇年前のものとされている。フランス西部には、そのような洞窟が、ヴェゼール渓谷のフォン・ド・ゴームやレ・コンバレルからピレネー山麓のショーヴェ、ラスコー、ヴォルプ洞窟まで点々と存在している[10]。

　ヴォルプ洞窟は、とりわけ地下聖域が造られた目的と機能を垣間見ることができるユニークな場所である。この洞窟は、ヴォルプ川の流れに長期にわたって石灰岩が侵食されてできた相つながる三つの洞窟から成っており、たまたま一九一二年にこの洞窟を発見したフランス人の三人の兄弟にちなんで、中央部分は *Les Trois-Frères*（三人兄弟《レ・トロワ＝フレール》）、その東側が *Enlène*（アンレーヌ）、西側が *Le Tuc d'Audoubert*（ル・テュック・ドゥドゥベール）と名付けられている。

　この三つの洞窟を初めて学問的に調べたのは、ブルイユ神父として知られるフランス人考古学者で、司祭でもあるアンリ・ブルイユだった。彼は洞窟内部で発見した貴重な遺物のイメージを細部まで正確に手で描き写した。彼によるそれらの絵の謎解きがおぼろげな過去への扉を開いた。おかげで私たちは、先史時代の私たちの祖先が何万年も前にたどったであろう驚くべき霊界の旅路を納得のゆく形で読み取ることができる(11)。

壁画のほとんどは居住空間ではない場所で発見されている

その旅路は、ヴォルプ洞窟群のアンレーヌと名付けられた最初の洞窟入り口から一五〇メートルほどのところにある、現在、「Salle des Morts（万霊の間）」と呼ばれている小さな控えの間から始まる。心にとめておくべき大事なことは、アダムとイヴはこうした洞窟には住んではいないということだ。彼らは〝穴居人〟ではない。洞窟壁画のほとんどは、到達するのが容易でない、人間が住むには適していないところに描かれている。そこへ入って行くことは、認識できる世界と五感を超越した世界との境目を越えるというか、境界領域を通り抜けるような感じである。

長期の活動の跡が偲ばれる洞窟もあれば、礼拝者が集まって食べたり、眠ったりした可能性が考古学的に証明されている控えの間のようなものを含む洞窟もある。だが、どちらも居住空間ではない。内部で発見された彫像は、しばしば洞窟の入り口から相当な距離のある、迷路のような道を、危険を承知でたどらなければ見ることができないような場所に置かれていることからして、そこは神聖な場所だと思われる。

ヴォルプ洞窟の「万霊の間」は、アダムとイヴがそこから先の経験に備えて心構えをするための準備基地のような役目を果たしている。ここにいると彼らは、骨を焼くときのむせ返るような異臭に包まれる。この小部屋の床全体が、積み上げた動物の骨を焼くための炉床のように窪んでいる。

骨は明らかに燃えやすい物質だが、ここで燃やさなければならない理由はない。ピレネー山麓には森がたくさんあり、薪は骨よりもはるかに豊富にあり、調達しやすいところだからだ。

だが、動物の骨は仲介の役目をすると信じられている——それらは肉体の中にありながら肉ではない。それゆえ、しばしば動物の骨が集められ、磨かれ、装飾品として身に着けられる。それらの骨が元の動物をほとんど想定できない野牛《バイソン》、トナカイ、魚をイメージしたお守りとして精巧に彫刻を施されるのはそのためである。動物の骨が時として洞窟の壁の裂け目やひび割れた所に直接差し込まれているのは、おそらく、祈りの一つの形として、メッセージを魂の領域に届ける手段なのかもしれない。

こうした炉床で動物の骨を焼くのは、その動物の精髄を取り込む手段だった可能性が高い。ここに集まった人たちは、そのような狭い空間で焼く骨髄などから発生する燻煙を身体に焚きこみ、それによって身を清める。アダムとイヴがそのような控えの間的な空間で、煙に包まれながら、動物の皮を張った太鼓や、ハゲワシの骨で作った横笛のキンキンした響き、燧石の剝片を磨いて作ったシロホンのチリンチリンというリズムに合わせて親族とともに身体をゆすりながら、これから先の旅を続けるのに必要な、聖別された状態に到達するまで何時間も座っている姿を想像してほしい。そうした小道具はみな、洞窟の周辺で発見されている。(12)

壁に残された数十個の手型は記号的言語なのか？

アダムとイヴはこうした洞窟を目的もなく歩き回ってはいない。洞窟内の小部屋、くぼみ、裂け目、通廊、奥まった場所のそれぞれが特定の目的――忘我状態を引き起こすように意図的に考案されている。これは、洞窟の隅から隅まで、通廊を次々と進むにつれて、それぞれの壁や床、天井に描かれた画像が、まるで中世の教会で「キリストの十字架の道行き」をたどるのに似た、特別な感懐を引き出すように入念に計算された営為である。

まず、トロワ＝フレール洞窟へと、洞窟群の二番目にあたるアンレーヌ洞窟につながる六〇メートルほどの通廊を手と膝をついて這うようにしながら、進まなくてはならない。そこから先にはまったく新たな境域が広がる。そこには最初の洞窟とは何一つ一致しない、明らかに別の世界に入ることになる。なぜなら、アダムとイヴが初めて、自分たちの心の世界をくっきりと示す洞窟画に遭遇するのが、この第二の洞窟だからである。

トロワ＝フレール洞窟のメイン通廊はやがて二つの細い道に分かれる。左側の道を行くと、さまざまな大きさの赤と黒の斑点が何列にもわたって記されている細長い部屋に出る。そのような斑点は洞窟画の最初期の形を表していて、中には四万年以上前にさかのぼるものもある。この斑点が何を意味しているのか、だれも知らない。もしかするとそれは、精霊を可視化した記録なのかもしれない。それらは男性と女性を表している可能性もある。だが、それらの斑点は壁に沿ってランダムに散らばっているのではないことはほぼ確かである。それどころか、部屋から部屋へ連なるそれらの斑点の描き方には、しばしばはっきり認識できるパターンがあることがわかる。それはこれらの斑点が、何らかの情報伝達、もしくは指示だった可能性があることを示している。地球の深奥へと旅を続ける人たちへの何か大事な知らせをコード化したもののように見える。[13]

トロワ＝フレール洞窟のメイン通廊から右側に分かれる道を行くと、通称〝Galerie des Mains（手の画廊）〟と呼ばれるもう一つの小さな、暗い部屋にたどり着く。ここの壁には斑点ではなく、数十個の手型がベタベタ押されている。これは、今までのところ、あちこちにあり、一見してそれとわかるタイプの岩絵である。最古の手型はおよそ三万九〇〇〇年前のもので、ヨーロッパやアジアばかりでなく、オーストラリア、ボルネオ、メキシコ、ペルー、アルゼンチン、サハラ砂漠、アメリカ合衆国にさえ見られる。これらの手型は溶かした顔料に浸した手を洞窟の壁に押し当てたものか、あるいは手を直接壁に当て、そのまわりにオーカー（黄土色の顔料）を吹き付けて手の形を陰画にしたものである。オーカー自体が神聖な役割を果たし、血のように赤い着色は、物質世界と心の世界をつなぐ役目をしている。(14)

これらの手型についての驚くべきことは、それらが通常予想されるような、なだらかで、アクセスしやすい場所にはほとんどまったく残されていないことである。それどころか、岩の裂け目や、亀裂の先端かそれに近いところとか、へこんだ窪地とか、群生する石筍《せきじゅん》の間とか、高い天井のように手の届きにくい場所など、ある種の地形のところに集まっている。中には、指が岩をつかもうとしているような形をしていたり、指が曲がっていたり、欠落していたりするものもある。いくつかの手型が明らかに同じ手から取ったものであるのに、一つの手型と次の手型で異なる指が欠落していたりするのは、黒と赤の斑点の場合のように、手型もまた、一種の原初的な〝手話〟のような、大昔の記号的情報伝達の一形態だったからかもしれない。地球の反対側同士で発見された手型の中には、不気味なほどよく似ているものがあり、こうした慣習には、一〇万年近く前に移住したアフ

図１－１：
アルゼンチンのサンタ・クルス州、クェバ・デ・ラス・マノス（手の洞窟）で発見されたネガとポジの手型。（紀元前 15,000〜11,000 年頃のもの）
Mariano / CC-BY-SA 3.0 / Wikimedia Commons

リカの**ホモ・サピエンス**にまでさかのぼる共通の起源があることを示唆している可能性もある。インドネシアやヨーロッパ西部で手型を残した人たちは、同じ記号的言語を使って話していたのかもしれない。

興味深いのは、当節の学者たちがヨーロッパとアジアの洞窟で発見された手型の大半は女性のものだと信じていることだ。これは、それらの洞窟とそこにまつわる祭事が主として男性の関心事であるという考え方は間違っていることを示す。ある特定の小洞窟や活動へのアクセスが、もしかすると、ある儀式や入会儀礼に携わる人だけに限定されていたのかもしれない。だが、聖域そのものは男性も女性も、若者も老人も、そのコミュニティ全員を受け入れていたように見える。(15)

アニミズム的信仰のイメージに溢れた「聖域《サンクチュアリ》」

アダムとイヴはちらちら揺れる炎の薄明りを頼りに、壁の凹凸の形状や温《ぬく》もり、ひんやりした部分などをくまなく手探りしながらこの小洞窟を通って注意深く前進し、自分自身の手型を残す適切な場所を探す。それは、洞窟の岩面を熟知していなければできない、時間のかかる、個人的な道程である。自分なりの目印を残してからやっと、洞窟の深奥の危険なほど急なスロープのさらに先にひっそり隠れた小さな、狭苦しい空間への旅を続ける気持ちになる。洞窟群の中のほとんど人が行き着けないようなその一角を、ブルイユは「聖域」と呼んだ。

そこの岩に描かれたり、刻み込まれたりしている鮮やかな色彩の動物たちには命の脈動が感じられる。野牛、熊、馬、トナカイ、マンモス、雄鹿、アイベックスのほか、奇妙奇天烈で現実離れしたものや、わずかながら人間と動物が合体しているようなものも含めて、数百頭の動物が折り重なって急に動きを止めたかのようだ。

このような描画を〝イメージ〟と呼ぶのは厳密にいえば正しくない。それらは斑点や手型と同様、すべての生きものは一つにつながっており、いたるところに存在する魂を共有しているという大昔の祖先のアニミズム的信仰を反映した表象《シンボル》である。それゆえ、これらの洞窟に描かれている動物の生存環境を目にすることはめったにない。動物たちの動きを表す部分はぼかしてあるところが多い。

だが、それらの動物が動き回る草むらも樹木も灌木《かんぼく》もせせらぎもない。〝地面〟はまったくないのだ。動物たちは空中に、逆さまや、時にはあり得ない角度に浮かんでいるように見える。それらは幻覚のように脈絡《コンテクスト》がなく、**現実離れしている**。(16)

これらの岩絵は、一般的に、狩猟者が獲物を仕留める助けとなる護符、一種の〝狩人のおまじない〟を意味するのではないかという説が有力である。だが、洞窟内に描かれた動物たちは洞窟の外を歩き回る動物を代表していない。壁画に描かれているものと描き手たちが食べていたものとの間にも、ほとんど符合するものがないことが考古学的発掘により証明されている。動物たちが仕留められ、苦しんでいることがわかる画像はほとんどない。腹部に槍か矢が刺さって、鋭い線で十文字に切られている動物はあるが、その画像に近づいてよく見ると、その線は動物の身体に**切り込まれているの**ではなくて、内部から**噴き出している**。その線は、その動物の霊気《オーラ》あるいは精霊《スピリット》――すなわちその**魂**を表しているように見える。フランスの人類学者クロード・レヴィ＝ストロースの観察によれば、原始人が選んで、岩の上に描く動物は、〝食べて美味しい〟ものではなくて、〝考えると楽しい〟ものだったという。(17)

アダムとイヴがこうした洞窟に入っていったのは、自分たちの知っている世界を描くためではない。では何が目的だったのだろう？　実際、彼らは岩の上に野牛や熊の絵はあまり描かない。彼らはそういう絵を岩面から**はずしている**。狭い通路の薄明りのなかに立ち、洞窟の壁を入念に眺め、それを手でさすり、画像が認識されるのを待つ。曲線を成す岩はレイヨウの太腿になり、岩の裂け目や割れ目はトナカイの枝角の根元として使える。時にはちょっと手を加えて、色を付けたり、深い溝を入れたりしさえすれば、天然の岩がマンモスやアイベックスに変容する。モチーフが何であろうと、彼らの仕事は画像を描くことではなく、それを絵に仕上げることなのだ。

画像はしばしば、柱と柱の間に寄せ込まれることもあれば、ある角度、それも一度にわずか数人しか見ることができないような場所にあることもある。その洞窟が——そこに投影されているイメージだけではなく洞窟そのものが——霊的体験の一部であるように目論まれていることを示唆している。洞窟は**画像化された神話**になる。それは人が聖書を読むように、**読まれる**ことが意図されている。(18)

天井に描かれた半人半獣の「呪術師」が表すもの

ヴォルプ洞窟を聖書の一形式と見立てれば、アダムとイヴは間もなく、その根幹となる画像のある場所に出る。彼らがそれまでに経験したすべての謎が明らかにされて、驚くべきクライマックスを迎える場所だ。

「聖域《サンクチユアリ》」の奥深くにあるトンネルは非常に狭く、一度に一人か二人しか通れない。そこへ入って行くには、手と膝を使ってじりじり前進するしかない。カーブしているトンネルを這い上って行くと洞窟床からわずか数十センチ突き出た岩棚に出る。最先端に達したら立ち上がり、岸壁を背に、落ちないように岩面にしがみつきながらそろそろと歩くことができる。数メートル行くと、岩棚の幅が広くなり、身体の向きを変えて、ようやく壁面を見ることができる。そこで初めて天井に目をやると、畏敬《いけい》の念を起こさせ、唖然として見つめてしまう、筆舌に尽くしがたい、この上ない文化的特性の有機的結合を目の当たりにする。

それは、どう見ても一人の男である。だが、それ以上のものがある。くるぶしから下部は人間のものだが、耳は雄鹿、目はフクロウだ。顎から胸まで、長いもじゃもじゃの髭《ひげ》が垂れ下がっている。頭からは二本のみごとな枝角が突き出している。手は熊の足に似ている。筋骨たくましい胴体と大腿部はレイヨウかガゼルのものだ。後ろ足の間から突き出している大きくて、勃起しかけたようなペニスは、上向きにカーブしていて、臀《でん》部《ぶ》から突き出した剛毛の尻尾に触れそうだ。その姿は、半分踊っているかのように描かれている。その体つきは、腰を落としてひざを折った状態から片方の足を左の方向に突き出している。だが、顔は観察者の方を向き、黒いアイラインを引いたフクロウのような目の小さく、白い瞳孔はぱっちり開いて、永久に一点を見つめ続ける。

彫刻され、彩色されたその姿はこれらの洞窟内でもユニークなもので、おそらく数千年の間に何度も修正され、描きなおされ、彩色しなおされたものと思われる。鼻や額にはかすかな彩色の跡が残っている。細部の表現が飛び切り優れている部分もある。左足には膝蓋骨《しつがいこつ》が見られる。いい加減なところもある。特に前足は急いで描いて、未完成のままになっているように見える。全体像の大きさは、高さが約七五センチで、この部屋のほかの画像よりもはるかに大きい。何といってもそれはこの洞室で暗闇から浮かび上がる卓越した画像である。

一〇〇年前に初めてこの画像を見たアンリ・ブルイユは、仰天して言葉もなかった。明らかにこれは崇拝どころか、参拝の対象になりそうな教祖的イメージだった。これほど際立った、単身でボス的な、人間そっくりの画像は、類似の洞窟でも聞いたことがなかった。洞室内でも、あたかもこ

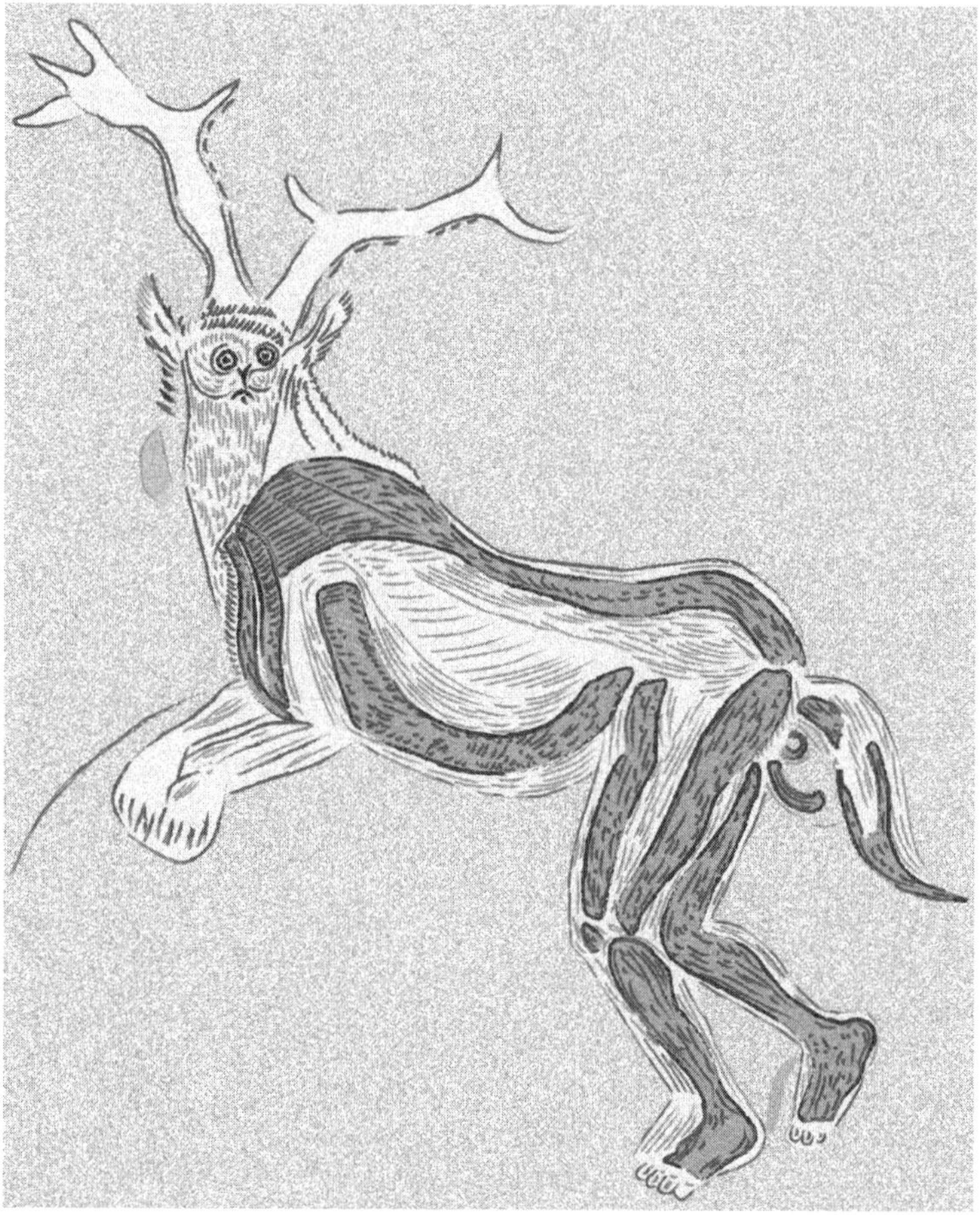

図1－2：

〝呪術師〟（アンリ・ブルイユによる描画の解釈）。フランスのモンテスキュー＝アバンテ村のレ・トロワ＝フレール（三人兄弟）洞窟群で発見された。（紀元前 18,000 から 16,000 年頃のもの）

Copyright © David Lindroth, Inc.

の聖域《サンクチュアリ》内に集められた動物たちのもめごとの管理責任者と思わせるかのように、目線より上部に位置付けられている。ブルイユは最初、この画像をある種の混成動物の衣装を着けたシャーマンと想定し、〝呪術師《ソーサラー》〟と命名したため、その名が定着した。[19]

ブルイユによるこの画像の最初の解釈は納得できる。大昔のコミュニティでは、シャーマンは片足をこの世に、もう一方の足をあの世に置いていると考えられていた。彼らは（しばしば幻覚剤の助けを借りて）どちらの状態にも入り込む能力があり、通常、動物に案内されて霊界に身を投じ、旅をして、あの世からのメッセージを持ち帰ることができると考えられていた。[20]

こうした動物とのつながりから、半人半獣の呪術師をブルイユは、もしかすると別世界への旅に出るために脱皮して自分の姿を変える、変容の途中でとらえられたシャーマンではないかと想定した。少なくとも七〇体の半人半獣の画像がヨーロッパとアジア全土の洞窟から発見されており、その大半がシャーマンを表していると想定されている。フランスのショーヴェ洞窟には、半人／半野牛の画像が天井からぶら下がった涙滴型の岩に刻み込まれている。身体は、岩の頂点にそって描かれた黒く厚い恥毛におおわれた、どう見ても女性性器を思わせるイメージに覆いかぶさるように曲がっている。ラスコー洞窟の壁に描かれているのは馬の頭を持った一人の男と、挑みかかる野牛の前に横たわる小鳥の頭を持った男の画像だ。〝呪術師〟の画像がほのかに浮かび上がるヴォルプ洞窟からそれほど遠くないところに、ずっと小さなものだが、人間の腕と足を持ち、鼻のそばに添えたフルートらしきものを演奏しているように見える野牛の像がある。[21]

だが、こうした半人半獣像は実際の動物を表しているのではないのと同様、シャーマンを表しているのでもない。このような洞窟内で発見された斑点や手型など、事実上、他のすべてのものと同様、これらの半人半獣像も、〝別世界〟――物質領域を超えた世界を表す**表象**《シンボル》である。

ブルイユでさえ、この〝呪術師〟はどこかユニークであることを認めた。つまり、これは単なる半人半獣の合成物ではなく、さまざまな断片を組み合わせて、ほかのどんな洞窟壁画にも見られないような、活動的で、生き生きとした一つの存在を作り上げたのだ。そこで、考えた挙句、彼は自分が発見したものについての考えを変え、高所から彼を凝視して催眠術でもかけて来そうな不思議な生き物は、事実上、シャーマンではないという結論に達した。それは、これまでに発見された神についての最古のイメージだった、と彼はノートに書き留めている。[22]

第2章　獣《けもの》たちの王

ブルイユがヴォルプ洞窟で遭遇したと信じている〈神〉は、ずいぶん前から宗教学者たちに知られていた。それは動物たちの主人、森の支配者であり守護者でもある大昔の神で、おそらく人類が初めて思いついた概念の一つだったと思われる。狩人《ハンター》たちはこの主人に、獲物のいる場所へ案内してくれるように手を合わせて祈り、主人を怒らせて獲物を隠されてしまうことのないように供物をささげた。主人にはすべての動物の魂が宿っており、主人だけが動物たちを荒野に放つことができる力を持っていた。動物が狩人に仕留められ、殺された後、その魂を集めて元に戻すことができるのも主人だけだった。その存在は「獣たちの王」として知られている(1)。

「獣たちの王」は、宗教史の中の最古の神々の一人にすぎなかったわけではない。後世にまでもっとも広く信じられてきた神々の一人でもある。この手の神話は何らかの形でユーラシア大陸から北アメリカ、メソポタミアにいたる、ほとんど世界各地に存在している。メソポタミアの石器に彫られたそのイメージには、紀元前四〇〇〇年紀末の日付がある。ファラオの台頭以前の紀元前三四五〇年頃にエジプトで造られた象牙と燧石でできたナイフの柄には、両手にそれぞれ一匹のライオンを摑んでいる「獣たちの王」を表す姿が彫り込まれている。インダス渓谷の「獣たちの王」は、ゾロアスター教の神アフラ・マズダー、ヒンドゥー教の神シヴァ、とりわけその化身であるパシュパ

図２－１：
エジプトで発見された象牙と燧石で出来たナイフ。柄に「獣たちの王」を表す姿が彫り込まれている。（紀元前 3450 年頃のもの）
Rama / CC BY-SA 2.0 FR / Wikimedia Commons

ティ、すなわち「百獣の王」のどちらにも関連があるとされている。バビロニアの『ギルガメシュ叙事詩』――世界初の文字で書かれた神話の一つ――に登場する毛むくじゃらの英雄エンキドゥは、ギリシア神話のヘルメス、時として半身がヤギ、半身が人間の姿をした牧神のような、「獣たちの王」の姿をしている。

ヘブライ人の神ヤハウェさえも、聖書の中で時折「獣たちの王」として登場する。旧約聖書の「ヨブ記」では、ヤハウェが野生のロバに自由を与え、人間が集められるよう、ダチョウに卵を地面に置き去りにさせ、野牛に綱を付けて人間に従わせ、谷間の畑を掘り起こさせる様を描いている（「ヨブ記」三九章）。現代世界でも、一部のウィッカ（一九五〇年代に英国で始まり、ヨーロッパ・米国に広まった、キリスト教以前の西ヨーロッパの信仰や風習に影響を受けた宗教で、魔術や自然崇拝を実践する）帰依者や復興異教主義《ネオペイガニズム》信奉者は、ケルト神話に出てくる神話的存在である「角のある神」のような

「獣の王」を信奉している。

何万年も前の旧石器時代の人々が心に描いたこのような先史時代の神が、メソポタミアやエジプト、イランやインド、ギリシア人やヘブライ人、アメリカの魔女やヨーロッパの復興異教主義者たちにまで、どのようにして広まったのだろうか？　もっとはっきり言えば、私たちの先史時代の祖先は、どのようにして原始的なアニミズムの状態から、「獣たちの王」という称号の授与にいたる高度な信仰体系と言えるようなものにまで進化したのだろうか？

そのような疑問に対して、神学者も科学者も何百年にもわたって議論してきた。古代の人間に〝霊的存在〟を信じないではいられなくしたのは何だったのか？　宗教感情の目覚めは地球上にいる他の生物すべてを支配しようとする人間に有利だったのか？　**ホモ・サピエンス**は宗教的信仰を持つという特性を示した最初の生物だったのか、それより以前のヒト科に属する生物には、そのような信仰の証拠となるようなものは見当たらないのだろうか？

ネアンデルタール人も〝祭壇〟を造っていた

人間の宗教感情の目覚めは、旧石器時代にまで遡《さかのぼ》ることは多くの学者たちが認めている。だが、それがどの程度奥深いものだったかについては激論が続いている。旧石器時代には三つの区分があり、**ホモ・サピエンス**が登場した二五〇万年前から二〇万年前の前期旧石器時代と、最初の霊的支配者を彷彿させる洞窟壁画が描かれた二〇万年前から四万年前までの中期旧石器時代、複雑な儀式的行為のようなものがおこなわれていた証拠が発見された四万年前から一万年前までを後期旧石器時代と呼んでいる。
これまでに発見された宗教がらみの人工的遺物——一万八〇〇〇年前から一万六〇〇〇年前のものとされる例の〝呪術師〟を含む——の大半は、後期旧石器時代のものであることは驚くに当たらない。だが、新しい発見や年代測定法の改善により、人間の宗教心の発露の進化の過程をどこまで遡って想定できるか、常に見直しを迫られている。たとえば、近年、研究者たちがインドネシアの離島で、スペインのエル・カスティーヨ（約四万一〇〇〇年前に描かれた）と同じくらい古いと思われる洞窟壁画を発見した。だが、そこには、スペインの洞窟で発見されたような抽象的なシンボルはなく、明らかに動物の姿と確認できる丸っこいバビルサ〔マレー諸島産のイノシシ科の一種。マレー語とインドネシア語で「バビ」は「豚」、「ルサ」は「鹿」を表す〕が描かれている。地球の反対側でそのように進んだイメージが描かれていたということは、洞窟壁画を描くという慣習は私たちが考えていたよりもずっと古く、もしかすると何万年も前からあった可能性を示唆している。[2]
この説は、鍾乳石で覆われた柱がまるでオットセイの行列のように下方に向かって並んでいる、スペインのマラガで新たに発見された洞窟からも裏付けられる。驚いたことに、放射性炭素年代測定法で測ったところによれば、このオットセイの配列はおよそ四万三五〇〇年前から四万二三〇〇年前くらい昔のものであることがわかった。ということは、それらは、まだヨーロッパに**ホモ・サピエンス**が到達する前のネアンデルタール人によって創出されたことを意味する。二〇一六年、フランスのアヴェロン川の近くで、さらに古いネアンデルタール人の洞窟が発見された。そこには洞窟の床に、まるで旧石器時代のストーンヘンジとでも言えそうな、二つの同心円を描くように意図

図２－２：
フランスのアヴェロン渓谷に近いブルニケル洞窟で発見された祭壇の形をしたネアンデルタール人のストーンサークル。（約 176,500 年前のもの）
Luc-Henri FAGE / CC BY-SA 4.0 / Wikimedia Commons

的に並べられた石筍の欠片《かけら》で構成された〝祭壇〟のようなものも含まれていた。最初の放射性炭素年代測定テストによれば、このリングが造られたのは、前期旧石器時代の末期に当たる一七万六〇〇〇年以上前であることが証明された。(3)

実際、先史時代の宗教心の表出の証拠は、私たちの親類のネアンデルタール人よりも古い時代まで遡って調べるべきだと信じている学者はたくさんいる。ゴラン高原で調査していた考古学者たちは、最近、高さ四センチ足らずの、もしかすると妊娠中の女性を象《かたど》ったのであろう、大きな乳房を持った土偶《どぐう》の影像を意図していたと思われる岩の塊を発見した。「ベレハット・ラムのヴィーナス」と呼ばれるこの土偶は、私たちのような人種が存在する以前の、少なくとも三〇万年前のものと推定されている。**ホモ・サピエンス**を含む世界最古の慣例に従った埋葬場所は一〇万年前ごろからあったとされているが、五〇万年以上前のものかも知れない中国のホモ・エレクトスの墓地を含む、明らかに儀式的行為の徴《しるし》を伴う墓所も発掘されている[4]。

それでも、宗教心の発露はどのくらい前からあったかを、こうした考古学的発見にのみ依拠することの問題点は、信仰心は化石化されないという点である。人間の観念というものは、地下に埋葬されて、のちに出土することはあり得ない。洞窟や埋葬場所に見られる儀式的な行為の証拠を突き付けられても、そのような行動が、突然に、そうせざるを得ない信仰と同時に生まれたと推定するのは馬鹿げているであろう。初期の人類は、宇宙の自然な姿とその中での自分の位置について、洞窟の壁にそうした信仰を刻み込み始めるはるか前から何らかの信仰を持っていた。

私たちの祖先であるアダムとイヴは、神のお告げに金縛りにされた預言者のように、虚無の霧の中を歩いていて、突然、頭がおかしくなったわけではなかった。アダムとイヴはむしろ、狩人としての勇敢さや認識力、言語力などを祖先から遺伝的に受け継いできたのと同じように、自分たちの信仰体系を何十万年もの知的、精神的進化の過程で徐々に受け継いできた。彼らがヴォルプ洞窟の地下の奥深くに入って経験したのは、過去数千年にわたる宗教的思考の開花と、以後、数千年の歳月への種まきである。彼らが知っていることはすべて、それ以前の知識に基づいたものである。彼らが生み出すものはすべて、それまでの被造物に起因する。

これらすべては、かりに私たちが宗教感情の目覚めの起源をその生成期にまで遡ろうとすれば、物的証拠の発見以前にまで遡らなければならないことを物語っている。私たちは、自分たちの進化の過程を、私たちがヒトになった瞬間にまで深く遡って探索しなければならない。

ダーウィンの進化論で宗教の起源を説明できるか？

宗教の起源に関する学問的論議が始まったのは一九世紀初めである。それは、ポスト啓蒙主義時代の、すべての疑問は——たとえそれが神的存在に関するものであっても、合理的な分析と、学問的な綿密な調査を経て解明されるはずだという確信によって育まれた探究だった。それはまさにチャールズ・ダーウィンの進化論、「自然選択」「適者生存」が台頭した時代で、そうした傾向は生物の分野だけではなく、経済や政治の分野にも適用されるようになった（それは時として破壊的な結果を招いたこともあった）。すると、宗教もダーウィン説によって説明できるのではないか？

否定できないままであるのは、宗教的信仰はたいへん広範なもので、人間の経験の根幹となる部分だと考える必要があるからだ。私たちは、宗教的信仰とか教会とかを切に求めるのでもなく、特定の神々や神学に傾倒するのでもなく、〈**神**〉**の超越性**、すなわち明確に把握できる世界を超えた所にあるものに対して、生身の人間として努力せずにはいられない**宗教的人間**《ホモ・レリギオスス》なのである。宗教的信仰を持つという性癖が、私たち人間生来のものであるならば、それは人間の進化の産物であるに違いないと学者たちは推論した。それは何らかの適応に有利であるに違いない。そうでなければ、宗教が存在する理由はないであろう。

この問題に初めて決然と取り組んだ者の中に、一九世紀英国の人類学者エドワード・バーネット・タイラーがいる。タイラーによれば、宗教感情の目覚めとそれから生じる行為の起源は、人類の属性である戸惑い、肉体を離れた魂への不可解な信仰——形は違うが、どんな社会のどのような文化にも、時代を超えて発生する信仰の中にあるという。そのような観念はどのように生じたのか、タイラーは疑問に思った。私たちの大昔の祖先に、自分たちは死ぬべき運命にある肉体の中に閉じ込められた永遠の魂であると確信させるものがあったとしたら、それは何だったのだろうか?

彼の権威ある研究書、*Primitive Culture* の中で概略が述べられているタイラーの仮説によれば、「個人の人格的存在の伝達手段、活気ある、分離可能な、生きている存在」としての魂という観念は、私たちが眠っている間にしか起こらないという。「私自身の見解では、夢と幻想以外に、肉体の永遠のイメージである魂というような概念が人の心に入り込むことができるものはない[5]」。

マンモスの毛皮の中にうずくまり、消えかけた焚火《たきび》の薄明りの中で食事をすませたアダムの姿を想像してみよう。彼は眠りに落ち、やがて夢の中で別世界に旅をする——そこは、かつては現実にあったあまりなじみのない世界で、その境界付近はほんのりした白日夢に包まれている。だとすれば、彼は夢の中で死んだ身内の者——父とか姉妹とかに駆け寄る。アダムはまだ存在しているその姿をどう解釈するだろうかとタイラーは問う。

彼らは実際には死んでいないのではないか、彼らはここにいるのと少しも変わらぬ、触知できる存在として別の世界にいるのだとアダムは単純に推測しないだろうか? 死んだ者の魂は肉体が亡《ほろ》びたずっと後になっても精霊として存在し得ると、アダムは当時推断していなかったであろうか? そして、そう認識していたからこそ、彼は父や姉妹の墓に詣でて、自分の狩猟を助け、長雨を降りやませ、子供たちの病気を癒してくれと精霊に訴えたのではないだろうか？　宗教の始まりとは、このようなものだったに違いないとタイラーは推断している。

超自然力崇拝がやがて一神教へ

タイラーの同僚の人類学者で、夢の中で魂に出遭うという彼の仮説に同意する者はほとんどいない。タイラーと同格のドイツ人の比較宗教学者マックス・ミューラーは、人類の最初の宗教的体験は、自然との遭遇によって生じたと信じていた。ミューラーは、アダムが睡眠中に夢見たものではなく、目覚めているときに見たものが宗教的イマジネーションを掻き立てたのだという。つまり、アダムは、自分にはおそらく説明不可能な神秘性に満ちた、理解できない、茫漠とした世界に住んでいる。彼は果てしない大海原を見つめ、天を衝く樹木の繁みの中を歩き、それらについて祖先が語る物語はあまりにも古い。太陽が天の蒼穹《そうきゆう》を横切って月を永遠に追いかけ続けるのをみつめながら彼は、自分はそうしたものを生み出すことに何の役割も果たしていなかったことを知る。そこで彼は、誰かほかの人——あるいは他の**何か**がそれらを彼のために生み出したのではないかと推定する。

英国の文化人類学者ロバート・マレットは、こうした驚異の感情、「神秘的なものへの畏怖の念によって左右される心の姿勢」を超自然力崇拝と名付けた。マレットは、古代の人類は見えない力を、すなわち見える世界の裏側にある〝遍在する魂〟の一種を信じていたと論じた。彼はこの力を、古いメラネシア語で〝力〟を意味する〝**マナ**〟と名付けた。(6)

マナは、マレットによれば、「命あるもの、命のないものすべてに宿る」非人格的、非物質的、超自然的な力であるという。大海原や樹木、太陽や月にマナの存在を認めることによって、人類は、そのようなもの——というよりはそのようなものの中にあるものを崇拝せずにはいられなくなった。その結果、非人格的なマナが人格的な魂に進化した。それぞれの魂は、肉体から離れて霊になり、霊の一部は岩や石、骨の欠片の一部に入り込み、姿を変えてトーテムやお守り、土偶などになり、積極的に崇拝されるようになった。霊の中には、特別な機能を持った神々（雨の神、狩猟の神など）になるものもあり、人々はそれぞれの神に助けを求めた。やがてそれは、マレットの叙述によれば、長い歳月にわたる心の世界の進歩によって、こうした個々の神々が一つの全能にして普遍的な〈神（God）〉になった——つまり、人類は、未開な多神教時代からキリスト教の啓蒙主義運動へと必然的に前進して、一神教に移行していったと見るのが、一九世紀末から二〇世紀初めのマレット、タイラー、ミューラーらのような、学者たちに共通した結論である。

信仰を持つことにどんな生存上の利点があるのか？

それが夢の中であろうと、自然との遭遇においてであろうと、他界した祖先への思慕であろうと、これらの説明すべてに共通しているのは、宗教は、人類の進化の過程で、答えることのできない疑問に答え、初期の人間にとって脅威で、予想不可能な世界に対処する助けとなるものとして勃興したという想定である。それは今日もなお、宗教的経験として多くの人々に語り継がれている。

宗教は、多くの人々にとって、神秘化された、つかの間の存在の理解を助けてくれるものであることは間違いない。問題は、宗教が原始時代の人類の初期的発達段階において、人間の適応に有利だったのかどうかである。宇宙の神秘に対して、一定不変ではないまでも、心が休まるような答えを提供することが、明らかに種の存続の確かな支えになるのだろうか？

学者たちの中には、儀式的な慣行によって原初的な〝信者〟はある種の感情、例えば自分の不安を制御したり、〝信仰のない者〟に比べて狩猟の獲物が多くなったりするような感情が掻き立てられるという説を唱える人たちもいる。仮に超自然的なものを信じることが、肉体的にも心理的にも、進化による適性を増強する方向に導く（それは大いに疑わしいが）としても、そのような信仰を**持たない**ことが進化的適性を**減じる**ことになると推定する理由はない。野牛に向う見ずに突進するのは、死を恐れないからではなく、進化的な生存のチャンスを生かすか、つぶすかの可能性を高めるに過ぎない[7]。

この理論が正しいかどうかは別として、宗教的な表現に特有のある種の感情、もしくは同様の感情を引き起こす宗教的表現のすべて、あるいはそのどちらにも当てはまらない感情があることを証明しなければならないだろう。人は同じような畏怖の念、同じような充足感、同じような安心感を非宗教的な環境においても経験することができるし、そのような感情をまったく喚起しない宗教もたくさんある。概念的な共通点はあるにしても、宗教独自の感情が存在するという証拠はない――〈神〉の超越性さえも宗教独自の感情ではない――と言ってよい。従って、宗教的感情が人間にとって生き延びるために独自の利点となっていると結論する理由もない[8]。

宗教感情の目覚めが、個々の人生の意味への問いかけに魅力的な答えを出してくれるのではないかという説明では十分でないとすれば、宗教は共同社会の構成と維持にどんな役に立っているか調べてみる必要がある。これは、基本的に共同社会論の代表格エミール・デュルケームを含む一九世紀の一流の社会学者たちにとって重要な課題であった。

宗教は団結と同じくらい紛争も生む

とりわけデュルケームは、宗教が存在の神秘性への答えを求める原始時代の人類を助けるために生まれたという説を否定した。デュルケームは実際に、宗教とは超自然的なものと関係があるという説を頭から否定した。デュルケームにとって、宗教は「きわめて社会的なもの」であるがゆえに、人類の初期の発達段階において社会的な構築物として長いこと持続してきたのは、宗教が奇想天外な神話や突飛な空論ではなく、想像の産物でもなければ神秘的な信仰でもなく、現実的な目的や経験、つまり現実にしっかり根差したものであったからに違いないと論じている(9)。

夢は現実ではない。マナも現実ではない。霊魂も現実ではない。デュルケームのいう現実的なものとは、血族、親族を一つにまとめ、敵対的な環境に適応して生き抜くための社会がとる具体的な活動であるという。それゆえ、宗教感情の目覚めの起源は、一つのコミュニティに集団意識の形成を助ける祝祭や儀式、つまり社会生活に根差したものだと主張する。

私たちの祖先のアダムは、消えかかる焚火のそばに一人でうずくまっていたわけでは決してない。彼は共同社会に囲まれている。彼が食べる肉はみんなにも分けられる。彼は獲物を追う助けをし、獲物を追い詰めて刺し殺したり、上手にさばいて切り分けたりする。狩猟そのものが、何世代にもわたって伝えられてきた厳格な決まりに基づいた儀式として執り行われる一種の精神的修行である。狩人の行動はすべて、槍の作り方から、森の奥へ獲物を追跡してゆく時の身体の動かし方にいたるまで規定がある。こうしたことすべてを通して狩人たちは、武器とともに神秘的な連帯感を維持する。それらの武器は神聖化され、また、岩や棒きれや骨など、本来はありふれた物体が共同社会の存続を確実にする道具へと変貌するために必要な、霊的な力で充たされる。

生き延びることは、もちろん、簡単なことではない。すると、槍やナイフのようなありきたりのものが、それらが本来持っている力のためではなく、その**有用性**によって、次第に神聖なものとみなされるようになった可能性があることがわかる。デュルケームによれば、あるものが神聖化されるのは、ひとえに個人がそのものに対して何らかの働きかけをしたからであるという。

同じ論理は狩人の集団行動にも当てはまる。狩人たちが輪を作って動物を追い詰め、いっしょになって攻撃すれば戦略的な感覚を覚えるであろうし、そうした社会的慣習は進歩し、子孫に受け継がれていく。狩人たちが輪を作るという概念そのものが、宗教的な儀式に発展して行く可能性を想像するのはむずかしくない。

たとえば、狩猟が始まる前にアダムと仲間の狩人たちが集まって、堅い輪を作り、手を叩いて、安全な自分たちの環境の中で狩りの危険をシミュレートしたとしよう。もしかしたら彼らは前に殺した獲物の骨を輪の真ん中に積み上げ、そこに究極の願いを集中させた可能性もある。時には、骨の代わりに生きている獣を置いたかもしれない。その血液が新たな血を生むだろうという期待から、印をつけて別にとっておき、生贄《いけにえ》としてささげた可能性もある。その獣を生贄にする前に、彼らはその霊が出てきて彼らの獲物探しを助けてくれるよう願うということもあり得る。

こうして狩猟や生贄をめぐる神話が——霊をなだめるために血を流す必要性、神々の助けを求める必要性、もしかすると罪を許してもらう必要性からさえも、ゆっくりと生まれる。こうして少しずつ、単なる狩人の旅に過ぎないもの（**現実的なこと**）が、宗教的な活動（**超自然的なこと**）へと変貌して行き、個人の魂や神霊のようなものの信仰への道のりを固めて行く。

宗教は一種の社会の接着剤、原始的社会の中に一体性を助長し、連帯感を維持する手段として生じたというデュルケームの理論は、宗教感情の目覚めの起源としてもっとも広く保持されてきた説明である。進化論的に言えば、共通の一連のシンボルを中心にまとまり、共通の儀式的な行事に参加することによって、私たちの太古の祖先たちは集団としての生存能力を強化し、それによって、苛酷で競争の激しい世界で生き延びるチャンスを大きくすることができたと想定するのはある程度うなずける。

だが、この論法の問題点は、宗教には本質的には結合力、あるいは凝集力はないことである。宗教は確かに共通点のない人々をまとめる力を持っている。だが、宗教は結合力と同じくらい、分裂させる力も強い。宗教が招請する身内意識と排他性とは紙一重である。それは社会に団結を生むのと同じくらい紛争も生む。宗教は共同社会の一部のメンバーの利益のために、しばしばその他のメンバーを犠牲にすることすらある。宗教は何が合法で何が非合法かを定義する。(10)

さらに重要なのは、宗教が社会的結合力を持つという説は、宗教が先史時代の共同社会の中で、人々を結びつけていたもっとも重要で、もっとも支配的な力であるという考え方に依拠していることである。これは、はっきり言って、事実と違う。人類の進化の過程における、社会的な結合力としてもっと強い、はるかに原初的なツールは血縁である。私たちの旧石器時代の祖先は、小規模な共同社会――一つのシェルターに同居できる程度の拡大家族で暮らしていた。彼らの連帯意識は、シンボルや儀式によってではなく、第一に誕生と血筋を通して生成されたものである。

人類の進化の過程で宗教が生まれたのは、〝信仰を持つ〟共同社会のほうが〝信仰を持たない〟共同社会より適応に有利だったからだと信じるためには、宗教の中に何かしらユニークな結合力のようなものの存在が必要だが、宗教にはそのようなものはない。共同社会が持つ特性が人類の歴史を通して、生き延びるために、宗教を許容してきた可能性は確かにある。だが、そのような共同社会の特質が、宗教に頼りがちな人間が生き延びるのに役立ったかどうかは疑わしい。

宗教を「願望の充足」と見たフロイトの誤り

人類の進化の過程における宗教的信仰の役割について、人類学的、社会学的説明が論議されるのと並行して、もう一つの精神分析学という一九世紀の新しい学問分野もこの論争に加わった。この分野で最も先駆的な理論家として有名な、ジークムント・フロイトとカール・ユングの二人は、私たちの心の中の意識と無意識の間の不鮮明な部分にある人間の心理の中に、宗教感情の目覚めの起源をたどろうとした。双方とも、人間の心理と「魂」とは同等のものと考えた。だが、ユングは宗教を全般として肯定的にとらえ、「魂」のような伝統的な宗教概念を〝心理学的に考察〟しようとしていたのに対し、フロイトは宗教を、目に見えないものを信じて、異常な行動に走りがちな一種の精神異常と考えた[11]。

フロイトが『ある錯覚の未来』の中で書いているところによれば、宗教的信仰とは、「自分の無力感に何とかして耐える必要から生まれたものである」という。フロイトは、宗教感情の目覚めとは、現生人類の中にある申し分のない、全能の「父親像」を生み出したい生来の願望から生じたと信じた。人間は、子供が父親を偶像視するのと同じ理由で神々を崇拝する。私たちは愛と保護を必要とし、もっとも深く、もっとも暗い不安から、慰めを求める。

フロイトの見解では、私たちの祖先アダムは、夢、自然、儀式、祭典には何の関心もないという。彼の主たる欲望は自分の動物的本能を思いのままに満たすことである。彼は母親や姉妹と性交したがる。彼は父親を殺し、食べてしまいたがる。だが、そのようなことをすることによる社会的、心理的苦痛を認識しているために、彼は自分の性的衝動を抑え、自分の基本的な人間の本性を否認したい願望から生じる罪悪感を軽減する手段として宗教を発明したのだという。

宗教感情の目覚めは不安や暴力に起因すると考えたのはフロイトだけではなかった。フロイトより一〇〇年以上前のスコットランドの哲学者デーヴィッド・ヒュームは、「人類にとって最初の宗教は、主として気がかりな不安から生じている」という。フロイトより一〇〇年後のフランスの哲学者ルネ・ジラールは、「〝スケープゴート〟という生贄を捧げる儀式に強暴さを集中させることによって、暴力性を緩和させようとした原始時代の人々の中から、宗教は生まれた」という説を唱えている。さらに広く知られているのは、「宗教的思考とは、錯覚であり、人類最古にして最強、もっとも差し迫った願望の成就である」というフロイトの仮説は、ドイツの先駆者カール・マルクスの宗教は「民衆のアヘン」という有名な言葉や、ルートヴィヒ・フォイエルバッハの〈神〉とは私たちの心から湧き出る「欠乏感」という定義の受け売りにすぎない。フォイエルバッハは、『キリスト教の本質』の中で、「人間が願望し、欲求するもの……それが神だ」と書いている。[12]

宗教の起源についてフロイトの書いたもののほとんどすべてが誤りであると論駁《ろんばく》されている。だが、宗教を「願望の充足」と見るフロイトの認識は、現代の宗教批判者たちに長い間、影響をおよぼし続けた。人類の進化の過程で、宗教の最大の目的は、欲求不満を緩和し、悩みや不安を軽減し、未知の恐怖を和らげることだという説にもろ手を挙げて同意する人たちはたくさんいたのである。だが、これもまた、宗教感情の目覚めについてのあまりにも単純化しすぎた、大きな欠点のある説明である。

不安を軽減し、罪悪感を緩和することが適応に有利であるという科学的な理由はないが、ひとまずそう仮定してみよう。いかなる事情の元でも宗教は**本質的に**慰めの源泉であるとは考えにくい。むしろ反対である。宗教は人々の生活の中で不安や罪悪感を緩和するのと同じくらい醸成もする。アメリカの偉大な人類学者クリフォード・ギアーツが書いているように、「宗教はたぶん人間を元気づけるのと同じくらい困惑もさせている」。[13]

宗教はしばしば、信奉者に苛酷な肉体的、心理的努力を要求するのを喜ぶような、不気味で、気まぐれな神霊が付きものである。進化論的に言えば、それは、生存や生殖にもっと有効に使えそうな、エネルギーや資質の面で大きな犠牲を払う行為を要求する。[14]

残忍で粗暴な存在だった古代の神々

フロイト理論の影響を受けた諸説によれば、人類の進化の過程における宗教の最たる目的は、利他的な行為を動機づけ、原始時代の一定地域住民を支配し、彼らの分裂を防ぐことだったという。換言すれば、アダムが焚火のそばの座を立って、隣の男の胸を刺し、肉をはぎ取って食べるのを押しとどめる唯一の力は、祖先の霊が彼を見ているという信仰だった。祖先の霊は道徳的にふるまわないと罰を受けると迫る天来の立法者の働きをする。宗教は、来世での報奨を約束することによって、抑制や礼節のある行為をとらせ、それによって、一つの集団の中での個人が自分勝手なふるまいをした時の社会的影響を緩和する[15]。

宗教が個々の人間の間の利他的な行為を強化するのは紛れもない事実である（利己的な面を助長することも同じように確かだが）。問題は宗教が社会に対し、善悪の判断に独自の影響を与えるかどうかにある。宗教と宗教的信仰が善悪の判断にどのような影響を与えるかについて、長年にわたる調査研究を行ってきた認知学者ポール・ブルームによれば、「世界の諸宗教が私たちの生活において、善悪の判断の基盤となる大事な役目を果たしてきた」という証拠はほとんどないという。実際に研究を積み重ねた結果わかったのは、宗教による善悪の判断の影響の良い面、悪い面と、その他の社会的慣行による善悪の判断の影響の良い面と悪い面には大差がないということだ[16]。

話を進めるために、かりに宗教が集団における利己的な行為の社会的影響を軽減することが出来ると仮定しても、そもそも宗教がなぜ生まれ、どのようにして広まったのかを説明するには十分でない。私たちが「宗教的善悪の判断」と呼んでいるものは、原初的な人々の精神生活に何の役割も果たしていなかった。行動の善悪を判定する「天来の立法者」への信仰は、せいぜい五〇〇〇年の歴史があるにすぎないが、そのような行動に対する神の報奨への信仰はずっとのちになって生じたものだからである。

古代世界の神々は、およそ「善悪の判断をわきまえた」存在とは考えられていなかった。彼らは人間の行動の善悪の判断には少しも関心がなかった。メソポタミアやエジプトの神々は残忍で粗暴、人間に対しては主に、移り気な自身の奴隷としての関心しかなかった。ギリシアの神々は、気まぐれで虚栄心が強く、人間の属性をスポーツのように弄ぶ存在を意味する称号を与えられていた。ヤハウェは、自分だけを崇拝しない男女、子供すべての大量虐殺を定期的に命じる妬《ねた》み深い神である。アッラーは、彼に敵対する人たちには——今生も来世も——情け容赦なく、次々と処罰を命じる神である。これらの良く言えば善悪の判断の範疇《はんちゅう》を超えた、悪く言えば倫理に反する神々が、どうして人間社会の善悪の判断の源泉として役立つと想定されるであろうか？

宗教は人間の進化とは無関係である

結局、宗教感情の目覚めの起源について、一見して分別のある、広く認められた説のすべてに共通しているのは、宗教がどこから生まれ、どのように、なぜ広まったかということよりも、宗教は**どんな働きをするか**に関連したものである。わかりきったことのように思うが、宗教は人々を良くも悪くもしないことは証明されている。宗教は本来、行動の取り締まりはしないし、社会における協調関係を助長することもない。宗教はほかの社会的メカニズム以上に利他主義を多少なりとも効果的に強化することもない。善悪の判断を大なり小なり効果的に創出することもない。宗教は本質的に社会における協調関係を促進することもない。競合する集団のいずれかに勝ち点を上げるような働きもない。宗教は必ずしも心を鎮めたり魂を癒したりするわけではない。自動的に不安を軽減もしないし、生殖の成功率を改善することもない。適者生存を促進もしない(17)。

人類学者スコット・アトランの言葉を借りれば、宗教は「事実に基づいたものでないことは確かで、直観的に感知できるものでもない。宗教的慣習は、肉体的な犠牲(少なくとも礼拝に時間を費やす)、心情的な消耗(不安や希望をかき立てる)、経験的事実認識に基づいた努力(事実に基づいたものであろうと、直感的に感知出来ないものであろうと、信仰のネットワーク維持のために費やされるエネルギー)などの大きなコストを伴う」という。それゆえ、ポール・ブルームが推論しているように、「宗教的信仰は生物の適応に有利であった可能性は低い(18)」。

だが、かりにそれが事実であるとして——宗教感情の目覚めには適応に有利なことが何もなく、したがって宗教が存在する直接的な進化論的理由がないとすれば、宗教はなぜ勃興したのであろう？　何が私たちの太古の祖先にアニミズム、伏在する霊魂《たましい》としての自分たち自身への原初的な信仰を喚起したのか？　かりにアダムの宗教感情の目覚めが彼の不安の産物、もしくは人生の意味の問いかけではなく、環境や不安と関係のないものだったとすれば、宗教は進化に伴う特性とどう結び付くのであろうか？

その答えは、宗教は人間の進化とは無関係である、となるとしか思えない。少なくとも最近数十年の学者たちによる新しい出版物によれば、宗教の起源にまつわる問題に対しては明らかに経験的事実認識に基づいたアプローチの適用が始まっている。超自然的なものへの信仰は普遍的なものであるという進化論上の謎に直面したこれらの学者たちは、斬新な答えを思いついた。つまり、宗教は進化の過程でそれが有利に働くためのもの**ではなく**、何か他の**既存の**進化的適応のために偶然に生じた副産物であると。

第3章　樹幹に見える顔

イヴの一日は、アダムよりずっと早い明け方に始まる。日の出前の森の地面に光が差し込み始めると、彼女は子どもたちを起こし、彼らを連れて林の中へ、昨夜仕掛けておいた罠の成否を見に行く。子どもたちが木に登って果物や木の実、鳥の巣に置き去りにされた卵などを集めている間に、イヴはみんなのために仕留めた獲物を集める。それから一家は近くの川で膝まで水に浸かりながら、カニや貝類など、水中の食べられそうなものなら何でも探し歩く。運が良ければ、死んだ野獣がばらばらに食いちぎられて鳥のエサになっているのに出くわす。どんなものだってかまわない。彼らはその骨を集め、それらを叩き割って、骨髄を掬《すく》い取り、野営地に持ち帰る。

こうした行動を通じて、イヴとその子どもたちは一家に大量の食糧を提供する。アダムが野牛を追い詰めるには一週間かかることもある。イヴのほうが数日に一度はたっぷりとした食糧を家に持ち帰れる。脂肪やたんぱく質の含有量は、一ポンドの肉より一ポンドの木の実の方が多いくらいだ。おまけに木の実は抵抗したりしない。私たちの旧石器時代の祖先は元来、狩猟民だが、彼らが生き延びられたのは自然界にある食べられるものを漁《あさ》ったり、略奪したりしてきたからだ。そしてそれは、主に女子どもの仕事だった。

まだ、夜の明けきらないうちに、食べもの探しから戻るイヴと子どもたちの様子を想像してみよう。あたりを見回すうちに、樹木のあいだから突然、彼女を見つめている顔に気づいてびっくりし、身体中が硬直して胸がドキドキするのを感じる。相手に飛びかかるべきか、それとも逃げるべきか一瞬、ためらう。

あとになってよくよく見ると、顔かと思ったのは樹幹の瘤《こぶ》だった。筋肉の緊張がゆるみ、胸のドキドキも収まる。彼女はほっと一息ついて林の中の旅を続ける。

宗教感情の起源を脳内から調べてみる

認知学者はイヴのこのような体験を「過敏な動作主探知装置（Hypersensitive Agency Detection Device）」（略してＨＡＤＤと呼ばれる）が作動したものと見る。それは、ヒトが進化の過程で毛むくじゃらの猫背の〝原人〟と呼ばれていた頃からあった。非常にシンプルな用語だが、ＨＡＤＤによって私たちは、たとえば遠くの物音、雷光、地表を這うように忍び寄る霧などといった、予期していなかった出来事の背後に、人間的な**動作主**や、人間的な**動機**があると感じ取る。ＨＡＤＤは、なぜ私たちが夜中にドシンという音を聞くたびに、だれかが何かを叩いているのではないかと想定するのか、その理由を説明してくれる。

私たちが生来、自然現象の中に人間の動作主がいると思いたがるのは、明らかに進化の過程で利点だった可能性がある。仮にイヴが見たものが木の幹ではなかったとしたらどうだろう？　それが熊だったとしたら？　警戒心のおかげで、判断を誤ったほうがよかったのではないか？　木の幹を捕食者と見間違えてもなんの被害もないが、捕食者を木の幹だと見間違えば、明らかに被害に遭う。

捕食者に食い殺されるよりは勘違いの方がずっとましだ。

上記の例からも、HADDはイヴが生き延びるために有利に働いたことは明らかである。だが、宗教を研究している認知学者によれば、暗い林の中でイヴの経験したことは、単なる潜在的な脅威に対する無意識の反応以上のものであるという。それは、神を信じる上での基盤となる、進化の過程での宗教感情の目覚めの起源であると考えられる。

認知宗教学では、「**宗教は何よりもまず神経学的現象である**」という単純な論理を前提にしている。宗教感情の目覚めというものは、換言すれば、人間の脳内の複雑な電気化学的反応の働きによるものである。もちろん、この事実自体が説得力のある観察結果によるものではなく、それが宗教感情の目覚めを減じたり、適法性を否定したりするわけではない。覚醒というものはみな——**あらゆる覚醒が例外なく**、脳内の複雑な電気的反応によって生じる。宗教感情の目覚めも例外であるはずはない。ロマンティックな魅力の化学的プロセスを知ることで、そうした感情を非現実的なものにしたり、愛の対象の価値を減じたりするわけではないのと同様、宗教感情の目覚めの神経的メカニズムを知ることは、宗教的信仰の正当性を蝕《むしば》むものではない。この分野での著名な思想家の一人であるマイケル・J・マレーによれば、「私たちが自然選択によって手に入れた知的ツール（脳）から生まれた信仰を持っているという事実だけで、その信仰を正当化するのはまったく見当違いである」[1]という。

それにもかかわらず、宗教が神経学的現象の一つであるのは確かだとするなら、私たちは宗教感情の目覚めの起源を、その覚醒が実際に生じる**脳内**から調べてみる必要がある。

樹木やおもちゃを人間として知覚してしまう「心の理論」

イヴには顔のように見えたという木のところにほんのちょっと戻ってみよう。早朝の薄暗がりの中で、イヴの先入観から生じた動作主に対する認識は、わずか一瞬ではあるが、その木が捕食者であると彼女に思い込ませた。だが、昼間、明るくなってからそばまで行ってみると、樹木がまるで顔を持っているように見えることがわかって、びっくり仰天したところを想像してみよう。これは、彼女が「心の理論」と呼ばれる、また別の認識プロセスの虜《とりこ》になったためである。

「心の理論」とは、私たちが自分自身に対するのと同じように、他人を見たり理解したりする能力をもたらす脳の執行指令機能のことである。つまり、個々別々の人間も基本的には同じように感じ、似たような考え方をし、**本質的には**同じ存在と考える。「心の理論」は、私たちが自分自身について考えるときに使うのと同じ言葉で他人のことも考えざるを得なくさせるだけではない。自分自身を基本的なモデルとして、ほかのすべての人もみな同じようなものだという考えを助長させる。

そのことについて少し考えてみよう。自分が感知できる唯一の意識は自分自身の意識だとすれば、森羅万象を自分なりに理解するには、自分自身をモデルとして選ぶほかない。ほかの人間が心の中で何を考えているかを察するには、自分自身の心の中の想いを基盤にすることになる。

だが、「心の理論」で驚くべきなのは、相手が人間でなくても、人間的な特性を持っていさえすれば、私たちはその存在を人間と同じように知覚してしまうことである。たとえば、頭と顔のようなものを持つ二本足の存在と出くわしたら、私は「こいつは自分に似ている」と思う。外見が自分に似ているなら、「心の理論」によって、それは自分に似た存在の**はず**だと考える。すると、その人間的な存在に対して、私は人間ならではの考え方や感情を当てはめる。(2)

子どもたちがある種のおもちゃを、まるで生きていて、人格も意志もあるかのように扱うのはそのためである。幼い女の子にモデル・カーを与えれば、彼女はヘッドライトを目、ラジエーターを口だと想定する。彼女はいとも自然に、それが鋳型で象ったプラスティックの大きな塊ではなく、あたかも生き物であるかのように遊び始めるであろう。彼女が生命のあるものと生命のないもの、生きているものと生きていないものとの区別が意識的に出来るような年齢であれば、やはりそのおもちゃを生きもの扱いするであろう。彼女はそれを**動作主**とみなすのだ。(3)

個人的な信仰だけでは宗教にはなりえない

理論家の中には、ここで「心の理論」、ＨＡＤＤ、宗教感情の目覚めの起源に一連のつながりが見えてくるはずだと論じる人たちもいる。

イヴの自意識に欠かせないのは、彼女が自分には魂《こころ》があり、その魂は自分の肉体とは別個のものであると信じていることだ。彼女の肉体は今ここに触知できるが、彼女の魂は目に見えず、実体がない。イヴがこうした概念をどのようにして把握したかはちょっと脇に置いておこう。重要なのは、イヴがなぜ自分が肉体とは別個の魂を持っていると信じているかである。「心の理論」に従えば、彼女は、ほかの人もみな、自分と同じように魂を持っているに違いないと信じていた。だが、「心の理論」は、イヴが人間の特徴を示しているが人間ではないものを、実際の人間を見る時と同じように見てしまう傾向があるとしているために、彼女はある種の生きものではないものにも魂があると考えても少しも不思議ではないという。言葉を換えれば、もし樹木にイヴと同じような〝顔〟があるとすれば、自分と同じようにその樹木にも〝魂〟があるはずだと考える。

ちょうど子どもがおもちゃの車に対してやるのと同じように、イヴも早朝の薄明りの中で、意識的に、樹木に動作主と意思を分与する。彼女は樹木に魂を与える。たぶん、彼女は燧石製のナイフを取り出し、木の幹が顔らしく見えるように彫り込みを入れる。顔を描くわけではない。洞窟の中の画像と同様、イヴは自分がすでにそこにあると思い込んでいる顔を思いのままに彫り出したに過ぎない。彼女はその樹木を、崇拝の対象としてのトーテムにする。彼女はそれに供物を捧げ、獲物がかかるように助けてくれと祈り始めるかも知れない。宗教とは、こうした偶然から生まれるのだという。

だが、それは本当の宗教ではない。イヴの信仰が、彼女の属する社会集団にも採用されなければ宗教とは言えない。イヴが自分独自の観察に基づいて、その樹木を対象に個人的な宗教的体験を持ち始めても不思議ではない。しかし、ほかの人たちに彼女の体験を、確信を持って共有させることが出来るかどうかは別問題である。ＨＡＤＤと「心の理論」は、特定の宗教的信仰がどのようにして生まれるかを説明してくれるかも知れない。だが、この理論ではそのような信仰が、なぜ信者から信者へ、一つの文化圏から他の文化圏へ、何百年にもわたってうまく伝達することに成功したかを説明していない。たとえば、野生動物を支配する神への信仰のような、ある種の宗教的信仰が存続し、世代を超えて広がるのに対し、なぜほかの宗教は、捨て去られ、忘れられてしまうのか？

言葉を話す木は役に立つが、歩き回る木は役に立たない

その答えは、これもまた、脳の中にあるようだ。認知人類学者パスカル・ボイヤーによれば、私たちの脳には、ある種の信仰しか「いつまでも残る」ことはできないという。彼の研究によれば、やや異常な概念のほうが、吸収、保持、共有される可能性が高いことが証明されている。ある事柄についての基本的、生得的想定にほんのちょっとそぐわない概念のほうが、想起、伝播されるチャンスははるかに高いという(4)。

イヴが、自分の注目した木のところへアダムを連れてゆき、それに彼女が彫り込んだ（というよりは、彫り出した）顔を指さしたとしよう。イヴの「心の理論」は、その木には彼女と同じような魂があり、その木と自分には独自の霊的つながりがあると想定する。だが、アダムがイヴのこの木にまつわる体験に同感し、それをほかの人たちに広めるには、その木が忘れられない、信じるに値するものであると広めるには――アダムが木というものに対して理解している基本的な枠組みの境域を越えた、何らかの最小限度の非生得的な、物理的あるいは心理的特性がなければならない。換言すれば、その木には、存在論的なカテゴリーでいう〝木〟とは異なる何らかの小さな異常性の一つか二つが必要である(5)。

イヴはひょっとして、その木には顔があるだけでなく、夜更けにそこを訪れた時、その木が語る言葉が聞こえたような気がするとアダムに話したかも知れない。アダムが普通の木の属性と想定し

ているものとたった一つ違う――**木が言葉を話す！**――ことによって、イヴはアダムに対し、彼女の物語を記憶にとどめ、たとえ自分自身は木が話すのを聞いたことはなかったとしても、それをだれかに伝えることになる可能性を高めている。だが、イヴがあまりにもたくさんの普通の木の属性とは異なる事実――**木が言葉を話す！　木が歩き回る！　おまけに姿を消したりできる！**――などと述べていたら、アダムはそうしたことを概念化することができず、したがってそれを信じて、ほかの人にも伝えるようになる可能性は低かった。イヴのその木にまつわる体験が、彼女が属するコミュニティ全体にありのままに受け入れられるには、木の属性についての変更が微々たるものである必要がある――それが単純なもので、わかりやすく、伝えやすく、さらに大事なのは、役に立つものでなくてはならない。

繰り返しに耐えるのはこの最後の点である。イヴが神聖な木に適用したちょっとした変更は、何と言っても、その木を自然な状態よりも**役に立つ**ものにするに違いない。姿を消す木や、歩き回る木はあまり役に立たない。だが、言葉を話す木なら断然役に立つ。その木はイヴとその一族に霊的な世界についての情報のやりとりを助けてくれる可能性がある。質問に答えたり、過去についてきわめて重要な知識を提供したり、未来を予言したりしてくれるかも知れないのだ。

仮にイヴがアダムに、彼女の遭遇した木が言葉を話す能力があると話したとすれば、アダムがその変わった木は役に立つと感じる可能性は高いであろう。彼自身がそれを信じる可能性は高いし、その木について自分のコミュニティの仲間たちに話す可能性も高い。仲間たちもまた、それを役に立つと感じ、信じるに値すると思う可能性が高い。アダムとイヴがいっしょになって、この言葉を話す木について、それを自分たちのグループに広めるための祭儀を伴う、完全な神話を作り上げるかも知れない。こうした神話や祭儀は、やがてほかのコミュニティに広まり、その人たちがまた、言葉を話す木という想念を役に立つと感じ、その結果、その概念を自分たち自身の特別な文化に適合させることもあり得る。

ヘロドトスから『オズの魔法使い』にまで共通するもの

一例を挙げれば、紀元前五世紀にドドナの聖なる森について書いているギリシアの歴史家ヘロドトスによれば、そこにある木々は人間の声で話し、予言する天賦の能力があったという。それより五〇〇年後の古代ペルシアの叙事詩『シャー・ナーメ（王書）』には、アレクサンドロス大王が、自分の究極的な死を予言する言葉を話す木と遭遇した話が書かれている。「そなたの母、そなたの家族、そなたの故国のヴェールをまとった女性たちのだれも、そなたの顔を二度と見ることはないであろう」と、その木はこの若き世界征服者に告げている。

さらに三〇〇年後、マルコ・ポーロはインド〔東方見聞録ではホラーサーンとあり〕で「太陽樹と太陰樹」に出遭ったことを書いている。それには二つの幹があって、一つは昼間、男性の声で話し、もう一つは、夜、女性の声で話すという。旧約聖書の「創世記」には、これに登場する族長アブラハムが、かつてはナブルスの近くの「モレの樫の木」（「創世記」一二章6節）と呼ばれる神託の木のところで神と出遭い、さらにヘブロンの「マムレの樫の木のところ」（「創世記」一八章1節）でもお告げを聞いている。ヨーロッパの大部分の地域において、言葉を話す木という概念は、ケルト人とその祭司階級の心の世界に数千年も極めて重要な役割を果しており、現代でもケルト神話と復興異教主義との関連が取りざたされている。『オズの魔法使い』にも、言葉を話す木が出てくる。トールキンの「中《なか》つ国《くに》」に出てくる「エント」（木に似た巨人のような姿をした種族）を忘れないようにしよう。そういうわけで、遠い過去のある時点で発露したちょっぴり異常だが、断然、役に立つ概念は、その起源となった本質を維持しつつも、数えきれないほど多くの文化と文明に浸透することができる信仰に形を変え、うまく、広範囲に伝播した。[6]

図3－1：
スコットランドのインヴァネスシャー、バラチュリッシュ村で発見されたハンの木に彫った女神像。目には珪岩の小石が嵌められている。（紀元前600年頃のもの）
Copyright © National Museum of Scotland

「獣たちの王」も似たようなプロセスを経て伝播されるようになったに違いない。〝人間〟とか〝動物〟というような存在論的分類には、ある種のはっきり定義づけられた予想が付き物である。そうした予想の一つか二つが最小限度の非生得的な形で破られている（動物と意思疎通ができる人間とか）だけで、その新しい被造物を役に立つもの（私たちが生き延びるのに必要な食べ物を提供する人間と動物の両面を持った存在）と考える信仰は、大昔の知的抽象化作用を起源として、およそ一万八〇〇〇年前の〝呪術師《ソーサラー》〟へ、二五〇〇年前の「創世記」を経て、今日の復興異教主義にいたるまで連綿とつながっている。特定の神はこのようにして生まれ、人間の文化の中で何千年も大きな働きをしてきた。

次章以降で見ていくように、宗教の歴史においては一つの特別変則的な事象——些細ではあるが非生得的な概念——が、他を制して、間違いなく今日まで人間が抱いてきた唯一の、もっとも成功し、もっとも記憶に残り、もっとも意義のある、もっとも**役に立つ**宗教的信仰になっている。それが——ある意味で少々変則的な人間、肉体的にも精神的にも優れた能力を示し、姿は見えないがいつでもどこにでもおり、過去も未来もすべて知っている〝神人〟である。**神**は、言い換えれば、人でもあるのだ。だが、そうなるまでの経緯はのちの章を待っていただかなければならない[7]。

さしあたり、私たちの眼前にあるのは、認知宗教学者たちが示唆する興味深い理論である。人間というものは何百万年にもわたる進化の過程で、然るべき環境に遭遇すれば、生命のない物体を動作主に定め、その物体に魂もしくは霊を付与して、それらの物体から生じた信仰を巧みに他の文化やのちの世代に伝授することができる心の働きをもっていたという。それは宗教感情の目覚めの起源としてなかなか説得力のある説明である——これまでの説明と違って、自然選択による確認も可能だからだ。

そもそも、人間はなぜ魂の存在を信じているのか？

それでも問題はある。

認知宗教学理論と同様、説得力はあるが、一番大事な疑問に答えていないからだ。そもそも、イヴはなぜ自分に魂があると思うのか？　HADDは、通り道で立ち止まって見た木になぜ顔があると思うのかを説明してくれるかも知れない。「心の理論」は彼女がなぜ自分自身の魂がその木にあると考え、そこに生き生きとした霊を付与し、それを崇拝の対象に変えて、やがて自分のコミュニティに伝えることができたのかを説明できるであろう。そうした認知のプロセスは、既成の信仰体系を強化し、推進する力を持っている。だが、それ自体が信仰を**創生する**ことは出来ない。イヴが宗教的信仰を形成するための動作主の存在を発見するという素晴らしい飛躍をするには、彼女がすでにそのような思考に触れた経験を持っている必要がある。そうでなければ、彼女は面白い形をした木に遭遇したなと思うだけで、そのまま通り過ぎてしまったであろう[8]。

結局、イヴのその木に対する標準的な認知反応は、それが普通の木であるということだった。イヴのこの木に対する最初の月並みな受け止め方を覆すには、もう一つ別の**同じようにもっともらしい説明**が要る。だが、イヴが〝普通はあり得ない〟説明を同じようにもっともらしいと見ることを可能にするためには、二つの方法しかない。ほかのだれかが、その木はただの木以上のものだと、彼女を無理やり信じさせるか（その人物はどこでそのアイディアを思いついたのか？）、あるいは、自分自身の中に伏在する魂があるという基本的な知識をもとに、彼女がそうした信仰を形成するに至ったかのどちらかであるはずだ。いずれにしても、私たちは、エドワード・バーネット・タイラーが一五〇年前に出発点にした「魂という概念はどこから生まれたか?」という振出しの問題に戻ることになる(9)。

真実の答えを私たちは知らない。だが、はっきりしているように思われることはある。魂の存在を信じるのは人間の最初の信仰の可能性があるということである。実際、認知宗教学理論が正しいとすれば、魂の存在を信じることは〈神〉への信仰につながる。換言すれば、宗教感情の目覚めの起源は、未知なるものの意味の探求や恐怖心に根差したものではない。それは、自然界に対する私たちの無意識な反応から生まれたものでもない。私たちの脳の複雑な働きによる偶然な結果でもない。もっと重要な、説明するのがむずかしい何かの結果、私たちの中に埋め込まれた、生得的な、完全に経験から引き出された、「私たちはだれでも伏在する魂《こころ》を持っている」という信仰である。

本章以降の探索では、魂の存在を証明もしなければ、反証を挙げることもしない(どちらの証拠もないのだから)。それよりもむしろ、魂の存在への普遍的な信仰が、いかにして被造物すべての根底には能動的に、直接関与する、神的存在があるという概念を導いたのか。神的存在がどんな経緯を経て、次第に人格化され、名前や背景を与えられ、人間的な属性や情念を持ち、それぞれにパーソナリティや目的のあるさまざまな姿を割りあてられたのか。それらが時を経てどのように、今日、私たちが〈神〉として知るようになる、唯一の神聖なパーソナリティという形に変容してゆくのかが次章からの課題である。

第Ⅱ部　人格化された〈神〉

第４章　狩猟民から農耕民へ

「エデンの園」は、シリア北部の国境から数十キロメートルのところにあるトルコ南東部の先史時代の都市ウルファ（現在のジャンルウルファ）の近くのどこかとされている。あるいは少なくともこの市の住民はそう信じている。

聖書によれば、〈神〉はアダムを創造したあと、〝東方に〟エデンの園を設け、そこにアダムを住まわせた。やがて〈神〉はその庭園から一本の川を流れ出させ、それを四つの支流に分けた。そのうちの二つが、今日知られているチグリス川とユーフラテス川である。土壌からはあらゆる種類の木――外観の美しいものと食べられる実がなるもの――を生やし、アダムに何でも好きな果実を食べてよいと命じた（もちろん、ただ一つを除いて）。それから庭園を、地を這うすべての種類の動物、空を飛ぶすべての種類の鳥で満たし、アダムにそれらすべての生きものの支配権を与えた。

アダムは伴侶のイヴとともに、仕事や争いとは無縁のこの天国で、その恩恵に浴した。二人は土を耕したり、種をまいたり、刈り取ったりする必要がなかった――労働の必要がまったくなかったのである。

だが、アダムとイヴは〈神〉に背き、「善悪を知ることのできる木の実」を食べたため、「エデンの園」から永遠に追放され、生き延びるには苦労して働かなければならなくなった。大地も呪われた。土は乾き、農産物は干上がった。天の恵みはいばらやアザミに代わり、アダムとその子孫は残りの人生を、彼らが創られた塵に戻るまで、額に汗して働かないと生きていけなくなった。

「エデンの園」はもちろん実在してはいない。古代の聖典の大半と同様、この物語は**神話**として読むべきである。だが、神話とは、今日の私たちがこの言葉から想定するような〝根拠のない話〟ではない。神話の重要性は、それが真実を物語っているかどうかではなく、この世界についてのある特定の認識を伝える力にある。神話の機能は、状況がどうなっているかではなく、**なぜ**状況がそうなったのかを説明することである。古代ヘブライ人は、〈神〉が世界を創生するのにかかった長さを、七日目の安息日を含む一週間として時間の体系化をしたわけではなかった。むしろ、ヘブライ人は、時間は**すでに**彼らによって体系化されており、〈神〉はその尺度による六日間を使って世界を創生し、次の日を安息日にしたのだという。

「エデンの園」の物語は、古代近東のたくさんの洪水伝説、あるいは死んでは生き返る神々の話と同様、〝民話〟と呼ばれる特殊な神話の中でよく知られたものの一つである。それらは特定の文化や社会の集合記憶（その記憶がたとえ奇想天外なものであったとしても）にもとづく普遍的な神話であり、世代を超えて口頭伝承されてきたものだ。そうした話は、ほとんどどの宗教、ほぼすべての文化に何らかの形で散見される。

「エデンの園」の神話に埋め込まれているのは、人類が骨の折れる仕事や争いとは無縁で、夜も昼も大地を重い足取りで歩き回る必要のない大昔の時代の集合記憶である。換言すれば、私たちの太古の祖先アダムとイヴが、農業の勃興以前の、聖書にはあまり出てこない、**狩猟採集民**だった時代の話である。

そしてこれが、古代都市ウルファがその住民の集合記憶の中で「エデンの園」の所在地とみなされるようになった由縁《ゆえん》である。ウルファは、聖書にあるエデン同様、チグリス川、ユーフラテス川を含む四つの川の間にあり、これまた聖書でいう〝東〟とは、古代アッシリアの西を指しているという事実を信仰者は指摘するであろう。だが、世界中の多くの人々がそう信じている大きな理由は、エデンの園の廃墟の跡地にできたというこの都市が、ウルファと関係があるというよりもむしろ、「ギョベクリ・テペ（太鼓腹の丘）」と呼ばれるそこから一五キロほど北東の高い山の尾根の頂と関係があるからである。荒涼とした台地を見渡せる山頂の天辺に人間の造った土塁の、その下に埋もれていたのは、この地を発掘した考古学者のチーフ、クラウス・シュミットが冗談半分に〝エデンの神殿〟と呼んだ、人類最古の宗教がらみの神殿と広く認められている建造物の遺跡である。

氷河時代の終わりに建造された神殿

この神殿はモルタルもしくは石でできた二〇以上の円形もしくは楕円形の大きな石囲いで構成されている。星雲のような渦巻き型のものもある。複数の建造物から成る神殿群は縦横それぞれ三〇メートルもある。それぞれの石囲いの中央部分に巨石墓のようなT字型の二つの同形の柱が対になって建てられており、中には高さ五メートル以上、重さ一〇トンを超えるものもある。中央部の柱には、ライオン、ヒョウ、ハゲワシ、サソリ、クモ、ヘビなどの獰猛《どうもう》な獣や危険な生物が彫り込

図４－１：
ギョベクリ・テペ建設（紀元前 12,500 から 10,000 年頃）の想像画。
Fernando G. Baptista/National Geographic Creative

まれている。旧石器時代の洞窟壁画に見られるような、幻想的な、御しやすい動物は一つもない。柱には、これらの獣のほかに、複雑な作業を伴う幾何学的な形や抽象的なシンボルの浮彫や彫り込みが見られる。これらは、同等の古代エジプトの聖刻文字《ヒエログリフ》よりもさらに古い、記号言語の一種であるというのが有力な説になっているが、それらを解読するカギはまだ見つかっていない。

だが、この神殿の真に驚くべきことは、これが建造されたのが一万四〇〇〇年前から一万二〇〇〇年前の最後の氷河時代の終わりだったことである。これは、ストーンヘンジより少なくとも六〇〇〇年前、エジプトのピラミッドよりも七〇〇〇年前に当たる。それは農業の勃興以前の昔を意味し、この巨大で複雑な設計の記念碑は、まだ車輪の発明もされていない、動物の皮をまとって半遊牧生活を送っていた石器時代の狩猟採集民によって建設されたものである。

さらに驚くべきことは、この場所にだれも住んでいた形跡がないという事実である。ギョベクリ・テペの近くからは住居や炉床の痕跡は何一つ発掘されていない。水源もなく、一番近い淡水の流れからも数十キロ離れている。人間の快適な暮らしが不可能な場所にこうした建造物がある理由は、ここが宗教的な儀式を行うためだけに考案された神聖な場所だからであると説明するしかない。

人々は、半径百数十キロ以内くらいに分布する村々から旅をして、ここでおこなわれる何らかの祭儀に参加していたのであろう。種族もさまざまで、異なった神々を崇拝していたかもしれない。それにもかかわらず、こうした本質的に異なる旧石器時代〔クラウス・シュミットは先土器新石器時代としている〕人の集合が相互の違いを超え、共通の一体化されたシンボルに焦点を当てて信仰の対象としていた。シュミットとその仲間たちによるギョベクリ・テペでおこなわれた考古学的発掘作業は、この一体化されたシンボルは何を示していたのかについて想像をひらめかせてくれる。それは、私たちの認知過程という素材から生まれ、私たちの神的存在への概念を表明する最古の試みという形をとり、やがて世界で知られてきたほとんどの宗教や文化への伝播にも成功した、人間の心《スピリチュアリティ》の世界の最高のシンボルである。そのシンボルとは、〝人格化された神〟――私たちに似せてつくられた神――で、「エデンの神殿」のそれぞれの石囲いの中心に座している。

図４―２：
ギョベクリ・テペのＴ字型の石柱。人間の両手とベルトが彫り込まれている。（紀元前12,500から10,000年頃のもの）。
Vincent J. Musi/National Geographic Creative

私たちは神々をも人格化させたがる

神殿の構築物を見おろす二本の対になったT字型の柱は単なる石の塊以上のものである。注意してみると、この柱には横に伸びる腕が彫られている。両腕は各柱の前方で重ねられ、すぐ下方にベルト、もしくは腰布のようなものがあてがわれている。柱の中には宝石を着けているように見えるものもある。T字型の柱に最後に帽子をかぶせるかのように小さな石の塊が載せられているのは、頭を意味しているのではないかと多くの研究者たちは想定している。これらすべてが物語るのは、これは単なる柱ではなく、抽象的な人間像ではないかと推測される。

これらの像には顔がない。目も、

鼻も、口も彫られていないが、それは制作者に技術が欠けていたからではない。ギョベクリ・テペの動物像の中には細部まで精緻に彫り込まれたものがあるのを見れば、名工の腕がどれほど優れたものかわかるであろう。ある柱の側面に彫られたヒョウは実に精緻で、あばら骨まではっきり見分けることが出来る。この神殿の建造者は、その気になれば、中心となる柱をもっと人間とはっきりわかる姿に彫ることが出来たに違いない。だが、彼らはその像をわざと抽象的なものにする方を選んだ。それは彼らがこれらの柱を実際の人間を表すものとしてではなく、人間の形をしたもっと崇高な存在として表現しようとしたことを示唆している。

ギョベクリ・テペの人格化された神々が、個別の神々を祀る万神殿《パンテオン》を表しているのか、あるいは単なる無名の神々を表しているのかはわからない。その答えは、各柱に彫り込まれている一連のユニークな聖刻文字にあるのかもしれない。その聖刻文字が識別記号である可能性はある。それは特定の神の名前であるかもしれないし、あるいは神の属性を表す言葉であるかもしれない。その神にまつわる神話や、願いごとを聞いてくれる特別な力のようなものが記されている可能性もある。どちらかというと、信者にどの聖人に何をお願いしたらよいかを知らせるカトリック聖人リストのようなものかもしれない。いつの日かこの聖刻文字が解読されない限り、その答えは知る由もない。

わかっているのは、ギョベクリ・テペの中央にある柱が、**なぜ**人間を象《かたど》ったものであるのか、なぜ異なる部族がここに集まって、人間に似た形を用いて、彼らがほとんど初めて想定していた神々の姿を表そうとしたのかである。

すでに述べたように、私たちは進化の過程で、私たち自身の信仰や欲望、私たち自身の精神的、心理的状態、私たち自身の魂を、人間であろうとなかろうとほかの存在に吹き込むように改造されてきた。私たちの「過敏な動作主探知装置」は自然現象の中に動作主を感知しやすくさせる。私たちの「心の理論」は、生来、私たちが遭遇するものは何でも、〝人格化〟させたがる。すると、神々を人間の形以外に見立てるはずがないのではないか？　私たちは、森羅万象とそこにあるすべてのものを理解するレンズなのだ。私たちは、自分が遭遇したものが人間であろうとなかろうと、すべてに対して、個人としての体験を適用する。そうする中で、私たちは世界を人格化してしまうだけでなく、世界を創造したと私たちが考える神々をも人格化するのである。

ギョベクリ・テペの建設に続く数百年間に、神的存在を人格化したいという無意識の願望が、良くも悪くも、確かな影響をおよぼしていくことになる。私たちが神々を人間のことを描写する時と同じ言葉で考えれば考えるほど、私たちの人間的特性を神々に投影するようになる。私たちの価値観は神々の価値観となり、私たちの特徴は神々の特徴となっていく。その結果、天界の領域を、地球を反映する鏡とし、私たちのような人格を持った神々はやがて私たちの政治や官僚制度まで引き受ける。

神々をもっとよく知るために、私たちは、唯一、十分に知ることが出来る**私たち自身**を基盤にした申し分のない心構えを構築する。神々には食べ物が必要だ。なぜなら、私たちに食べ物が必要だからだ。そこで私たちは神々に犠牲を捧げる。神々には私たちと同じように住まいが必要だ。そこで神々のために神殿を建てる。神々にも名前が必要だから、名前を付ける。私たちに個性があるように、神々にも私たちと同じような個性を与える。神々には私たちの現実社会を根拠とした神話的な歴史や、神々が私たちの世界を経験できるような、一定の形を持った祭儀も必要だ。神々の願いごと（それは**私たちの**願いごとにほかならない）を成就するための奉仕者や従者、神々の居心地のよさを保つためのしきたりや規制も必要だし、神々の怒りを招かないように祈りや嘆願もしなければならない。つまり、神々が必要としているのは、一言でいえば宗教である。そこで私たちはそれを発明することになる。

人類は二五〇万年近く、狩猟採集民として生きてきた

だが、議論の余地はあるかもしれないが、私たちの、神的存在に人間の特性を付与せずにはいられない衝動がもたらしたもっとも重要な結果の一つは、ギョベクリ・テペの建設の直接の結果から生まれたように思われる「農業の誕生」である。なぜなら、それは、人間の姿をした個々の神々の概念化であり、そのようなプロセスに伴う神話や祭儀の制度化であり、それが私たちを旧石器時代から脱出させ、放浪をやめて定住化を余儀なくさせ、それが農業を発明することによって生じる利点へと地球を変えていこうという起動力を私たちに与えることになるからである。つまり、天界の神々を人間に変貌させていくことによって、私たちは人間を地上の神々へと変貌させていくことになる。(1)

私たちは、進化の過程のうち二五〇万年近く——私たちのヒト科としての存在の九〇％以上に当たる——を地上で食べ物を探し回って暮らした。私たちは森や平原で、そうした環境への適性でははるかに優れているが、それほど賢くはない獣たちの餌食にならないように気を張りながら獲物を

追う捕食者だった。こうした経験が狩猟採集民としての私たちを獣たちとは違う存在として形造っていった。それは私たちの脳を大きくし、認知能力を構築し、次第に衝動的に行動する動物から識別力のある存在へと変貌させた。

私たちの神々も、そうした存在と同様、狩猟の神々だった。私たちの儀式やしきたり、神話や伝説、地下聖域、宇宙についての概念などは、狩猟者と獲物の間に存在した不思議な連帯意識によって醸成されてきた。そうした連帯意識が、私たちが殺した動物から道具へと広がるにつれて、私たちは動物を殺すことに慣れた。骨で作った銛《もり》、木製の槍、魚を釣る鉤針《かぎばり》、網などは神聖な力を持つようになった。私たちの生存のためのこうした武器への依存は、やがてそれらを単なる物体から霊的世界の幻影へと変えていった。

狩猟は私たちを地形に精通させ、自分たちが住んでいる世界の地図――尾根や斜面、谷や川などの地図を頭の中で思い浮かべることが出来るようになった。それは私たちに独自の想像力を掻き立てさせたばかりでなく、私たちの意識の中で、今日もなお、獲得しようともがき続けている社会的価値観をしっかり埋め込んだ。狩猟民としての移動の必要性は、個人的に物を貯め込むこと、資産の蓄積、その結果としての持つ者と持たざる者の階層化を妨げていたのである。

あらゆる価値観を一変させた農業の誕生

やがて一万二〇〇〇年前から一万年くらい前に私たちはいつの間にか槍を鍬《くわ》に替え、自分たちを食糧採集民から農耕民に変貌させた。私たちは食べ物を漁りまわることをやめ、それを生産するようになった。動物を仕留めにいかず、動物を飼育し始めた。

狩猟は私たちを人間らしくしたかもしれないが、農耕はその人間らしさの意味を永久に変えた。狩猟が私たちを空間の把握に精通させたとすれば、農耕は私たちに時間の観念を発達させ、星や太陽の動きに合わせて農耕を営む知恵を生み出した。地球を共有する動物たちとの不思議な連帯感は、地球そのものへの連帯感に移行した。狩猟の成功を祈るのをやめ、代わりに確実な収穫への助けを祈った私たちの心のよりどころは、天界——伝統的に父親的な、男性の神々が連想された——から、母なる女神としての地球へとシフトした。大地の持つ繁殖力は、子宮内に命の神秘を宿す女性の子を産む力と結びつき、有名な宗教史家ミルチャ・エリアーデの説によれば、野原を耕す肉体労働は性行為に類似したものになった。(2)

大地を私たちに有利なものに変えるプロセスは、私たちが住んでいる世界の変化への理解を助けるさまざまな神話ばかりでなく、まったく新しい一連の価値観と行動規範をもたらした。〝生贄としてささげられた神〟——死んでばらばらにされ、その身体から被造物が生まれ出るという概念が初めて生まれたのはその頃だった。中国の創世神「盤古《ばんこ》」の頭蓋骨は空《そら》になり、その血は川や海になった。エジプトの神オシリスは、残酷な弟セトに殺され、細かくきざまれて肥沃なナイル渓谷沿いにばらまかれる前に、古代エジプト人に大地を耕す方法を教えた。

そのような神話は誕生、死、作物の再生とうまく一致したばかりでなく、神的存在とのいっそう親密な関係を醸成した。つまり、私たちが大地に植えた作物が、神の散り散りばらばらにされた身体から生まれたと信じるならば、これらの植物を食べるとき、事実上、神の身体を食べつくすことになる——という概念は古代の近東の宗教的慣習の中で長く命脈を保つことになった。キリスト教の聖体拝領〔プロテスタントでは聖餐式〕もその一つである。

ひとたび農耕を始めた私たちは移動を停止したと一般的には想定されている。私たちは定住し、村や神殿を建設した。村にはしきたりが必要だから、一部の人に、法を作り、それを守らせる特権を与えた（それが組織化された社会を誕生させた）。神殿には祭司が必要であるから、私たちに代わって神々を崇拝し、語りかけてくれる人物を指名した（こうして組織化された宗教が生まれた）。分業は社会を分割し、新たな富や個人財産を生み出した。贈り物の交換から物々交換に移行し、それがやがて売買になり、蓄積したり剝奪したりするうちに持つ者と持たざる者ができた。

食糧が潤沢になると人口は増大した。公共の場で大きな共同体の集合が可能になれば、意見の交換は素早くなり、テクノロジーは絶え間なく普及する。芸術が開花し、科学技術は共有されるようになり、文明が生まれた。そのすべては狩猟採集をやめ、農耕、飼育、栽培を始めるという運命的な決断のおかげである。

人間の進歩におけるこのように劇的な移行は、事実上、旧石器時代を終わらせ、「新石器革命」として知られる新時代をスタートさせた。この新語を造り出した考古学者ヴィア・ゴードン・チャイルドは、農業の誕生を（火を使いこなすようになって以降の）人類の歴史におけるもっとも重要な進歩と考えた。動物の家畜化は人間にとって明らかに有益で、農耕は食物を探し回るよりずっと望ましい生活形態であるという点で、ほとんどの人がチャイルドの説に同意するであろう。

農業の発達で安定した食物資源の確保が容易になったに違いない。もはや動物を追って広い大地を走り回る必要も、食用になる果実や木の実を求めて森や原野を探し回る必要もなくなったのだから。保存してある小麦や大麦をいきあたりばったりに取り出して食べるよりも、広大な土地に穀物を植えて、収穫するほうが望ましい。獲物を求めて原野をくまなく走り回る日々を過ごすよりも、動物を捕えて檻《おり》に入れておき、好きな時に殺して食用にするほうが楽である。

農業革命によって食糧はむしろ減少していた

だが、農業の興隆を学べば学ぶほど、私たちの祖先はそれに見合う以上の煩《わずら》わしさに時間やエネルギーをとられてしまっていた可能性が高いことがわかる。第一に、目覚めている時間――日の出から日没まで――のほとんどすべてを費すことになる。耕地に不要なものを取り払い、地面を耕し、種を集めて蒔き、手作業で水をやり、害虫や泥棒から作物を守るという骨の折れる仕事を続けるのには、まだどこにでもふんだんにいた動物を狩猟するため原野に出かけるよりずっと膨大な時間を必要とした。

農業をおこなうということは、集団生活をする人間が生きてゆくために、遠く離れた水源から皮袋に入れて運んでこなければならない真水を、貪欲に水を求める作物と分かち合わなければならないことを意味する。雨風を凌《しの》ぎ、捕食者から私たちを守ってくれた森は、農地や牧場を造成するために焼き払われなければならなかった。動物には人間の食べ物を分け与えて保護したり、放牧に連れ出したり、汚れを落としたり、病気にかからないよう気をつける必要がある。このように骨が折れ、自制を必要とする仕事すべてからの報酬は何だったのか？　驚くことに、食糧は決して潤沢に

ならず、**むしろ減少した**のである。(3)

さまざまな研究が明らかにしたところによれば、農業革命によってビタミンとミネラルの消費量は減り、たんぱく質も実質的には減少した。初期の農耕に適していたのはわずか数種の穀物だけで、家畜化できる動物の種類も少なかった。狩猟民は数十種類の植物や動物を食べて生き延びていたので、どれかの種が不足しがちになったら、別の種に切り替えさえすればよかった。

だが、農耕民が栽培できる植物、家畜化できる動物の種類は限られていた。旱魃《かんばつ》に遭ったり、小麦や大麦のどれかが不作だったりすれば、農民一族は飢えて死ぬ運命にあった。ヒツジやヤギ、ニワトリなどが病気になれば、その群れ全体が絶滅するので、やはり餓死しかねない。狩猟民なら、差し迫った危機に遭遇したら、持ち物をまとめ、食べ物のありそうなところへ、どこにでも移動するだけでよかった。ところが、農耕民は、定住し、努力しながら滅びるほか、ほとんど選択肢がなかった。

古代の農耕民社会の大半で、少なくとも子供三人のうち一人は二〇歳前に死亡した。イスラエルの歴史家ユヴァル・ハラリの観察によれば、**ホモ・サピエンス**の体格は獲物を追うのに適していたが、土地を開墾し畑を耕すのには向いていなかったという。古代人の骨格を調べると、農業への移行がいかに残酷だったかがわかる。農耕民は狩猟民よりもずっと、貧血やビタミン不足の影響を受けやすかった。感染症にかかる割合も高く、若いうちに死亡する例も多かった。歯の質も悪く、骨折も多かった。椎間板《ついかんばん》ヘルニア、関節炎、ヘルニアのような、それまでにはなかった慢性疾患で苦しむようになった。実際、古代近東周辺から出土した人骨は、新石器革命の最初の数千年間に、おおむね食物摂取量の不足が原因で、身長は平均して一五センチあまり低くなった。こうした事実を考慮に入れると、狩猟から農耕への移行は、人類にとって悪しき賭けだったばかりでなく、ハラリの言葉を借りれば、「史上最大の痛ましい経験」だったことになる。(4)

人類は農耕生活に入るずっと前から定住を始めていた

農業をするには莫大な時間とエネルギーと資源が必要であるとすれば、何が原因で狩猟をやめ、農耕生活の過酷な現実を選んだのであろうか？　チャイルドの説によれば、今から一万一七〇〇年前ごろに当たる最終氷河期に突然の気候変動が起こったことが、人類に他の食物資源を求めさせるきっかけになったのだという。地球の温暖化で氷河が後退し、気候が変動し、住民は仕方なく住みやすい地理的地帯へと追いやられたため、そこで限られた種類の穀物や豆類を試験的に集めたり、育てたりするようになった。

だが、古代の天候の変化のパターンについてのその後の研究によれば、最終氷河期に起こった気候変動は、チャイルドが想像したよりはるかにゆっくりしたもので、突然の大量移住者を出すほど急速なものではなかったという。気候変動は農業の勃興や動物の家畜化を促すというチャイルドの説は正しい。だが、そのどちらも気候変動が原因ではなかった。(5)

農業が始まったのは、肥沃でない土地に人口が増えすぎたか、あるいは狩りをしすぎて動物が急に絶滅の危機にさらされ、初期の人類はほかの食糧源を工夫せざるを得なかったからだという説を唱える人たちもいる。考古学的調査結果は、そのどちらの仮説も支持していない。動物の絶滅説を裏付ける証拠もないように思われるし、最初の農耕活動が始まったのは、エジプトのナイル渓谷下流地帯、地中海東部とトルコ南部の屈曲部、イラクの窪地からイラン西部の隆起部にかけての〝肥沃な三日月地帯〟のように、十分な湿り気のある、資源の豊かな地域であった[6]。

こうした理論の大半が持つ問題点は、それらが、農耕が先にあって、その結果として定住が始まったとする広く共有されている仮説に基づいていることである。この説では、古代の私たちの祖先が遊牧生活をやめたのは、種を蒔き、作物の世話をし始めたために定住するしかなかったからだと想定する。ところが、地中海東部一帯に狩猟採集民が建てたギョベクリ・テペその他の大昔の遺跡の発見は、こうした考え方を根底から覆した。今では、定住が先で、ずっと後になって農耕が勃興したことがわかっている。私たちは食べ物を自分たちの手で育てることを思いつくはるか前に、人口が急増しつつある村に住み、巨大な神殿を建て、偉大な芸術作品を生み、そうした技術を何百年にもわたって共有していた。

狩猟から農耕への移行は宗教が原因だったのではないか？

植物の栽培や動物の飼育は、突然の環境の変化や、それらの大量の絶滅、もしくは突然の人口増加の結果起きたものではなかったとすると、狩猟から農耕への移行を促したのは何だったのか？古代近東一帯でのギョベクリ・テペやそれに類似した礼拝の場の発見は、それが組織化された宗教の誕生だったのではないかと思わせる。

ギョベクリ・テペほどの大きさと規模の神殿を建てるには、完成するまでに相当な年数と、穴を掘る人、石を切り出す人、石工、職人らの巨大な労働者集団を必要とする。こうした労働者には、そのプロジェクトの進行中はずっと、安定した食糧の供給が必要だったであろう。建設地周辺をうろつく野牛やガゼル、イノシシ、アカシカを仕留めるだけでは、彼らに食べさせる十分な肉を提供できなかったと思われる。そこで彼らは、労働者の食糧供給を補強するために、周辺地域一帯に自生する食用になりそうな草を育て始めた。これが種を蒔き、作物を収穫する道を拓いたのであろう。彼らはまた、動物を大量に捕まえた時は、それを囲いに入れて飼っておけば、いつでも殺して食用にできることも思いついたかもしれない。それがやがてヒツジ、ブタ、ヤギ、牛などの飼育の始まりになった可能性もある。考古学的発掘記録によれば、それらはすべて、ギョベクリ・テペ周辺のトルコ南東部でその建設と同時期に初めて、家畜化されていたことが証明されている。(7)

神殿を建設するという肉体的な仕事は、そこに集まる労働者や信奉者を養うために作物を植え、動物を家畜化する必要性を生んだかもしれない。だが、永続的にそこに住み、それに合わせて土地を作り替え、動物を人間の意思によって飼育し、生来のものと異なるものに徹底的に変えて行き、自然界によく似た人工的な環境を創生する――そうしたことすべてが、人間と動物、人間と大地の関係を考えるうえで非常に大きな心理的飛躍を必要としたであろう。それは、科学技術革命以上に、人間のありようについての私たちの考え方に革命――フランスの考古学者ジャック・コウヴァンの造語である〝シンボルの革命〟を必要としたであろう。私たちの旧石器時代の祖先にとって、その革命は、人格化された神々の信仰によって支配される組織化された宗教体系という形になって表れた。(8)

つまり、人間の姿をした神々を想像し、自分たちがその神々自身と同じ身体的、心理的資質を共有していると主張することによって、人類を自然界のその他のものとは異なる存在と見るようになった。人類の進化の過程で初めて、私たちは宇宙の一部ではなく、その中心であると想定し始めたのである。自分たちを自然界にある魂や精霊と結びつけるアニミズムは消えた。私たちが実在の動物や大地とはもはや結びついていないのなら、それらを自分たちに好都合に利用してはいけない理由はない。自然界に介入して、自分たちの利益になるように、支配し、適応させ、変貌させてはいけないわけがない。

ギョベクリ・テペの建設は、新石器時代の幕を切って落としただけではなかったのかもしれない。それは人類についてまったく新しい概念の手ほどきをした可能性が高い。それは人間をすべての生きものより高い地位に上げて精神面の中心に据え、自然の支配者、大地を司る神々にした。それに続いて起こったのは原始的なアニミズムから組織化された宗教への大規模な移行だった。メソポタミアやエジプト、ヨーロッパやギリシア、イランやインド、中国、さらにその以遠まで。個別化され、人格化された、それぞれが特定の人間的特性を体現する神々を祀る万神殿が形成され、やがてそれは私たちの持つあらゆる善と悪を兼ね備えたユニークな一人の神になった。

こうして、私たち自身に似た神的存在を形成したい——それに私たちの魂を与えることによって——という無意識の認知衝動として始まったものが、その後、一万年以上にわたり、ますます人間に似た神々をつくろうとする精神面での意識的努力を経て——ついに〈神〉は事実上、人間になった。

第5章　高位の神々

神々が人間に代わって働き、その労働量の多さに耐えつつ、運河を掘り、水路の汚泥をさらい、沼地を干拓し、畑を耕していたころのことです。彼らはうめき声をあげ、掘り出した土の山を眺めて不平不満をわめき立てました。労働はきつく、あまりにも悲惨だったからです。そこで彼らは自分たちの掘り道具や運び道具に火をつけました。そして彼らは一人残らずその場を去り、神々の相談役である大神《おおがみ》エンリルの神殿の門に向かいました。

「こんな掘削仕事はやめるべきだ」と彼らは叫びました。「負担が大きすぎる。これではわれわれは死んでしまう！　労働はきつく、あまりにも悲惨だ！」

エンリル神は神々の産婆《さんば》役マミに相談を持ちかけました。「あなたは出産の女神だ。労苦を担ってくれそうな人間をつくってくれ。人間たちに神々の重荷を背負ってもらおう」

そこでマミは知恵の神エンキの助けを借りて、粘土と血を混ぜ合わせ、七人の男と七人の女をつくりました。彼女は人間に穴掘り道具を与え、二人一組にして神々の労働を助けるために地上に案内しました。

六〇〇年と六〇〇年が過ぎ、地上はあまりにも広く、人間はあまりにも大勢になりました。地上は吠える雄牛のように騒がしくなり、やがて神々はその騒がしさにいら立ってきました。

「人間どもの騒がしさはひどすぎる。これでは眠れやしない」とエンリル神は嚙みつくように言いました。

神々の会議が開かれ、神々がその喧騒から逃れるために人間を地表から一掃するような大洪水をもたらすことが全員一致で決められました。


さて、地球上には、アトラ・ハシース〈アッカド語で「最高の賢者」というような意味〉という名の敬虔《けいけん》な男がいて、その耳には自分の守り神である知恵の神エンキの言葉が聞こえます。彼はエンキ神に話しかけ、エンキ神もまた彼に話しかけたりします。

エンキ神はアトラ・ハシースの夢のなかに現れ、その声が聞こえました。「お前の家を壊して、舟をつくりなさい」と知恵の神エンキは警告しました。「お前の持ちものはすべて残し、すべての生きものの種を乗せなさい。舟を出してあちこち回る計画を進めなさい。舟の長さと幅は同じにし、上甲板と下甲板をつくりなさい」

そこでアトラ・ハシースは舟を建造し、すべての生きものの種を積み込みました。彼は親類知己一同をその舟に乗せました。空飛ぶ鳥を乗せ、平野に放し飼いの家畜も野獣も乗せ、草原の野生動物も乗せました。それぞれがつがいで舟に入りました。やがてアトラ・ハシースも舟に入り扉を閉めました。

夜明けの曙光《しょこう》が差し始めるころ、黒雲が空と地の境から立ち上ってきました。輝いているものはみな暗闇に沈み、嵐が戦場の軍隊のように立ち上がり、嵐の神アンズー――ライオンの頭をした鷲――はそのかぎ爪で空を切り裂きました。

やがて洪水が起きました。まるで野生のロバが叫んでいるかのように風はヒューヒューうなりを上げました。真っ暗闇で、太陽はどこにも見えません。自分の仲間すら見分けがつかず、空と人との区別もつきません。神々さえも大洪水を怖れました。彼らは天界に引き揚げ、犬のように壁際で丸くなっていました。

七日、七夜、どしゃぶり、暴風が続き、洪水が起こりました。嵐は地上を壊滅状態にしました。遺体がトンボのように川の流れをふさぎました。七日目に、陣痛にのたうっていた女性が身二つに分かれた時のように、鎮まりました。海は穏やかになり、水に覆われた平原は屋根のように平らになりました。

舟はニムシュの山の天辺に漂着し、アトラ・ハシースは嬉しさで胸がいっぱいになりました。彼はハトを放ちました。ハトは休む場所が見当たらず、舞い戻ってきました。彼はツバメを放してみました。ツバメもまた、休む場所が見当たらず、舞い戻ってきました。彼はカラスを放ちました。カラスは戻ってきませんでした。そこでアトラ・ハシースと親類知己一同、空の鳥、平野に放し飼いの家畜も野獣も、草原の野生動物も舟から降りました。そこで彼は自分の守護神エンキに感謝して供儀を献《ささ》げました。

だが、エンリル神は供儀の香りを嗅ぎ、舟を目にすると怒り狂いました。彼は再び神々の会議を召集しこう命じました。「われわれ全員一致で誓いを立てた。命あるものは逃してはならない。人間は誰も破局を生き延びてはならないと」

知恵の神エンキは言いました。「あなたに公然と反抗したのは私です！　断固として命を守ったのは私でした」

神々はエンキ神の言葉に謙虚な気持ちになりました。彼らは涙を流し、後悔の念でいっぱいになりました。神々の産婆役マミはこう叫びました。「私は神々の会議でなぜあのようなとんでもないことを言ってしまったのでしょう？　あの人たちを生んだのは私自身で、あの人たちは私の家族なのに」

エンリル神とエンキ神は妥協点を見出しました。「洪水をもたらす代わりに、ライオンを起こして、人間を減らさせようではないか。洪水をもたらす代わりに、オオカミを起こして、人間を減らさせようではないか。洪水をもたらす代わりに、飢饉を起こして大地を痩せ細らせようではないか。戦争や疫病で住民をひどく痛めつけようではないか」

神々の妥協は成立し、エンキ神は舟に乗り込み、アトラ・ハシースの手をとりました。彼はアトラ・ハシースの妻の手もとりました。彼は二人の額に手を当て、こう宣言しました。「今後、この男とこの女はわれわれ神々のようになる」[1]。

今から四〇〇〇年近く前に作られた古代シュメール語のアトラ・ハシースと洪水の叙事詩がなじみ深いものに感じられるのは当然であろう。幸運な少数者を除いてすべての人類を滅ぼす世の終わりのような大洪水の物語は、人類の歴史の中でもっとも古く、もっとも広く知られている。この神話は、いくつかの点で典型的な〝集合記憶〟で、遠い過去のある時に実際に起こった、悲惨な洪水を基盤にしたものであると多くの学者たちは信じている。その土地ならではの洪水叙事詩は、エジプト、バビロニア、ギリシア、インド、ヨーロッパ、東アジア、南北アメリカ、オーストラリアでも発見されている。洪水の原因は、その物語の語り手によって異なり、物語の背景、異なった神々、異なった結末など、語り手によって異なるそれぞれ独自の文化や宗教を反映したものに作り替えられている。

主人公のアトラ・ハシースはたくさんの名前で知られている。紀元前一二世紀のバビロニアの『**ギルガメシュ叙事詩**』では「ウトナピシュティム」と呼ばれている。紀元前三世紀にギリシア語で書かれたベロッソスの『**バビロニア誌**』では、その名は「クシストロス」、エンキはギリシア神話の神「クロノス」に替えられている。『旧約聖書』では、アトラ・ハシースは「ノア」と呼ばれ、エンキはヘブライ人の神「ヤハウェ」になっている。『コーラン』(クルアーン)では「ヌーフ」と「アッラー」である。

だが、背景や原因、主人公や神が異なっていても、これらの洪水物語の大半の源をたどると、最初の書き言葉、最初の偉大な文明であるシュメールの言葉で書かれた一つの物語が起源になっている。

世界でもっとも進んだ文明を創出したシュメール人

農業革命は紀元前一万年ごろに起こって急速に肥沃な三日月地帯に広がり、古代メソポタミアの緑豊かな沖積土《ちゅうせきど》の平原にいたって頂点に達した。天地創造の伝説に登場するチグリスとユーフラテスの川の間に位置する、今日ではイラクとシリアとして知られるメソポタミア（ギリシア語で〝二つの川の間〟の意）は、穏やかな気候と季節ごとの洪水のおかげで、農作物の成長に適した鉄分の多い土地環境を生み出していた。

紀元前九〇〇〇年頃までにはこの地方全域、とりわけ二つの大きな川が合流してペルシア湾にそそぐ小さな漁村が密集する南部地方には、広大で乾いた農耕地帯が広がっていた。

紀元前七〇〇〇年頃のメソポタミア地方では、ごく普通に見られる植物が栽培されたり、ウマとラクダを除く動物が家畜化されたりしていた。その後の二〇〇〇年間に広域農耕は、西はエジプト、東はイラン高原にまで広がった。小さな漁村と農村はやがて一つになって最初の農村と都市部を併合したような集落が出現した。

アナトリア南部のチャタルヒュユクには、紀元前七〇〇〇年から六五〇〇年頃、約一〇〇〇世帯が住む大きな農耕民集落が形成されており、豊穣の女神に捧げるいくつもの念入りに彩色した神殿が建てられていた。紀元前六〇〇〇年頃のメソポタミア北部には優れた陶芸技術で知られる、先進的なハラフ文化が出現した。その後一〇〇〇年ほどの間にハラフ文化は衰え、この地方の文化的支配力はウバイド文化に取って代わられ、やがてそれはメソポタミア南部から現代のバーレーンやオマーンに広がっていった。

紀元前五〇〇〇年頃、湿原を干拓し、チグリス川とユーフラテス川から水路を引いて、世界初の灌漑《かんがい》システムを樹立したのはこのウバイド人だった。こうしたメソポタミア南部の住民がシュメール人として知られるようになったのか、それとも**シュメール人**とウバイド人とは関係があっただけなのかはわかっていない。〝シュメール〟という言葉は、メソポタミアで事実上、一番広く話されていたセム語の一種のアッカド語で、〝開明的な王たちの地〟という意味である。シュメール人は自分たちのことを〝黒頭の民〟と呼んでいた。だが、シュメール人がどこからきて、どのように台頭したのかは別として、紀元前四五〇〇年頃までには、世界初の大きな都市として知られる**ウルク**を建立してメソポタミアの支配権を堅固なものにしていた。

シュメール人はウルクを在所として、世界でもっとも進んだ文明を創出した。車輪や帆船を発明したのは彼らである。彼らは灌漑用水路を大規模に拡張して、一年中農耕ができるようにした。農産物の大量生産によって、農耕生活に必要だった多くの負担が軽減された。そのことが、シュメール文化や宗教、優れた芸術作品や建造物、『アトラ・ハシース叙事詩』のような複雑な神話を生んだ。驚天動地の最たるものは書字の発明である。

文字の発明が神々の変質をもたらした

書字はすべてを変える。書字の発達は、史学と先史学との間に一線を引いた。メソポタミアが「文明のゆりかご」として知られるようになったゆるぎない理由は、紀元前四〇〇〇年紀頃に、シュメール人が葦《あし》を削った太めのペンで、水にぬれた粘土板に**楔形文字**《くさびがた》と呼ばれる文字を刻むことによって、人類史上初めて、もっとも抽象的な思考を記録することができるようになったことにある。(2)

それからほどなくして、シュメール人の楔形文字がアッカド語およびその二つの主な方言を含むメソポタミアの他の地方言語に取り入れられた。南部のバビロニア語は文学作品や碑文、北部のアッシリア語は、紀元前七世紀にアッシリア帝国が亡びて消滅するまで、主に経済、政治に関する記録文書に用いられていた。アッカド語は話し言葉の形で、中東全域で三〇〇〇年にわたって使われてきたが、紀元前一世紀にアラム語に完全に取って代わられた(3)。

楔形文字のおかげで、私たちは歴代の王の名前、大きな都市や王朝の年代記、社会生活の様子を垣間見ることのできる個人の手紙、古代国家運営の大まかな仕組みを反映した政府文書など、古文書や記録の宝庫を自由に閲覧《えつらん》することが出来る。メソポタミアのさまざまな宗教的儀式を詳述した神殿の記録もある。もっとも注目に値するのは、壮大で、忘れがたい神話や伝説が集められた正真正銘の図書館である。それによって私たちは、人類が考え出した、間違いなくもっとも古く、もっとも影響力の大きい、高度な宗教体系にほぼ自由にアクセスできる。

シュメール人社会は、洗練された宗教を生み出した唯一の新石器時代文明ではなかった。おそらくそれをした最初の人たちでさえもなかったであろう。だが、彼らはそれを書き留めた最初の人たちである。それが状況を一変させた。文字による記述は彼らの宗教的思考をその地域一帯に広めただけでなく、書字の発明によって、神的存在を人格化せずにはいられない衝動——私たちの認知プロセスに深く根づいた、ギョベクリ・テペに素朴な形で発現されている衝動を**顕在化**したのだ。

神々について書くという行為、神々とはどんなものかを言葉で描写せずにはいられない衝動は、私たちが思い描く神々の姿を変質させるばかりでなく、神々を私たち自身のイメージにある姿にしたいという無意識で内在的な願望を意識化し、明確にした。私たちが神々について書くとき、神々を神話的物語の天地創造の始まりに置いたり、この世の終わりかと思われる大洪水を論じる時の中心的存在に据えたりするのは、神々が私たち人と同じように考え、行動すると想像せざるを得ないからである。私たちは神々に私たちの属性や感情を埋め込み、私たちの意志や動機は神々から生じたものとみなすのである。

私たちが神々を叙述するときに選ぶ言葉そのものがまさに、神々の本質、人格、物理的な形に対する人間の理解に影響を与えている。たとえば、シュメール語の〝神〟に相当する言葉 ***ilu***（イルー）は〝高位の人〟のような意味を持っていることから、シュメール語の文書の中の神々は、人間と同じような身体を持ち、人間と同じような服装をしていて、人間と同じような感情を表現し、人間と同じような人格を人前で見せる、人々に崇められている存在と想定されていたことは明らかである。

シュメールの神々は幼時に乳を飲ませてくれる母親から生まれ、父親もいるが、成長するとたがいに張り合う関係になる。神々は恋をして結婚する。性交し、子どもも作る。彼らは家族とともに家に住み、その血縁関係によって巨大な聖家族を形成する。彼らは食事をし、酒も飲み、仕事の不満も述べる。たがいに議論もすれば争いもする。負傷して死ぬこともある。彼らは、もっともわかりやすい言葉でいえば、**人間そっくり**なのである。

アトラ・ハシース物語の広域伝播が証明しているように、この神話は二つの川の間の地で生まれ、たちまちヨーロッパと北アフリカに新芽を伸ばし、コーカサス山脈一帯とエーゲ海全般で花開いた。シュメール
この神話は、エジプト人やギリシア人、インド人やペルシア人の宗教体系にも花を咲かせた。シュ

メール語の「イルー」は聖書ではヘブライ語の「エロヒム」、『コーラン』ではアラビア語の「アッラー」と翻訳されて、たくさんの頁にちりばめられている。このメソポタミア物語が伝播されたところにはみな、メソポタミア人の神々を〝高位の神々〟とする概念が広まったのは驚くに当たらない[4]。

家の床下から発見された人間の頭蓋骨

メソポタミア人は**多神教信者**で、複数の神々を同時に崇拝していた。実際、メソポタミアの万神《パンテ》殿《オン》には三〇〇〇以上の神々が祀られていた。太陽神シャマシュの妻で光の女神アヤ、癒しの神ダム、火の神で金属の精製者ギルラ、影響力絶大の月の神シン、〝運命を司る神〟エンリルとともにいる知恵の神エンキ、初期のメソポタミアの万神殿に三人のもっとも重要な神々として祀られた天空神アン（もしくはアヌ）などなど。事実、メソポタミアにはあまりにもたくさんの神々がいるので、古代の書記たちはそれらすべてを網羅するために複雑な〝神の一覧表〟を編集しなければならなかった[5]。

メソポタミア人はどこでこうした神々と遭遇したのかという疑問に答えるのはむずかしい。ギョベクリ・テペの顔のない、人間の姿を思わせる柱から、メソポタミアの活気ある個別化された神々にいたる九〇〇〇年にわたる心の旅路は、物的証拠が欠乏しているためにはっきりわからない。だが、地球上の最古の都市の一つであるエリコでの一連の驚くべき発見の数々と、メソポタミアの偉大な都市国家への前兆は、その中途段階の人間の心《スピリチュアリティ》の世界を垣間見させてくれる。

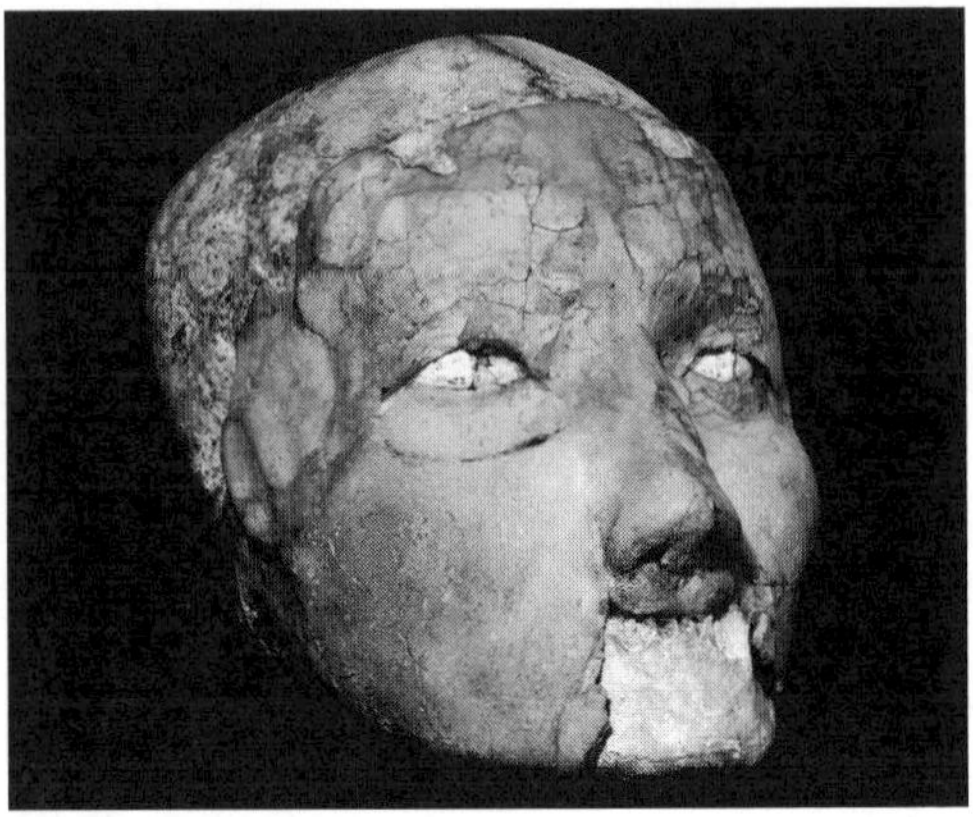

図5－1：
エリコで発見された石膏で覆われていた頭蓋骨。
Jononmac46 / CC BY-SA 3.0 / Wikimedia Commons

一九五三年、有名な英国の考古学者デーム・キャスリーン・ケニオンは古代都市エリコの近くにあるテル・エッスルタンの発掘現場の監督をしていた時、掘っていた穴から、人間の無傷の頭蓋骨と思われる、つるりとした円蓋のようなものが現れたことに注目した。彼女がその頭蓋骨を掘り出してみると、驚いたことに、それは石膏で覆われていることがわかった。その顔の特徴が、覆っている土で完全に再構築されていたので、まるで生きているかのように見えた。空洞になった眼窩の内側は二個の青白い、真珠貝のようなものが嵌められていた。その頭蓋骨は埋葬された胴体から切り離され、個人の家の床下に再埋葬されたものだった。発掘が進められるにつれて、さらに六個のそれと同じような、紀元前八〇〇〇年から六〇〇〇年頃のものとされる頭蓋骨が、同じ家の床下から出土した。

ケニオンのエリコでの発見以来、似たような人間の頭蓋骨の隠し場所が、ヨルダンのアイン・ガザル、シリアのテル・ラマド、ビブロス、トルコのチャタルヒュユクの個人の家の床や暖炉の下、ベッドや台の下などから発見されている。それらの頭蓋骨は、しばしば宝石や武器で囲まれていたり、すべてが内向き、あるいは外向きなど同じ方向に向けて、きっちりとした円を描くようにまとめられていたりした(6)。

新石器時代の人々は、頭（というよりは脳）が魂の在処《ありか》であると考えていたことを私たちは知っている。なぜなら、彼らが人間の頭蓋骨を集めたり、保存したりしていたケースが実にたくさん発見されているからだ。だが、家庭の床下などに、その意図や目的からして個人の家庭内神殿を思わせるこのように大きな隠し場所があったということは、新石器時代の初期に**マニズム**――一般には〝祖霊崇拝〟の信仰出現の兆しがあったのではないかと思わせる。

すでに見てきたように、祖霊崇拝の念は旧石器時代にまでその痕跡を遡ることができる。それは死者の魂が霊としてこの世に存在し続けると信じるアニミズム的信仰によるものである。だが、農耕の誕生により、祖霊崇拝がいっそう複雑で顕著なものになった。死者が葬られる大地は、その頃には私たちの生存を支える糧食が育つ土壌であった。それゆえ、最近の死者を、心をこめて葬ったのは、死者が生者に代わって自然の威力との仲介をつとめ、穀物の保持、健康の維持、家畜の成育などを助けてくれるよう期待したからであろうことはうなずける。時代が移るにつれて、このような死亡した祖先の一部が自然の威力の仲介者としてよりふさわしい神々に進化し、やがていわゆる仲介人は除去され、自然の威力そのものが神格化されるようになった。

特定の都市国家と結びついていたメソポタミアの神々

この説が支持されているのは、メソポタミアの神々の多くが、自然界を構成する基本要素の神格化とほぼ同時に存在するようになったのは事実だからである。アンは天空神であるとともに**空そのもの**だった。シャマシュは太陽神であるとともに**太陽そのもの**であった。それは、一つには、自然の威力をより巧みに操縦したり、その威力を抑える権力や影響力を維持したりしてもらう必要があったからかもしれない。それによってメソポタミア人は神々を人格化し、それぞれの領域で特定の影響力——世俗的なものであれ、文化的なものであれ、壮大な宇宙に関するものであれ——を持ったり、信奉者たちの生活上、特殊な役割を果たしてくれる個々の神々として万神殿に収まるように、次第に変容させていったのかもしれない。すると次には、それぞれの神に人格、一連の人間的な特性、はっきりした姿を与えさえすればよいわけで、いわゆる〝高位の神々〟はこうして誕生した。

メソポタミアの主だった神々の大半は特定の都市国家と結びついていた。エンリル神はニップル市、シン神はウル市、イナンナ神はウルク市などなど。各都市国家には独自の神殿があったが、それらは本来、礼拝の場所ではなかった。そこは、どちらかと言うと神々のこの世の住まいだった。そこは文字どおり神のセカンド・ハウス——天上界の住まいから離れて、人間といっしょにこの世に住むための庭や壁、扉、垣根などを備えた一種の別荘のようなものだった。

これらの神殿は、メソポタミアの建築の特徴である日干し煉瓦を長方形のピラミッド型に積み上げた階段状の構造物で**ジックラトゥ**と呼ばれている。だが、後年のエジプトのピラミッドとは違い、メソポタミアの神殿は中空ではなく、上階に行くほど面積が少なくなるようにぎっしりと積み上げられている。神々はそれを階段のように使って天界と地上階を行ったり来たりすることができ、最上階には神々の休息のための小さな部屋が設けられていた。(7)

そうした部屋の一つにいる神の存在は、神のイメージを表す土偶を置くことによって表明された。土偶の利用はメソポタミア人の思いつきではない。祖霊崇拝と同様、精霊や神々を表す土偶の出現は旧石器時代にまで遡る。たくさんの土偶――その大部分は、豊満な乳房の下に腹部が丸々とふくれた妊婦だ――は、ヨーロッパやアジア全域の旧石器時代の遺跡から出土している。(8)

だが、メソポタミアでは彫刻や成型の技術が高まるにつれて庶民の信仰に土偶を利用する例が増え、その慣行は広まった。毎日、奉る神の性別によって男性祭司、もしくは女性祭司が神殿の奥の間に入り、土偶を洗い、衣を着せ、供物を捧げ、香水もしくは香料を塗り、化粧を施し、特定の日にはそれを散歩に連れ出して近隣の神殿にいる仲間の神々を訪問できるようにした。大衆にとって自分たちの神々を目にするのはその時だけだった。通常、平信徒は神殿に入ることを許されていなかったので、その中に宿る神々に直接接することはなかったのである。

それにもかかわらず、祭司により空中に掲げられた小さな土偶を**実際に**神だと思っていたメソポタミア人はいなかったであろう。〝偶像崇拝〟という言葉はまったくの誤解である。古代の人々は石を切り出したものを崇拝してなどいなかった。彼らが崇拝していたのはその中に宿る霊だった。土偶そのものは神ではなかった。土偶に神が**吹き込まれた**のだ。神はその土偶の中で形になったのだと考えられていた。

エジプトの神々もいつの間にか人間の姿形をとるようになった

だが、そのような信仰の結果として、〝高位の神々〟の一人の霊が、ある土偶に吹き込まれたと

図5－2：
アッダの円筒印章に彫り込まれたイシュタル神（羽付き）、シャマシュ神（剣を手にして立ち上がろうとしている）、エンキ神を含むメソポタミアの神々。

き、その土偶はその霊の器《うつわ》になった。それはその神の地上における物理的外観を反映した。換言すれば、メソポタミアでは、その土偶を実際の神だと思うものはいなかったであろうが、その土偶は**神の姿に似ている**と当然のように思う人は多かったであろう[9]。

　これは複雑だが、非常に重要なポイントである。同様に、私たちが神について書くとき、本能的に神にも人間の感情や衝動があると考え、神を視覚化するとき——神のイメージを思い描きながら土偶をうまく彫るとき、もしくはステンドグラスの窓に神を描くとき——も本能的に人間の姿形を思い浮かべる。その姿形にエンリル神のように翼をつけたり、シャマシュ神のようにその肩から炎を立ち昇らせたりする。神の大きさを誇張することもあれば、たくさんの腕や足を付けたりすることもある。だが、そのような潤色は、神の存在を忘れがたいものにしたり、うまく人に伝えさせたりするために必要な、**最小限の反直観的**要素を提供しているに過ぎない（イヴの〝話をする木〟を思い出していただきたい）。そのような超自然的な潤色を少し弱めてみると、残されたものはこの世のものとは思えない自然の威力ではなくて、超人的な力を持った人間なのである。

　メソポタミア文明のあとを継ぐエジプトの例は、この点を強く示唆している。先王朝時代（紀元前五〇〇〇〜三〇〇〇年）として知られるエジプト史の初期におけるエジプト人たちは純粋なアニミストで、すべての存在物は宇宙に行き渡る唯一の神的存在の力によって命を吹きこまれていると信じていた。この力は神々や霊の中にもある程度表れているが、それ自体は形も、実体も、意志もない、無定形なものであった。だが、紀元前三二〇〇年頃のエジプトの聖刻文字《ヒエログリフ》の発明によって――たぶん時期的にあまり離れていないシュメール人の楔形文字の影響を受けて――、このような抽象的な力をもっと具体的に表そうという必要が生じたのかもしれない。何とかして見える形にすれば、神殿の壁に彫り込んだり、パピルスの葉にインクで書き込んだりできる。この世との関係をリアルな、認識しやすいものにすることによって、理解を深め、利用することができそうだった。

　メソポタミアで起こったのと同様、そのうちにこの抽象的な神的存在の力はいつの間にか人間の姿形をとるようになった。エジプト古王国（紀元前二六八六〜二一八一年頃）がスタートする頃にはエジプトの人格化された神々を祀る万神殿は完全な形を整え、古代エジプトの宗教はゆるぎなく確立された。[10]

だが、メソポタミアの場合と違って、エジプトの神々はしばしば、人間もしくは動物、あるいは多くの場合、その二つを組み合わせたものなど、多種多様な方法で表現されている。たとえば、エジプトの音楽、踊り、豊穣の女神ハトホルは女性用のネックレスを付けた牝牛、牝牛と女性の半人半獣、あるいは頭部の両側に柔毛に覆われた耳が突き出た女性のように見える。同様に、ミイラを布で包む役割を担う冥界の神アヌビスはジャッカル、もしくはジャッカルの頭部を持つ男性のように見える。

このような仰々しい飾りは、その神々を覚えやすくするのに必要な、ほんのちょっと「おや？」と思わせる特徴を提供するだけでなく、エジプト人がその神のシンボル的な機能をうまく利用し、さらに、もっと大事なのは、それを巧みに操作することができるようにした。冥界の神アヌビスがジャッカルの頭部を持った人間として表されているのは、ジャッカルが腐肉を好み、砂漠に埋葬された遺体を探し回っては、掘り出して貪り食うことがよく知られているためである。人間の姿をしたジャッカルを墓の保護者に指定することによって、エジプト人は、古代エジプト人の心の世界《スピリチュアリティ》にとって極めて重要な、埋葬の慣習を崩壊させる力を持つと広く恐れられている自然の営みを支配しようとしたのだ(11)。

エジプトの神々がどんな姿形をとろうと、彼らはメソポタミアの神々と同様、常に人間を表す言葉で描写され、人間的な衝動、人間的な欲望、人間的な本能を持っているとされた。エジプトの絵画や文学でその神々が動物であるかのように描かれながらも、彼らはなおも人間の特性や行動習性を持ち、人間的な活動に参加しているように描かれた。彼らは酒を飲むし、人間のように眠る。彼らはおたがいに自説を主張し、些細な嫉妬心から争う。家庭問題を抱えてもいた。上機嫌の時もあれば、不機嫌を露わにする時もある。無限に賢明でもあり得るが、ただひたすら愚かになることもある。

人格化のプロセスはインド・ヨーロッパ語族でも

一〇〇〇年後、今度は、学者たちがインド・ヨーロッパ語族と呼ぶ、ゆるやかに結びついた部族集合——ヨーロッパと近東の言語形成に影響を認める名称——にほぼ同じプロセスが起こった。遠い昔、たぶん紀元前五〇〇〇年頃、このインド・ヨーロッパ語族は、彼らの郷土（コーカサス山脈あたりとされているが、異論もある）から、東はカスピ海方面とイラン高原へ、南は黒海やアナトリア、ギリシア、西はバルト海やヨーロッパ方面へと一連の移住を始めた。彼らが先住民たちと混成するか、もしくは征服するかして、新しい土地に落ち着くにつれ、インド・ヨーロッパ語族はこの広大な地域の宗教的伝統に深い影響を及ぼした。聖職者位階制をとるカナン人の神々、ケルト人の自然崇拝、宗教がらみのインドのカースト制、古代イランの極端に儀式偏重の慣習、ホメロスやヘシオドスのギリシア神話、プラトンやアリストテレスの哲学思想——換言すれば、こうした精神世界からユダヤ教、キリスト教、イスラームが台頭したのである。[12]

メソポタミアやエジプトと同様に、自然の力を神格化することによって建設されたインド・ヨーロッパ語族の神々の万神殿には、ディアウス（天空神）、アグニ（火神）、インドラ（雷霆《らいてい》神）、ヴァルナ（原初時代の水の神）などが祀られた。だが、メソポタミアやエジプトで起こったのと同様、これらの神々が『リグ・ヴェーダ』——紀元前一五〇〇年頃にサンスクリット語で書かれたインド最古の聖典に書かれた時には、このような実体のない性質は取り払われ、特定の人間の特質や外観を持つようになった。

それから数百年のうちに、こうしたヴェーダの神々の描写は、ヒンドゥー教の活気あふれるアイドルへと顕在化されるようになり、インド・ヨーロッパ語族の神々の神格化された自然から、人格化された神への変容は完結した。インドラ神は茶褐色の肌と髪、髭、香を焚きこめた衣服を身に着け、双面神アグニはたくさんの手足を持ち、ヴァルナ神はワニの天辺に乗り、キラキラ輝いていた(13)。

これらの文明のそれぞれにおいて、人々が公共の寺院や神殿に飾られている自分たちの神々の像を見る機会が増えれば増えるほど、彼らはそこで行われる祭祀や儀式を通じて神々にまつわる物語や伝説を耳にすることも多くなり、自分たちの祖先がかつて崇拝していた姿形のない自然の威力を容易に人格化することができるようになった。印刷機の発明により大勢の人たちのさまざまな発想が喚起されたのと同じように、人格化されたアイドルの大量生産や、精巧な手作り技術の向上につれて、神々はどう見ても人間に近いものになってゆき、やがて古代ギリシアではあまりにも人間に近くなりすぎて、真面目に神々とは受け止めにくいほどになった。

絶え間なく家族と言い争い、情事に耽るギリシアの神々

ギリシアの歴史は、ホメロスとヘシオドスの壮大な叙事詩を措《お》いて始まらない。おそらく、そのどちらも古代文明の敬神の念と人間的魅力を余すところなく描き切っていると言ってよいであろう。

それは、どちらかと言えば、紀元前一六〇〇年頃の中期青銅器時代に、ミケーネ文明として知られる謎めいた船乗りたちの文明として始まっている。エーゲ海の最初の偉大な植民地開拓者として、ミケーネ文明はギリシアの島々にたくさんの贈り物をもたらした。私たちは今日もなお、ギリシア古典文学に使われているギリシア文字を含む古代ギリシアからの恩恵を被っている。(14)

ミケーネ人はまた、ギリシア人にたくさんの自分たちの神々を与えた。その筆頭が海神ポセイドンで、ミケーネ人の万神殿では最高位の神（インド・ヨーロッパ語族の天空神ディアウスに由来する軍神ゼウスで、かなりのちの時代になってからギリシアの万神殿の最高位に昇進したように思われる）であった可能性がある。原初の水の神格化によって、ポセイドンはもう一人のミケーネの神で豊穣と草木の女神ガイアと自然に結びつけられた（ポセイドンという名は〝大地の夫〟の意）。当然のことながら、船乗りの精神生活に水と大地が不可欠であるのと同様、ミケーネ人もまた、自然の構成要素である風を神格化した。アテナとヘラを含む私たちになじみ深いギリシアの他の神々はミケーネ人にも知られていた。彼らもまた、自然界の神格化として存在し始めたように思われる。アテナは太陽神として、ヘラは大気を表す神として神格化された可能性が高い。

だが、ギリシアの叙事詩では、これらの神々の自然の威力の人格化傾向は次第に弱まり、アテナは知恵の女神、ヘラは母性愛の女神というふうに、さまざまな人間の属性の神格化が増えた。ギリシアの万神殿には元来、数十柱の特定の起源や機能を持った神々が祀られていたが、ホメロスやヘシオドスがそれらの神々について書く頃には、ギリシア人がわが大家族のメンバーとして生き生きと描く「**オリンポスの一二神**」として知られる一二柱の主だった神々に集約されていた。

図5－3：
ラファエロと彼の一派による「神々の会議」。(1517 から 1518 年頃の作品)
ローマのファルネジーナ荘、プシュケの間蔵。
Wikimedia Commons

　ギリシア人の想像するオリンポス山は、人間を支配する神々の単なる在所ではなく、同じ宇宙起源のドラマで、長編ソープ・オペラのそれぞれの物語の筋書きに沿って役柄を演じる登場人物のように、常に接触しあう、ひどく不健全な神的存在一族の家庭だった。家長は、神々の父で男性のゼウス、ギリシア神話ではゼウスの姉妹で妻に変容したヘラ、その長男で軍神のアレス、ゼウスの二人の兄弟で、ミケーネの万神殿の高位から降格させられたポセイドン、地下世界の神ハデス、さらに姉で農業の女神デメテルがいた。さらに、ゼウスは女神マイアとの間に別の息子のヘルメスを設けた。アポロンとアルテミスという双子は女神レトとの密会によって生まれた。葡《ぶ》萄酒《どうしゅ》・酪酊の神デュオニソスはゼウスと人間の女性との間に生まれた子どもである。ミケーネからギリシアの女神に進化してゼウスの娘になったアテナは、ゼウスが自分の子を妊娠中の妻メティスを飲み込んでしまったあとで、彼の頭から直接生まれたとされている。ゼウスのお気に入りの娘アフロディテは愛と性の女神である。

古代エジプト人もまた、エジプトでもっとも愛された、オシリスとその姉妹で妻でもあるイシス、彼らの勇敢な息子でハヤブサの頭をしたホルスの三人の神の関係をモデルにして、自分たちの神々を一つの家族にまとめた。だが、神的存在の一族という概念を完全なものにしたのはギリシア人だった。そうしてはいけないわけがない。神々と縁戚関係にあればいいことだらけだ。たとえば、闘争に味方してくれと祈るとき、神々は私たちを理解してくれていると確信を持つことができる。神々は私たちの試練や苦難を理解し、あたかも自分たち自身のそれと同様に取り組んでくれるはずだ。バルバラ・グラツィオージの必読書 *The Gods of Olympus* に記されているように、「ギリシア神話の神々が私たちに馴染みやすいのは、ただ単純に彼らが一つの家族だからである[15]」。

だが、一部のギリシア人にとっては、それは明らかに問題だった。古代ギリシアの詩人たちの描く神々は道徳的には許しがたく、その功績たるやあまりにもお涙頂戴式で、その関心事は人間的すぎ、神々として敬意を払い続けることができなかった。複数の妻と子供たちの間の取るに足りない言い争いの決着に絶え間なく悩まされ、オリンポス山から始終抜け出して、いろいろな女神たちや人間の女性、若者と情事に耽《ふけ》るゼウスのような神にどうして敬意を払うことができようか？

純粋な「唯一神」を求めたギリシアの思想家たち

こうした論理を推し進めると、神々をますます人間にふさわしい言葉で描写したくなる衝動が急速にばかばかしく思えるようになりがちだ。人間の持つ特性を神々に当てはめることと、神々がギリシア文学に活写されているような、人間と同じ生き生きした感情すべてを生まれながらに持っていると考えることはまったく違う。私たちは、崇高な存在が、ホメロスの神話に出てくる神々の振る舞いのように、人間にありがちな姦通や泥棒や嫉妬に手を染め、好色で、騙されやすく、堕落しやすいものだと実際に想像するであろうか?

ギリシア人は、自国の文学に登場するたくみに人格化された神々のジレンマに取り組むと同時に、神殿にところ狭しと祀られた、次第に人間に近くなりつつあるアイドルに同様の異議を唱えつつあった。初期の頃のギリシアの神々は、私たちが美術館で見慣れているような英雄的な姿で表されていたのではなく、神の霊が宿っていると信じられる、形の調《ととの》えられていない木切れや石で抽象的に表されていた。たとえば、ヘラはその姿形ではなく、港湾都市アルゴスの一本の柱や、サモス島の木の厚板として表されていた。アテナは、もともとはオリーヴの木の平板を洗って宝石で飾り、衣装でくるんで、女性祭司の一団が丁寧に扱っていたものが崇拝されていた[16]。

ギリシアの名彫刻家ペイディアスがパルテノン神殿に奉納するために象牙と金で壮麗なアテナの彫像——ギリシアの島々すべての中でもっとも有名で広く知られた偶像を制作した頃には、手には盾を持ち、頭にはスフィンクスのイメージのあるヘルメットをかぶったこの女神の彫像が基本形態になり、この像を通して彼女が認められ崇拝されるようになっていた。ヘラ、ポセイドン、およびギリシアのすべての偉大な神々の彫像も同じようなプロセスをたどった[17]。

ギリシア文学に登場する神々の微に入り細を穿《うが》った描写と同様、ギリシアの彫刻家の高度な芸術性と、神々を本物の人間そっくりに表現する技術のせいで、ギリシアの万神殿そのものの性質、ひいてはその存在にまで疑問が投げかけられた。神々は本当に人間とそっくりそのままの姿形をしているのか？　単に人間そっくりというだけでなく、豊かな顎髭、ふさふさした巻き毛、鋭い鷲のような鼻をした民族であるギリシア人にそっくりなのか？　すべての被造物とそこにいるすべての人間に責任を持つ永遠の命と普遍性を持った神々が、クレタ島出身の威風堂々とした魚売りの姿とそっくりなどということがあり得るのだろうか？

多くのギリシア人は、神々の姿を文字や大理石で巧みに人間化して行くうちに、自分たちに似た神々をつくりたいという私たちの生来の欲望に潜む論理的に誤った推論を露わにした。古代ギリシアの宗教に関して最古の著名な批評家の一人だったコロフォンのクセノファネスは、この問題について簡潔に次のように言っている。「もし馬や牛やライオンに手があったなら、馬は神の姿を馬そっくりに牛は牛そっくりに描いたであろう[18]」。

ギョベクリ・テペの柱、ヴォルプ洞窟の壁に彫り込まれた呪術師《ソーサラー》の姿、宗教感情の目覚めの起源にまでさかのぼる数万年前から形成されてきた人間の心の世界《スピリチュアリティ》についての前提を疑問視したのはクセノファネスだけではなかった。ミレトスのタレス、エフェソスのヘラクレイトス、プラトン、ピタゴラスなど、ここに名を挙げた数人以外にも、多くのギリシア人思想家たちもまた、神々の基本的な性質について再考し始めた。これらのギリシア人は神々に単なる親しみやすさ以上のものを求めていた。彼らはゼウスとその家族のうんざりするような放縦ぶりではなく、外観にしろ、本性にしろ、まったく**人間とはちがう**神——すべての被造物を司る統一された行動の基準——、不変の、変わることができない、姿形のない、何にもまして**特異な**神という思想によって組み立てられた宗教を切に求めた。

クセノファネスの言葉を借りれば、「姿形においても、思想においても、命に限りある人間とはまったく違う唯一神[19]」である。

クセノファネスや同じ考えのギリシア人たちにとって、「唯一神」への信仰は神学的な議論よりも、非凡にして不変の自然界という概念に基づいたものであった。つまり、自然が一つであるならば、〈神〉——タレスの言葉を借りれば、「すべてのものを定め、創造するその御心《みこころ》もまた」——一つであるはずだ。それは数学的な単純さへの希求から生じたものだ。1はすべての数の起源であり数学的単位——ピタゴラスはそれを**単子**と名付けた——の本質を規定するものであるならば、神もまた一つであるはずだ。つまり、それは彼らの真理の解釈に由来する。真理はその理想的な不変の形において一つであるというプラトンの説が正しいならば、神もまた、一つであるはずだ。

「唯一の神」を求めるこれらのギリシアの思想家たちは、純粋な存在、すべての被造物にゆきわたる現実の基礎をなす存在としての神を再定義しようとしていた。彼らは神についての原始的で、アニミズム的な概念を支持して、姿形もなく人格も意志もない、非人格化された神、後述するように、ギリシアであろうと、世界の他の場所であろうと、ほとんどだれも信奉する気にならない神を支持して、神的存在を人格化しようとする欲望を積極的に抑圧しようとしていた。

第6章　神々の中の最高神

アメンホテプ四世は、歴史上、〝異端のファラオ〟アクエンアテンとして知られている。エジプト新王国（紀元前一五七〇〜一〇七〇年）の始祖の流れを汲むアメンホテプ家の四代目に当たる彼は、古代エジプトの文化的・政治的最盛期をもたらした平和と繁栄の時代、第一八王朝の一〇番目のファラオである。

紀元前一三五三年頃、統治を開始したアクエンアテンは、どう見ても容貌魁偉《かいい》なファラオだった。長い間、彫像やレリーフとして残っている彼の姿は、長身で手足が長く、細長い顔に尖った顎、垂れ目という、学者たちがなぜそうなのか信じられないような奇異な外観を呈している。彼の彫像は、しなやかで両性具有的に見えるものもあれば、ふくよかな胸と女性らしい腰など、古代エジプト人にとって奇異で、外聞の悪かったと思われる姿のものもある。現代の観察者にとっても、そう見えるかもしれない。それらのレリーフの中には、彼の有名な妻ネフェルティティ女王と並んで彫り込まれているものもあるが、どちらがどちらなのか区別するのがむずかしいものもある(1)。

アクエンアテンの奇抜さは彼の容姿だけにとどまらなかった。彼は若い頃から、異様に太陽崇拝をしていたとしか思われないような描き方をされてきたように感じられる。太陽崇拝は常に、エジプト人の心の世界《スピリチュアリティ》の欠くことのできない一部だった。彼らより以前のメソポタミア人、以後のインド・ヨーロッパ語族と同様、古代エジプト人は太陽を神として崇拝し、九柱の元祖、天地創造の神「**エネアド**〔ギリシア語で〝九人組〟の意〕」の中で高い地位を与えていた。そこでは太陽神は「**シュー神**」として知られていた。だが、エジプト人は太陽が他のさまざまなものに生まれ変わったとして、それを崇拝した。中でももっともポピュラーなのは、ギリシア語で太陽都市を意味する「ヘリオポリス」と呼ばれている北部の都市の守護神である「**ラー神**」である[2]（「ラー」は標準エジプト語で「太陽」を意味する言葉）。

第一八王朝のスタート時のエジプトは急速に新領域へと国境線を拡大しつつあったので、その帝国の野望を保つには、より多くの人たちに崇拝されるような神が必要だった。帝国の北部地方を支配していたラー神が、エジプト南部の都市テーベの守護神として知られるアモン神と習合したのはこの頃だった。この二柱の神は一つの新たにして全能の**アモン＝ラー**（ラー神であるアモン神）と呼ばれる国神となった[3]。

約二〇〇〇年後にアクエンアテンがファラオになる頃には、アモン＝ラー神はエジプトの万神殿《パンテオン》の最高位に祀り上げられていた。彼は今や、エジプトだけではなく、臣下の領国、植民地化した領土すべての神々の中の王として知られていた。テーベのカルナックにある彼の複合神殿群は全土のうちもっともきらびやかに飾られ、その神官たちはエジプトでもっとも裕福で、かつ権力者でもあった[4]。

失敗に終わったアクエンアテンの一神教革命

　だが、アクエンアテンは、アモン＝ラー神が太陽に縁《ゆかり》ある神であるにもかかわらず、深い忠誠心を表明したことはなかった。この若いファラオは、太陽をまったく別の形で崇拝していた。天空に浮かぶ目のくらむような太陽円盤を**アテン神**とし、そこから発生する光線が、世界のいたるところにいる人々すべてに光を放つと考えた。アテン神はすでにアクエンアテンの一族の間では重要な神であった。彼の父アメンホテプ三世は、生前も死後もこの神との結びつきがあった。だが、アクエンアテンのこの神との関係はユニークで、**親密なもの**だった。

　アクエンアテンは、自分は「アテン神に出遭った」と主張した。自分の崇拝する神への賛美では、神との対話経験と呼ぶしかない――神の目に見える形での出現、すなわち**神の顕現**について語られている。アテン神は彼に話しかけ、その本性を露わに示したという。この経験は忘れがたい影響を残した。彼がエジプトで王位に就いて間もなく、この神の要請によって、アクエンアテンは単独で、多くのエジプト人から、名目上、エジプトの万神殿の中の主神として知られていたにすぎないアテン神を、数年のうちに宇宙の唯一神に変貌させたのだ。「生きているアテン神、彼以外にそのような神はいない！」と若きファラオは宣言した。(5)

　ファラオが大勢の中の一人の神に好意を持って、たとえば資産をその神の神殿に振り向けたり、その神の要請に応じてもっと大勢の神官を雇ったりすることはめずらしいことではなかった。だが、一人の神だけに限って崇拝することはエジプトでは前例がなく、他の神々の存在を否定することは到底理解されなかった。ところがアクエンアテンはアテン神信仰でそれをやってのけたのである。その結果、古代エジプトの新王国第一八王朝の若きファラオは、有史以来、最初の一**神教信者**になった。
アクエンアテンの唯一神信仰革命は突然起こったわけではなかった。最初に彼は自分の名前をアメンホテプ四世から「アモンは喜んでアテン神の役に立ちたい」という意味のアクエンアテンという名に変えた。次に彼はテーベのカルナックにあるアモン＝ラー神の神殿に置かれた彼の王朝の伝統的な在所を棄て、帝都をアテン神が彼に姿を見せたというエジプトのほとんど人の住んでいない未開の地に移し、新しい都市を「アケト・アテン（アテン神の地平線）」と命名した。今日、そこはアマルナとして知られている。彼はそこから、エジプト全土にアテン神のための壮大な神殿を建設する計画に着手した。彼は他の神々のための神殿、とりわけカルナックのアモン＝ラー神の神殿は認めていたが、この運動の途中で財力不足に陥りつつも、ほかの神々の崇拝を積極的に迫害することはなかった。

だが、その後、彼の統治になって五年目に、アクエンアテンの一神教革命は大々的な宗教的弾圧に変容し、帝国全土にこれまでになく強烈に彼の一神教志向を押し付けていった。アテン神以外のいかなる神の崇拝もエジプトでは不法とすると宣言され、「太陽円盤」を祀る神殿以外のすべての神殿は閉鎖され、神官職は解体された。大規模な軍隊が神殿から神殿へ、都市から都市へ――南部のヌビア〔エジプト南部のアスワンからスーダンにかけての地方名〕から東部のシナイ半島まで、他の神々の像を叩き潰し、公共の記念碑からそれらの神々のイメージを鑿《のみ》で剝ぎ取り、文書からは神々の名を消した（古代エジプト人は名前が物事の本質を反映していると信じていたので、神の名を消すということはその神の存在を消去することを意味した）。これはエジプトの神々の抹殺にほかな

図6－1：
テル・エル・アマルナから現れたアテン神を崇拝するアクエンアテンとネフェルティティの石碑（紀元前1340年頃のもの）。
Wikimedia Commons

らなかった。それは乱暴で、破壊的で、容赦がなく、結局は不成功に終わった。

アクエンアテンの死とほぼ同時に彼の宗教も滅びた。ファラオが他の神々の像を破壊した熱情は、ファラオ自身の神に跳ね返った。一神教は異端であるというレッテルを貼られ、それを好まない人たちに押し付けられた、神を冒瀆する行為であるとされた。アテン神の神殿は破壊され、アモン＝ラー神を表すたくさんの新しい影像に帝国全土の統治権限が与えられた。アクエンアテンの影像のほとんどが破壊されるか、名声を意図的に汚す行為として、顔を下にして砂漠に埋められた。彼の墓は荒らされ、ミイラ化した遺体を収めた石棺は叩き壊された。公共の場にあった彼の画像のレリーフはこそぎ取られ、第一八王朝ファラオの公式リストから消された。

実際、現在の私たちがアクエンアテンについて知ることができるのは奇跡である。彼の息子で、事実上の後継者であったトゥトアンクアテン（「アテンの生ける似姿」）は、父の晩年の記憶とアテン神崇拝の異端信仰を払拭するためのこれ見よがしの意図から、ツタンカーメン（「アモンの生ける似姿」）——伝説のトゥト王（ツタンカーメンを短くした言い方）に名前を変えた。こうして一神教の史上初めての意図はエジプトの砂の中に埋没し、忘れられた。

ゾロアスター教による史上二番目の一神教体制導入の試み

それから二〇〇年ちょっとあとの紀元前一一〇〇年頃、一神教はザラスシュトラ・スピターマというイラン人預言者の教えを通じて再び台頭した。[6]

ギリシア人にはゾロアスターという名で知られているこの人物は、イラン北東部の肥沃な平原、中央アジアのステップ地帯全域に定住するようになったインド・ヨーロッパ語族から枝分かれした、インド・イラン語族である**アーリア人**部族の一つに生まれた。ザラスシュトラの時代のアーリア人社会は明確な階級制――自分たちの部族を攻撃から守る軍人階級と、住民の食糧を確保する農民や牧畜民、一般的に**マギ**と呼ばれる高度な宗教儀式を司る祭司階級に厳重に分けられていた。

古代イランの宗教には、万神殿に祀られたさまざまな神々がいた。その多くがヴェーダ〔古代インドの聖典のうちヴェーダ群を起源とする宗教〕に登場する神々（インドラ、ヴァルナ、ソーマ、ミトラ）のイラン版であった。だが、イランの神々が他の古代文明と異なっていたのは、自然界の基本要素の神格化ではなく、「真理」「善」「正義」のような抽象的な概念を擬人化したものを起源としていたことである。イランの宗教に関する卓越した学者であるメアリー・ボイスは、このような抽象的な概念が神聖なものとして祀り上げられるようになり、人格を持ち、はっきりした身体的な特徴を持つようになった過程を、「基本概念という核の周囲に信仰と慣例という層が幾重にも重ねられていく」真珠の形成に似ていると述べている。[7]

大方の推測によれば、ザラスシュトラはイランの祭司階級に属し、その世襲的な地位への修行を七歳から始めていたようである。若い頃の彼は、神々を喜ばせ、その恩寵を人々にそそいでくれるよう奨励する各々の神への讃歌やマントラ〔特別な力をもつ言葉〕（**ヤシュト**と呼ばれる）の音節と区切りのすべてを熱心に暗記した。彼は一五歳でそれらの修行を終わり、一人前のイラン人祭司職としての人生をスタートさせた。

古代イランの祭司たちは通常、個々の家族に属していて、彼らに代わって、時間のかかる厳格なしきたりのある儀式や犠牲の奉献をおこなうことによってその家族から謝礼を得ていた。だが、ザラスシュトラは二〇歳の時、期待に反してそうした祭司としての義務を放棄し、自分が暗記したマントラや祭司としての決まりきった儀式を通して発見した神々への知識よりももっと深いものを求めて、イランのステップや谷間を放浪する生活を始めた。

ある日のこと、イラン北西部のサバーラーン山脈の近くで神聖な春の祭に奉仕していたザラスシュトラは、明け方の式典用の水を汲みに川に入っていった。やがて岸のほうを振り向くと、目のくらむような白い光に衝撃を受けた。彼はそこに当時の万神殿のどこにも見たことのなかった、見慣れない神の姿の幻を見た。

ザラスシュトラが最終的にたどり着いた宗教である**ゾロアスター教**の古い啓典の中でも最古のものである『**ガーサー**』〔ザラスシュトラ自身が作った讃歌〕に記されている彼のこの体験についての説明によれば、まだ世に知られていなかったこの神は、この宇宙の「最初にして最後の」唯一の神であることを顕わにされたという。それは天と地、夜と昼を創生した神、闇と光を分け、太陽と星々の通り道を決め、月の満ち欠けを引き起こした神であった。(8)

この神は、万神殿の中の他の神々の頂点へとのし上がった部族神ではなく、**比類なき神**であるという点でユニークだった。特定の部族にも都市国家にもつながっていなかった。神殿の中にも宿らず、すべての被造物の中のどこにでも、時間と空間を超えて存在した。ザラスシュトラはこの神を「叡智の主」を意味する**アフラ・マズダー**と呼ぶようになるが、それは通り名にすぎず、この神には名前がなかった。その神は、良い意図、最上の正義、望ましい王国、惜しみなき献身、健康、長寿の六つの神的存在の顕在化を通してのみ、この世にその独自の存在を知らしめた。それらはアフラ・マズダーの特性というよりもむしろ、その本質を作り上げている六つの要素と言ったほうがよい。換言すれば、アフラ・マズダーのこの世における顕現である。(9)

ザラスシュトラとアフラ・マズダーの出会いは、宗教史上、きわめて重要な一瞬だった。それが史上、二番目の一神教体制導入の試みとして記録されただけでなく、神と人間との間の新たな関係を論じることになったからである。ザラスシュトラは単にマズダーに遭遇しただけではない。彼はこの神からの啓示を引き出したのである。マズダーはザラスシュトラに話しかけ、ザラスシュトラはその言葉を他の人たちが読めるように書き留めた。その過程で、ザラスシュトラ・スピターマは、今日、私たちが預言者という言葉で表す歴史上最初の人物になった。

一人の神がどうして善と悪の両方の根源であり得るのか？

彼の足跡をたどった多くの預言者たちと同様、ザラスシュトラはその一神教を説くメッセージのゆえに自分自身のコミュニティからすげなく拒絶された。説教を始めて最初の一〇年間に、彼の説く新しい宗教に改宗させることができたのはたったの一人、彼のいとこだけだった。ザラスシュトラの同郷人たちは、全般的に自分たちの部族を守る神々との関係を断ち切ることを好まなかったが、とりわけこの一つの神を、イランの万神殿を形成している闇と光、善と悪、真理と虚偽などの抽象的な概念すべての根源として認めたがらないように思われた。一人の神がどうして善と悪の両方の根源であり得よう？

図6－2：
イランの神殿の扉に彫り込まれたゾロアスター/ザラスシュトラの浮彫（5世紀頃のもの）。
Kuni Takahashi / Contributor / Getty Images

ザラスシュトラはこのジレンマに気がつき（実際、自分自身もそう感じ）、巧妙な解決法を提案した。悪は決して異質な創造物ではなく善の副産物にすぎないと彼は論じた。マズダーは、悪は創生しなかった。マズダーが創生したのは善である。だが、光が無光（闇）なしでは存在し得ないように、善は不善（つまり悪）なしには存在し得ない。それゆえ、善と悪はたがいに対立する霊であり、アフラ・マズダーは有益な被造物と無益な対立勢力とを創生したという。

ザラスシュトラは〝善〟もしくは〝有益な〟霊をスプンタ・マインユ、〝悪〟もしくは〝無益な〟霊をアングラ・マインユと呼んだ。彼はそれらをマズダーの〝双子〟と呼んだが、双子はアフラ・マズダーと別個の存在ではなかった。この双子は「真理」と「虚偽」の霊的化身だった。ザラスシュトラはこうした手段によって自分の**一神教的**体系を、**二元論的**宇宙論で補強することによって保持した。

　だが、この賢明な新機軸にもかかわらず、ザラスシュトラは自身の宗教を自分と同類の人たちに広めることは出来なかった。晩年の彼はいくらか成功はしたものの、それ以前のアテン神信仰と同様、元祖の死後、ゾロアスター教は衰退した。

　だが、アテン神信仰と違ってゾロアスター教は、予想を外れて数百年後に復活し、紀元前六世紀のキュロス大王によって創設されて世界を制覇したアケメネス朝ペルシア帝国の国教になった。だが、キュロス大王宮廷の祭司階級《マギ》はザラスシュトラの神学のイメージを一新した。

　第一に、アフラ・マズダーの六つの神霊を六つの神的**存在**、すなわちマズダーを含む**アムシャ・スプンタ**（「聖なる不死者」）に変貌させ、第二は、もっとも抜本的な変更で、ザラスシュトラの二つの原初的な**霊**――スプンタ・マインユとアングラ・マインユは、二つの原初的な**神々**、オフルマズド（アフラ・マズダーの短縮形）と呼ばれる善神と、アフリマンと呼ばれる悪神に変えられた。ザラスシュトラの一神教はゾロアスター教の二元論になった。善と悪とを内包する一人の神への信仰は、人間の魂の中でたがいに抗争する善神と悪神の二柱の神への信仰になった。一神教の実験はまたまた失敗に終わったのである。[10]

他の神々を否定する一神教の強い排他性

人間の宗教感情の目覚めが、魂、祖霊崇拝、諸霊の創造、神々と万神殿の創生、寺院や神殿の建設、神話や儀式の制定という過程を経て、数十万年かけてたどってきた中で、私たちが今日、唯一《モノ》絶対神観《セイズム》——唯一の特異な〈神〉への信仰——として認識している宗教の歴史は、そのうちのわずか三〇〇〇年にすぎないというのは驚くべきことである。それは一神教体制というものが宗教史の中で散発的にすら台頭しなかったということではない。アクエンアテンやザラスシュトラの運動がそれを証明している。台頭はするが、たいていの場合、時には激しく拒否されたり、否定されたりしたのである。長い宗教史の中で、大体において一神教を寄せ付けなかった理由は何だったのだろうか？

それは、排他主義者的な考え方と少々関連づけてみる必要がある。一神教とは、単に一人の神を単独崇拝することを意味しているわけではない、と理解する必要がある。一人の神を崇拝するのは拝一神観《モノラトリー》〔他の神の存在も前提とする〕と呼ばれ、宗教史の中ではかなりありふれた現象である。一方で一神教とは、一人の神を単独崇拝し、**他の神々を否定すること**を意味している。それは他の神々は偽物であると思えと要求する。もし他のすべての神々が偽物なら、それらの神々への信仰に基づいた真理もみな偽物であることになる。実際、一神教は付随する真理の可能性までも拒絶する。そこからは、アクエンアテンの例で見たように、一神教がしばしば、自然信仰やそれを当然と考える思考から人々を脱却させるために、容赦なく強要されざるを得なかった理由が見えてくる。

アクエンアテンは臣民に対し彼の神を崇拝し、ほかの神を崇拝しないように強要するだけでは満足しなかった。彼の統治時代に、〝神〟という言葉の複数形はエジプト語の語彙から削除された。エジプト語の聖刻文字《ヒエログリフ》で〝神々〟という言葉は三つの細長い旗で表されていたが、**言葉としての**その文字はエジプトでは存在しなくなった。多神教信仰を思考の範疇から除去することによって、アクエンアテンは宇宙の本質を理解する実質的な手段はたった一つしかないと宣言しつつあった。[11]

ザラスシュトラはファラオのような軍事力を持っていなかったので、彼の真理への独自の宣言を人々に強制的に容認させることは到底できなかった。だが、彼は自分の神――〝真理と正義の紛れもない創生者〟を人間の善悪の判断の唯一のよりどころとした。彼は、アフラ・マズダーがこの世の一人一人の人間をその思考、言葉、行為によって裁き、死後、それに従って報奨あるいは罰を与えるであろうと明言した。

天国と地獄という概念は――これこそザラスシュトラが本来、奨励してきたものだが――人間の心の世界《スピリチュアリティ》では前例のないものだった。この点にいたるまでの古代人の多くは、死後の世界は生きている世界の継続であるという思想を認めていたにすぎない。戦士はあの世に行っても戦場で戦い続け、農夫は天国でも畑を耕し続けるものだと思っていた。善悪の判断が死後の体験に何らかの役割を果たすことはないと考えていたのだ。ザラスシュトラは、この概念を覆し、人間のこの世における倫理的な行動は――**他ならない彼の神によってのみ裁かれ**――来世で永遠の報奨あるいは永遠の罰という形で影響を与えることになることをそれとなく示した。[12]

単一神教《ヘノセイズム》は世界中の文明で受け入れられた

だが、一神教の排他的な性格が人々にその受容をためらわせた可能性がある一方、一神教が何千年にもわたり私たちの宗教的想像力に根を張ることができなかった大きな理由は、一人の神という概念がもたらす神的存在を擬人化せずにはいられない普遍的な強い衝動と関連がある。

メソポタミア、エジプト、イラン、ギリシアの非常に複雑な多神教体制においては、すでに論じてきたように、私たち人間の属性を神々に投影したいという生得的な、無意識の願望が、たくさんの神的存在に割り当てられ、ついにあらゆる美徳あるいは悪徳それぞれに一人の神が存在するようになった。その結果、私たちは愛や肉欲に対する私たちのさまざまな見方を反映した神々を持つことになった（メソポタミアではイシュタル、インド・ヨーロッパ語族の間ではカーマ、ギリシアではエロスやアフロディテ）。戦争や暴力への強い願望を反映した神々（イナンナ、アンフル、インドラ、アレス）、母性を代表する神々（ハトホル、ヘラ）、父性を代表する神々（オシリス、ゼウス）などなどだ。

だが、私たちの美徳あるいは悪徳のすべて、あらゆる性質や特質を同時に内包する一人の神という概念は、古代人の意識ではまったく理解できなかった。一人の神がどうして母であり、父であることができるのか？　どうして一人の神が光と闇を生み出せるのか？　古代人は人間の中にそのような矛盾する性質があることは十分認識していた。だが、自分たちの神々には、そうした顕著な特性に応じてきちんと棲み分けをする神々を望んでいたように思われる。特定の好みや必要に応じて嘆願するには、そのほうが好都合だったからだ。

アクエンアテンのこのような感覚への対応は、他のすべての〝神々〟およびそれに付随する特性が、アテン神とその属性の反映に他ならないと論じることだった。このファラオは自分の神への讃美をこう詠《うた》う。「ひとつ身ながら、あなたなりの形であふれ出る……立ち上がり、光り輝き、離れたり、近づいたり、**みずから幾多の形をとられる**」。だが、この説明は臣民を満足させなかったようだ。

ザラスシュトラはこの問題に対し、多神教とイランの古代の神々を、宗教史上初めて、〝天使〟と〝悪魔〟という表現に変えることによって、もっと独創的な解決法を樹立した。人間の特性のうち美徳を反映している神々は天使になり、私たちのよくない面を反映している神々は悪魔になった。だが、これもまたアーリア人に不満を残した。ザラスシュトラの死後数百年で、祭司階級《マギ》が古代イランの神々のほとんどすべてをゾロアスター教の復活という形で再導入できた理由はそこにあった。

古代人の意識が喜んで受け入れたように思われるのは、一人の全能で、すべてを内包し、彼らが同じように崇拝する下位の神々のいる万神殿の中で首位に立つ存在である〝高位の神〟だった。このような信仰は**単一神教**《ヘノセイズム》〔多数の神の存在を認めたうえで一人の神を崇拝する〕と呼ばれ、古代近東地域だけではなく世界のほとんどすべての文明のなかで、たちまち宗教心の表現形態として支配的になった(13)。

神々の序列を再配列した〝現世政治の神格化〟

単一神教が成功した理由は、神的存在を人格化したいという私たちの無意識の衝動の避けがたい結果の一つからたどることができる。神的存在を人間の言葉で表そうとすれば必然的に私たち自身を高尚にした形を反映した神々の世界を創造することになる。天界の領域は、地上とその社会的・政治的制度の鏡となる。そして私たちのこの世俗的な制度が変わるように、天界のそれもまた変化する。

　私たちが血縁関係で結びついた小さな、放浪を常とする狩猟採集民の一員であった頃、私たちは自分たちの認識を超えた世界を、自分たち自身の姿の、夢の中の一場面のように想定した。飼いならした動物たちの群れであふれていて、祖先の霊が獲物を簡単に獲得できるように〝獣たちの王〟が見守っている、といったイメージだ。小さな村々に定住し、狩猟の代わりに食糧を育て始めると、〝獣たちの王〟は〝地母神〟に降伏した。天界の領域は、永遠の収穫を維持する大勢の豊穣の神々が支配する場所にイメージが変わった。

　そうした小さな村々が独立した都市国家に拡大され、それぞれが自分たち自身の部族の神を持ち、それらがたがいに絶え間なく争うようになると、天はそれぞれの都市の聖なる守護者を地上に返すために主だった軍神たちを祀る万神殿という在所をつくった。こうした都市国家が合併して巨大な帝国ができ、全権を握る王たちが支配するようになると、神々は地上の新たな政治的秩序を反映した序列に従って再配列された。

　こうした現象を表す〝**現世政治の神格化**《ポリティコモルフィズム》〟という言葉があり、それは今日まで、世界のほとんどどの宗教体系においても重要な特徴の一つになっている。

地上の政界が変わると天界の政界も変化する

メソポタミアの歴史を概観してみると、現世政治の神格化がどのように機能しているか、なぜそれがしばしば単一神教《ヘノセイズム》につながっていったかがありありとわかるであろう。メソポタミア文明の発達初期に当たる紀元前四〇〇〇年紀頃、地上の権威は全面的に王に与えられてはいなかった。代わりに権威が与えられていたのは、都市国家の自由民男性全員を含む〝総会〟で、〝青年と長老の共同体〟と呼ばれていた。この集会は法廷のような役割を持っていて、民事と刑事事件の調停をおこなっていた。それは、他の都市国家とのもめごとの調停もおこなったり、調停がうまくいかなければ、近隣国家に宣戦布告したりすることもできた。王を選んだり退位させたりする権威すらもっていた。(14)

前章で見てきたように、初期メソポタミア文明の驚くべき民主的な性格は、初期メソポタミア人の天界の秩序の解釈を完全に反映したものである。『アトラ・ハシース叙事詩』を見てみよう。そこでは神々が実に整然と、〝民主的〟路線に従って組織されている。彼らもまた、〝神々の集会〟を持ち、囲いのあるエンリル神の中庭に集まって、地上及び天界の問題について考えた。〝高位の神々〟であるならば、まず、下位の仲間の神々の近況を把握するためにちょっとおしゃべりしたり、たがいに抱擁したりする。素早く食べ物にかじりついたり、ワインをカップになみなみと注いだりする。やがてよもやま話が終わると、腰を落ち着けて宇宙の問題を討論する。この神々の集会の総意に反対する権威を持つ神は一人もいないが、神々の中ではエンキ神がアトラ・ハシースをこっそり洪水から救うなど、集会の決議の裏をかくこともたまにはある。

その後、紀元前三〇〇〇年紀の半ば頃、しばしばエジプト初期王朝時代と呼ばれる時期に、メソポタミア全域に大きな独裁政権がいくつか台頭した。そのおもな都市国家ラガシュとウンマは国境をめぐって一〇〇年にわたる抗争を開始した。伝説に残るアッカド王サルゴンは南部のシュメール人の都市国家の大半を征服し、メソポタミアで最初の帝国を建設した。サルゴンのアッカド王国が没落すると、南部にはバビロニア帝国、北部にはアッシリア帝国が頭角を現してきた。それと同じ頃、放浪者の略奪集団が南の砂漠地帯からも北の山岳地帯からも定住民のいる都市国家を襲い始めた。この地域全域で人口過多と資源の枯渇が生じ、それを機にほとんど終わることのない戦争が始まった。

メソポタミアの諸事件で人々が疑心暗鬼に陥ったのをうまく利用して、一握りの専制君主たちが彼らを保護し、敵を殲滅《せんめつ》するために独裁的権威を模索するようになった。政治権力は中央集権化し、新たな専制的王権の概念が台頭して、総会――〝青年と長老の共同体〟の痕跡はすべて歴史の中に跡形もなく消えた。

こうした新しい政治的現実は、この時期以降に書かれたメソポタミア神話に反映されることになる。紀元前二〇〇〇年紀半ばごろに作詞されたバビロニアの宇宙開闢《かいびゃく》神話である偉大な叙事詩『**エヌマ・エリシュ（昔、高きところに）**』を読むと、天界の秩序はまったく異なっており、シュメール時代にはほとんど知られておらず、まったく重要視されていなかった**マルドゥク**というバビロニアの神によって支配されていたことがわかる。

この叙事詩によれば、天界の神々は原始時代からいる**ティアマト**という海の怪物の攻撃にさらされていた。彼らは神々の集会を開き、国家の非常時体制のようなものを敷いた。そこで若き神マルドゥクは、神々に代わってティアマトと戦うことを進んで引き受けた。ただし、彼を神々の中の王と指名し、天界にも地上界にも絶対的な権威を与える場合に限るという条件を出した。「もし私があなた方の復讐者になり、ティアマトをがんじがらめに縛りあげてあなたがたを守ることを当然とするなら、集会を開いて、私にとって喜ばしき運命を公にして頂きたい」とマルドゥク神は要求した。「私が開始した行動がどんなものであっても途中で変更はさせないし、私の命令を無効にしたり、改変したりすることは許さない」[15]。

仰天して天界の平和と秩序の再構築を切に願わずにはいられなかった神々はそれに従う。「マルドゥクを王に！」「われわれはあなたのどんな命令にも従います！」と彼らは熱狂的に叫んで、神々の集会を解散した。神々はマルドゥク神にメソポタミアの万神殿の新たな最高位の地位を象徴する笏《しゃく》と王冠を授け、ティアマト征伐に彼を送り出す。

まったく同じような神話がアッシリア帝国でも広まった。バビロニア人が南部で直面していたのと同様の脅威に北部でも晒されていたのである。アッシリア版の叙事詩の唯一違うところは、神々の中の王として最高位に祀られた地域の神がマルドゥク神ではなく、アッシュール神だったことである。それとまったく同じ頃、ニップル市の南三〇キロほどのところにあるイシン王朝では、アン神が本来の役柄だった天空神からだれもが認める天界の王へと姿を変えていた[16]。

いずれの場合も、どの帝国においてもメソポタミア全域を通じて、地上の政界が変わると天界の政界もそれに見合った形に変化した。不安や恐怖を目前にしたメソポタミアの独立都市国家の自由民たちは、原初的な民主主義を棄て、絶対的権力を自分たちの王に進んで手渡したのと同様に、天界の市民たちもまた、神々の中の誰か一人を、他を制する比類なき支配者にした。神学体系が現実に順応するよう変化するにつれて、天界は地上の政界の増幅された投射像のようなものになった。

単一神教のジレンマを克服するには、神を非人間化するしかない

世界秩序の一例として、他のすべての神々を支配する〝最高神〟を崇拝する単一神教《ヘノセイズム》は実にわかりやすい。地上の一人の人間に、より多くの権威が与えられるにつれて、天界の一人の神にもより多くの権威が与えられる。バビロンのマルドゥク神、アッシリアのアッシュール神、イシン王朝のアン神、エジプトのアモン＝ラー神、古代オリエント・エラムのフンバン神、ウラルトゥ王国のハルディ神、ギリシアのゼウス神、ローマのユピテル神、北欧神話の主神オーディン、中国周王朝期の天帝などなどである。

問題は、一人の神が万神殿内の他の下位の神々を追い払って上位に上がれば上がるほど、伝統的に他の神々のものとされている属性をますます引き受けざるを得なくなり、ついに最高神の特性と矛盾し、整合性を失う転換点にいたることである。ブラフマー神、ヴィシュヌ神とともにヒンドゥー教の三神一体《トリムルティ》を構成するシヴァ派の最高神シヴァを例にとってみよう。シヴァ神は、初めはそれほど重要な神ではなく、古代インドの聖典『ヴェーダ』の一つである『リグ・ヴェーダ』にその名前さえ載っていなかった。ところが、『ヴェーダ』以降の文献、とくに『ウパニシャッド』やインドの偉大な叙事詩『マハーバーラタ』では、シヴァ神はヒンドゥー教の万神殿における位がどんど

ん上がり、追い払った神々の属性や特徴を吸収し始めた結果、今日ではシヴァ神は創造者で破壊者、神霊治療者で疫病神、禁欲主義者で快楽主義者、嵐の神であるとともに踊りの王として知られている[17]。

単一神教がめったに一神教へと進化しないのは、まさにこの整合性を失う転換点のためである。下位の神々の特質や属性がたがいに矛盾するものであったり、まったく正反対であったりすることには関係なく、最高神が徐々にそれらを持つようになることと、非凡な一人の神がそうした属性や特質の**すべて**を引き受けることは同じではない。

もちろん、このジレンマを単純、直截に扱う方法はある。神を**非人間化することだ**——クセノファネス、プラトン、その仲間であるギリシアの哲学者たちがしたように、神的存在から人間的な属性をすべて剝ぎ取り、宇宙の根底を成す独創的な存在として再定義するのだ。アクエンアテンやザラスシュトラがおこなおうとしたのはまさにそれだった。ザラスシュトラはアフラ・マズダーを、姿形はないが、卓越した、純粋な活気ある霊として提示した。ゾロアスター教の最古の啓典『ガーサー』では詩的な言葉を使ってマズダーのご利益のある手、すべてを見通す目を描写しているが、それらは比喩にすぎない。実際、『ガーサー』には、ほとんどすべての他の聖典と比べて、神的存在に対して人間的な特徴を表す言葉はほんの少ししか使われていない。

アクエンアテンはほかの神々の像を破壊しただけでなく、石工たちにアテン神の像を彫ることも像を鋳造することも禁じた。アテン神は公的には、神的存在の手がすべての地上の被造物を祝福するかのように降り注ぐ光線を描いた何の変哲もない円盤としてのみ表現することが許されていた

（手はアクエンアテンが何とか認める唯一の人間的な特徴だった）。アクエンアテン時代に書かれた有名な讃歌では、アテン神に呼びかけるときには男性の単数代名詞の〝彼〟が使われているが、この神は人間的な特徴はいっさい持っておらず、人間的な属性を見せたこともなく、人間的な情感や行動の動機もこれらの詩歌に表されていない。そしてそのことは、他でもない、ザラスシュトラと同様、アクエンアテンの一神教運動がなぜ究極的には失敗したかを説明している。

アクエンアテンとザラスシュトラが直面した困難は、人々は全般的に、人間的な特徴や属性を持たず、したがって人間的な必要性も持たない神とうまく折り合うことはなかなかむずかしいということだった。もし神が人間のような姿形、属性、特質をまったく持っていないとすれば、人間はどうやってその神と気持ちを通じ合わせたり、親しく交わったりすることを想定できるだろうか？非人格化された神という意図そのものが、そもそも神というものを想像する認知プロセスと矛盾する。それはまるで姿形のないもののイメージを思い浮かべるのに似て、想像できないものを想像しようとするようなものだ。それはあまりにもつかみどころがなく、非現実的でうまくいかない。

人間の姿形、属性、特質を持たない、単独で特異な神という説明を信じるには、信奉者の側に経験的知識に基づく並外れた努力が必要であり、さもなければ、宗教共同体内の人々の深奥にある意識の変化に深刻な混乱を招きかねない。深層意識の転機というものは非常に重要であるので、人々はそこに立つ時、特異な神という発想に固有の矛盾した特徴すべてを見逃したり、彼らが独自にイメージした神を形造ろうとする本来の傾向を無効にしたりしかねない。

偶然にも、アクエンアテンから八〇〇年、ゾロアスターから六〇〇年後、まさに同じような危機が訪れた時、カナンの地から出た**イスラエル**と呼ばれる小さなセム人の部族は、歴史上初めて一神教の試みを成功に導くことになるものを形造ることになる。

第Ⅲ部　〈神〉とは何か？

第7章　一神教の〈神〉

紀元前五八六年、強大なバビロニア帝国の支配者ネブカドネザル二世と、神々の王としてこの世で代理を務めるマルドゥク最高神は、エルサレムの城壁を破ってイスラエル王国の首都を奪い、ユダヤ教徒の神殿を焼き落とした。大勢のユダヤ人が切り殺され、生き伸びた有識者エリート、祭司、軍人、王族たちは追放された。民族国家としてのイスラエルの絶滅を謀る意図があったことは明らかだった。イスラエルが存在しなくなれば、彼らの神ヤハウェもいなくなるはずだった(1)。

古代の近東では、一つの部族とその神は、部族民が神を信奉し、生贄を捧げ、その見返りとして、神が部族を洪水や飢饉、時折もたらされる外部の部族とその神々による危害から彼らを守る、という契約によってまとまった、一つの社会的実体と考えられていたのである。実際、古代近東における武力衝突は、軍隊同士の戦闘というより、神々の間の抗争と考えられていた。バビロニア人は、彼らの王ネブカドネザルの名にかけてイスラエルを征服したのではなく、自分たちの神マルドゥクのために戦ったのだった。マルドゥクは戦場においてバビロニア人に代わり、マルドゥクがネブカドネザルとともに交わした契約に従って戦っているのだと信じられていた。

イスラエル人は自分たちの神と同様の契約を結んでいた。イスラエルを支配していたのは神ヤハウェであり、したがってヤハウェの任務は、イスラエルを守護することだった。イスラエル人と自分たちの敵との血なまぐさい戦闘の数々は、明らかにヤハウェとそれ以外の神々との戦いという枠組みで語られ、それらが初期の聖書の大きな部分を占めている。実際、ヤハウェは、しばしば、イスラエル人に代わってこれらの戦闘の作戦を立て、指揮し、遂行する任務を負っていた。「ダビデは主《ヤハウエ》に伺いを立てた。『ペリシテ人に向かって攻め上るべきでしょうか。彼らをこの手に渡してくださるでしょうか。』　主《ヤハウエ》はダビデに言われた……『攻め上らず、彼らの背後に回り込み、バルサムの茂みの反対側から彼らに向かいなさい』(2)」（「サムエル記下」五章19‐23節）。

ある部族とその民族の守護神との公然たる一体感は、古代の人々にとって深遠な神学的意味を持っていた。ヤハウェがペリシテ人を潰滅させようとするイスラエル人に手を貸した時、イスラエル人の神ヤハウェはペリシテ人の神ダゴンよりずっと強かったことを証明した。だが、バビロニア人がイスラエル人を滅ぼした時には、バビロニアの神マルドゥクがヤハウェより強かったというのが神学的結論だった。

大多数のイスラエル人にとって、ヤハウェの住み処とされた神殿の破壊は、自分たちの民族的野心の終焉のきざし以上のものを予感させた。それは自分たちの宗教の終焉を意味した。彼らの宗教的信仰の中心だった典礼や儀式、それが持つ一つの民族としての一体感を奪われた彼らは、新たな現実に身を任せるほかなかった。彼らは名前もバビロニア風に変え、バビロニアの言葉を学び、彼らの神々を拝むようになった。

だが、こうした母国を追放された者たちの中に、小さな宗教改革者集団があった。彼らは、以後、マルドゥクの手による自分たちの神ヤハウェの抹消を当然とする現実に直面して、別の説明を差し出した。ひょっとすると、エルサレムの崩壊と自分たちの追放は、徹頭徹尾ヤハウェの神ならではの計画の一部だったのではないか。ヤハウェは、もしかすると、マルドゥクを信仰しようとするイスラエル人を罰しようとしているのではないか。**マルドゥクなど、そもそもいなかったのでは**？

新たな生きている証《あかし》が醸成され、それによって、神的存在についてのまったく新しい考え方が生まれたのは、まさに、イスラエル王国が灰燼《かいじん》に帰し、ヤハウェの神殿が焼き落とされ、冒瀆され、心の底まで落ち込んでいる真っ最中だった。

モーセが遭遇した得体の知れない神「ヤハウェ」

「ヤハウェ」として知られるようになる〈神〉が初めて姿を現したのは、シナイ半島北東部の岩だらけの砂漠のどこかの燃える柴の炎の中だった。「これこそ、とこしえに私の名」とヤハウェは預言者モーセに告げた。「これこそ、代々《よよ》に私の呼び名」と「出エジプト記」三章15節にある。(3)

『旧約聖書』に登場するモーセは、ファラオの怒りから逃れるためにこの砂漠の荒れ地にたどり着く。「出エジプト記」によれば、数世代前のイスラエル人は、「啓典の民」の始祖アブラハムの後裔に従ってエジプトの地にやってきて、あまりにもたくさんの子孫を増やし、大きな影響力を持つようになったため、その富と自由を奪われ、奴隷にされた。エジプトにいた彼らは人々からひどく恐れられたため、ファラオ自身がイスラエル人の新生児男子をすべてナイル川に流すように命じた。

だが、この子一人は命拾いをした。レビ族の祭司の後裔だった彼の両親は、この子が生後わずか三カ月の時、パピルスで編んだ籠に入れて川岸の葦の茂みの間に浮かべた。ファラオの娘がそれを

見つけ、この男児をかわいそうに思い、自分の家に連れ帰って、エジプト王家の一人として育てた。(4)

モーセが成人してからのある日、人々の中に出て行った彼はイスラエル人たちがきつい労働を強いられているのを知った。彼はエジプト人の主人がイスラエル人のある奴隷を殴っているのを見て、かっとしてそのエジプト人を殺してしまった。自分の命を狙われるのを恐れたモーセはエジプトを出て、『旧約聖書』にある「ミデヤンの地」に逃げ込んだ。そこで彼はある「ミデヤンの祭司」と会い、祭司は喜んで彼を自分の家と部族に迎え入れ、自分の娘ツィポラと結婚させた。(5)

モーセが祭司である義父との家庭で、ミデヤン人家族とともに暮らしを立てるようになって長い歳月が経った。ある日の午後遅く、義父の羊の群れの世話をしていたモーセは、荒野を越えて、ミデヤン人に「聖なる山」として知られる聖地の麓に動物を追いながら移動した。そこで彼は自らを「ヤハウェ」と名乗る得体のしれない神に遭遇した。

図７－１：
モーセと燃える柴。
聖カタリナ修道院／シナイ半島／エジプト所蔵／美術史家Ｗ・ワイツマンの『聖像画』より／*Wikimedia Commons*

そこが正確にどこだったのかを識別するのは不可能に近い。「出エジプト記」によれば、「聖なる山」の場所は確かにシナイ半島北東部であるように思われる。ところが、『旧約聖書』の「申命記」その他では、モーセがヤハウェに出遭う場所はトランスヨルダン南部のセイル付近とされている。聖書にある「ミデヤンの地」が何を意味するのかさえ知るのはむずかしい。私たちが知る限りミデヤン人とは、シナイ半島でもなければトランスヨルダン付近でもない、アラビア半島北西部を拠点にする非セム族の緩やかな部族連合だった。実際、モーセにまつわる物語はたくさんの混同や矛盾がある。モーセの義父の名は「出エジプト記」二章18節ではレウエル、数節後の「出エジプト記」三章1節ではエトロとなっており、歴史家たちはその首尾一貫性のなさに苦労している。(6)

カナン人の神を信奉していた部族に、なぜかミデヤン人の神が語りかける

問題は、古代エジプトにイスラエル人がいたことを示す考古学的証拠が何も出土していないことである。それは、エジプト新王国時代(モーセの物語が実際に起こったと想定される時代)の複雑な官僚制度と、伝説に名高い記録保持志向を考慮に入れれば驚くべきことである。おまけに、エジプト人は定期的に奴隷労働を利用していたが、奴隷の役割や社会的地位は、戦争で捕虜にされた奴隷、借金を払うために自分を身売りした奴隷、一定期間、国家のために働くことを義務付けられた年季奉公人のような奴隷の三つの種目に分かれていたことも記されている。

イスラエル人はこれらのどのカテゴリーにも該当しない。そしてそれは、エジプト人が全イスラエル人を奴隷化したという見解をすんなり受け入れるのを困難にさせる。さらに信じがたいのは、イスラエル人を大々的に奴隷化した理由として、『旧約聖書』は、セム系遊牧民のこの部族が、当時の世界最大の、もっとも豊かでもっとも軍事力の高い帝国として知られていた「我ら〔エジプト人〕よりも多く、強い」(「出エジプト記」一章8 - 10節)からだとしていることである。(7)

だが、おそらくモーセの物語の構成要素の中で一番わかりにくいのは、彼が砂漠で遭遇した神にまつわるものであろう。ヤハウェの起源は謎である。古代近東の神々のリストのどれにも、その名は出ていない。これらのリストには何千もの神々の名が含まれているのに、それらから除外されているのは異常である。だが、エジプト新王国時代のヌビアにヤハウェに関する二つの聖刻文字《ヒエログリフ》の記録がある。一つはアクエンアテンの父アメンホテプ三世によって紀元前一四世紀に建てられた神殿にあり、もう一つは紀元前一三世紀にラムセス二世によって建てられた神殿にあるもので、「ヤハウェの遊牧民の地」という意味を示す書き込みがある。この地が正確にどこであるのかに関しては諸説あるが、カナンの南に広がる「ミデヤンの地」と呼ばれる広大な砂漠地帯を指すということについては異論がない。

すると、結婚によってミデヤン部族の一員となったモーセは、ミデヤンの地でミデヤンの祭司である義父の雇人であった時に、ミデヤン人の神（ヤハウェ）に遭遇したことになる[8]。

もしこの物語がそこで終わっていたなら――そして上記のような歴史的な問題を無視するならば――、ある程度つじつまが合っていたであろう。だが、物語はそこで終わらない。なぜなら、このミデヤン人の神がモーセに与える最初の任務は、エジプトに戻り、イスラエル人奴隷を束縛から解放し、彼らを導いてカナンの地にある故郷へ戻れというものだったからである。「このようにあなたはイスラエルの人々に言いなさい。『あなたがたの先祖の神、アブラハムの神、イサクの神、ヤコブの神である主《ヤハウエ》が私をあなたがたに遣わされました』」（「出エジプト記」三章15節）。

この主張は、アブラハム、イサク、ヤコブをちょっと驚かせたであろう。なぜなら、実際問題として、これらの聖書に登場する族長たちは、ヤハウェと呼ばれるミデヤン人の砂漠の神を信奉してはいなかったからである。彼らが信奉していたのは、まったく違う、**エル**として知られるカナン人の神だった。

『旧約聖書』は少なくとも四つの文献資料から構成されている

学者たちは数百年にわたって、『旧約聖書』に出てくるイスラエル人はそれぞれ異なった名前を持ち、その起源も特徴も違う二人の別個の神々を信奉していたことを知っていた。『旧約聖書』の最初の五書（「創世記」「出エジプト記」「レビ記」「民数記」「申命記」）である「モーセ五書」は、事実上、数百年にわたるさまざまな資料から複数の要素をつなぎ合わせて構成されている。丹念に読めば、二つ以上の異なった伝承がつなぎ合わされている縫い目が見えてくることがあるであろう。

たとえば、二つの別個の天地創造物語が二人の異なった書き手によって書かれているところがある。「創世記」一章では男と女がいっしょに、同時に造られている。「創世記」二章では、こちらのほうがアダムとイヴの物語としてずっとよく知られているが、イヴはアダムのあばら骨から造られている。洪水物語も二つの異なったものがある。前記の二つの天地創造物語とは違って、これらはつなぎ合わせて一つの物語にしているため、洪水の続いた日にちが四〇日（「創世記」七章17節）だったり、一五〇日（「創世記」七章24節）だったりする。箱舟に乗せられた動物は雌と雄を七匹ずつ（「創世記」七章2節）だったり、すべての種類の動物を雌と雄一匹ずつ（「創世記」六章19

節）となったりしている。洪水は、ノアが箱舟に入ってから七日目（「創世記」七章10節）に始まっていたり、彼が身内の者といっしょに乗船してすぐ（「創世記」七章11 - 13節）となっていたりする。

これら別々の物語のそれぞれの糸を入念に手繰《たぐ》ることによって、聖書学者たちは『旧約聖書』の初期の諸書の大部分を構成している少なくとも四つの異なった文献資料があることを突き止めた。それらは**ヤハウィスト**もしくはJ資料（jはドイツ語でyと発音される）と呼ばれるもので、紀元前一〇世紀から九世紀にかけて書かれ、「創世記」「出エジプト記」「民数記」の大部分で言及されている。**エロヒスト**もしくはE資料と呼ばれるものは紀元前八世紀もしくは七世紀に書かれ、主に「創世記」と「出エジプト記」に部分的に引用されている。**祭司文書**《プリーストリー》もしくはP文書と呼ばれるものは紀元前五八六年のバビロン捕囚の間か直後に書かれたもので、主としてJ資料とE資料の改訂版であり、最後の**申命記文書**《デユートロノミスト》もしくはD文書と呼ばれるものは、紀元前七世紀から五世紀の間のどこかと思われる時期に書かれたと推定される、初代と第二代の王に言及した「申命記」の流れを汲んでいる。

これらの資料・文書の間にはたくさんの違いがある。たとえば、エロヒスト資料は、おそらくイスラエル北部出身の祭司によって書かれたものと思われるが、「シナイ山」が「ホレブ山」となっており（「出エジプト記」三章1節）、カナン人を「アモリ人」と呼んでいる。これらの節に登場する〈神〉はまぼろし、もしくは夢の中で現れるが、南部中心のヤハウィスト資料では反対に、しばしば驚くほど擬人化された〈神〉として描写されている。彼は試行錯誤しながら創造し、アダムの伴侶を造るのを忘れている（「創世記」二章18節）。彼は「エデンの園」を歩き回り、夕方の風を楽しんでいる（「創世記」三章8節）。ある時点で、彼は自分の被造物であるアダムとイヴの足跡を見失い、彼らが木の間に隠れているのを見つけられない。「どこにいるのか」と主《ヤハウエ》は夜の大気に向かって叫ぶ（「創世記」三章9節）。

「モーセ五書」に見られるヤハウィスト資料とエロヒスト資料の主な違いは、〈神〉が異なった名で呼ばれていることである。エロヒスト資料における神は**エル**もしくは**エロヒム**（エルの複数形）と呼ばれ、『旧約聖書』の英語版のほとんどが、Gを大文字にしたGodとしているのだが、「これらのことの後、神《エロヒム》はアブラハムを試みられた」とされている（「創世記二二章1節」）。これと対照的に、ヤハウィスト資料の神は**ヤハウェ**として知られ、英語版の旧約聖書では綴り字はすべて大文字の**LORD**、「主《ヤハウエ》は言われた。『私は、エジプトにおける私の民の苦しみをつぶさに見、』」（「出エジプト記」三章7節）となっている。時代的にはずっと後の祭司文書では、ヤハウェ（主）とエロヒム（神）の使用が交互におこなわれがちで、二人の異なった神々を一つにまとめようと意図していることが明らかにわかる。

ヤハウィスト文書はエロヒスト文書より約一〇〇年古いが、エロヒスト信奉者の伝承はより古い神を表している。実際、私たちはヤハウェについて、ミデヤン人の神であるらしいという以外、その起源については、ほとんど知らないに等しいが、エルは古代近東ではもっともよく知られ、一番たくさん記録に残っている神である。

イスラエル人とカナン人は同じ神々を共有していた

　昔から顎髭を生やした王様、あるいは雄牛のような姿として描かれてきた、温和で、少しよそよそしい、父親的なエルは、カナン人の最高神だった。「造られた物の造り主」、「日の老いたる者」として知られるエルは、カナン人の豊穣の神々の一人としての役割も果たしていた。だが、エルにとって一番大事だったのは、カナン人の神々の一人として、カナンの地上の王たちの父であり保護者であることだった。エルは天界の王座に就き、カナン人の神々である地母神でエルの配偶者であるアシェラ、若き嵐の神で「雲を駆って進む方」と呼ばれたバアル、軍神アナト、イシュタルとも呼ばれ、他の下位の神々の主人役でもあるアスタルテーを含むカナン人の神々の集会の座長を務めた(9)。

　エルはまた、イスラエル独自の神であることに異論の余地はない。実際、**イスラエル**という言葉そのものが、「神《エル》は勝利される」という意味である。

　古代のイスラエル人はエルをいろいろな名前で崇拝していた。そのうちのいくつかを挙げてみると、「エルシャダイ（全能の神）」（「創世記」一七章1節）、「山岳地帯の神」（「列王記上」二〇章23節）、「エル・オラム（いにしえからとこしえまでの神）」（「詩編」九〇篇2節ほか）、「エル・ロイ（私を見守る方）」（「創世記」一六章13節）、「エル・エリオン（いと高き神）」（「創世記」一四章18-24節）などとなる。さらに、カナンに住むイスラエル人がカナン人の神を自分たち自身の神として熱烈に受け入れていたらしいのは矛盾しているように見える一方、カナン人の神学の影響は『旧約聖書』に深く浸透しており、実際それがあまりにも深遠なので、カナン人とイスラエル人とを民族的、文化的、宗教的にすら明確に区別するのは、とりわけ古代（紀元前一二〇〇～一〇〇〇年頃

図7－2：
エルの座像。
Courtesy of the Oriental Institute of the University of Chicago

の）イスラエルの歴史においては必ずしも容易ではない[10]。

　イスラエル人についての伝統的見解では、イスラエル人は厳格な一神教信者で、多神教徒のカナン人と彼らのいい加減な神々に四方八方を囲まれながらも、森羅万象を司る唯一の〈神〉をひたむきに崇拝する人たちであるとされてきた。この見解は、歴史的、考古学的におこなわれた綿密な調査に反論できない。第一に、カナン人と呼ばれる単独の集団は存在しなかった。カナン人という言葉は、カナン地方（現代のシリア、レバノン、ヨルダン、イスラエル - パレスチナから成る東地中海南部）の高地、低地、沿岸部などに居住していたさまざまな部族の総称である。ということは、定説はいろいろあるにしても、カナン人文化という、より大きな文化の傘下にあったイスラエル人の文化を、明確に別物と区別することは不可能に近い。

　今日の学者たちの大半は、イスラエル人とは、高地に定住し、やがてより大きなカナン人部族集団から分かれて丘陵地帯に住むようになったにもかかわらず、カナン人の文化と宗教を淵源とし、カナン人の血を引く一族の片割れであるという明確な自己認識を表明する人たちと信じている。どちらの集団もよく似た言葉を話し、同じような書体を共有し、共通の慣習や儀式を持つ西セム語族から成っている。彼らは同じ宗教的専門用語を使って儀式をおこなったり、生贄を捧げたりしてきたため、宗教的事柄に付随するヘブライ語の大半は、カナン語からの借用である。(11)

そしてもちろん、両者は同じ神「エル」を共有していた。

実際には、イスラエル人とカナン人は同じ**神々**を共有していたというほうが正確かも知れない。なぜなら、どう見ても古代イスラエル人が一神教信仰者であったとは考えられないからだ。せいぜい、彼らはカナン人の万神殿《パンテオン》に祀られているほかの神々の存在を必ずしも否定せずに、一人の神「エル」を崇拝するという意味での一**神崇拝**を行っていたにすぎないのではないか。事実、イスラエル人は時折、他の神々、とくにバアル神、アシェラ神、もっと下位のアナト神などを崇拝していた。大半がのちの祭司階級の書記によって編纂《へんさん》された『旧約聖書』には、これらの他の神々の崇拝を非難する節が山ほどあるが、そうした非難は、これらの神々がエルサレム神殿の内部に祀られてもいたのだから、実際にイスラエル人によって常時、公式に崇拝されていたことを証明しているに過ぎない。イスラエルの初代王サウルさえ、息子をヤハウェにあやかって**イエホナタン**（ヨナタン）と名付けるのと並行して、他の二人の息子をバアル神にあやかってエシュバアル、メリブバアルと名付けていた。(12)

これらすべてが、古代イスラエル人は、カナン人が「エル」と見なしていたのと同じように、エンリル神、アモン＝ラー神、マルドゥク、ゼウス、その他の神々の中の最高神のような、神々の会議を司る主神として自分たちの神《エル》を見つめていたことを物語る。彼らはカナン人の万神殿に祀られているほかの神々を認め、時には崇拝さえしていたのである。だが、彼らが忠誠を誓っていたのは、自分たちの民族名がその名にあやかっていた「エル」だった。

生涯の大半をカナンの地で暮らし（彼自身はカナン人でなかったとしても）、カナン人の文化や宗教に深い関わりを持っていた族長アブラハムが、「エル」の最重要役割の一つである豊穣の約束と引き換えに契約を結んだのもこの同じ「エル」だった。「私は**全能の神**《エルシャダイ》である。私の前に歩み、全き者でありなさい……私はあなたを多くの子孫に恵まれる者とし、諸国民を興す者とする。こうして王となる者たちがあなたから出るであろう」（「創世記」一七章1節、6節）。

アブラハムに忠誠心と信仰の証《あかし》として息子イサクを生贄にするよう命じたのも、この「エル」だった。「エル」はイサクの息子ヤコブと契約を更新した。「あなたの名はもはやヤコブとは呼ばれない。イスラエルがあなたの名となる」（「創世記」三五章10節）。その名にもこの同じ「エル」――「父の神《エル》」（「創世記」四九章25節）――が含まれている。『旧約聖書』によれば、ヤコブからその契約を引き継いだ息子ヨセフは、カナンを去り、エジプトに定住した最初のイスラエル人だった。数世代のちに彼の子孫たちは、それまで知られていなかったヤハウェと自称するミデヤン人の神と契約を結ぶことになる。実際、いかにして一神教が数百年もの失敗と拒絶を経て、ようやく永久的に人間の心の世界《スピリチュアリティ》に根を下ろすようになったかという物語は、アブラハムの神「エル」とモーセの神「ヤハウェ」が、どのようにして一つにまとまり、次第に私たちが今日、〈神〉と呼ぶ唯一の特異な神になったかという物語から始まるのである。(13)

イスラエルで起きた「ヤハウェ」と「エル」の同一化

砂漠で初めてヤハウェに遭遇したモーセは、その後、イスラエル人のためのメッセージを携えてエジプトに戻った。アブラハム、イサク、ヤコブ、ヨセフらイスラエル人の祖先のこの神は、彼らの叫びを耳にして、すぐにそのくびきから彼らを解放するという。だが、イスラエル人はモーセの神には馴染みがなかった。モーセが自分の神の威力を証明し、彼らにこの神に従って「ミデヤンの地」――すなわちイスラエル人がエジプトから逃れたあと、露営していたと思われる場所である「ヤハウェの遊牧民の地」に戻るよう説得しても、彼らはこの見知らぬ神にほとんど忠誠心を示さなかった。モーセが「聖なる山」の頂上に立ち、ヤハウェから新たな契約（「十戒」）を受け取っていたころ、麓近くにいたイスラエル人はすでに、アブラハムの神の崇拝に先祖返りし、「エル」の最高のシンボルである金の子牛の像を自分たちで鋳造していた。[14]

　祭司階級の編纂者が、出来事から数百年経って書いたものには、古代イスラエル人の信仰の二つの別々な流れの間の矛盾を、モーセの神にはっきり、「私は主《ヤハウエ》である。私は、アブラハム、イサク、そしてヤコブに全能の神《エルシヤダイ》として現れたが、主《ヤハウエ》という私の名は彼らに知らせなかった」（「出エジプト記」六章２‐３節）と言わせることによって一致させようとしている。だがこの声明は、イスラエルの族長たちが、自分たちの記憶の中にある主《ヤハウエ》が語っているように、主《ヤハウエ》とはだれのことか知らなかったという事実を強調しているにすぎない。

「ヤハウェ」と「エル」の同一化は、たまたまイスラエルで起こったようだが、その道程には祭司文書から推測される以上に大きな困難があった。ヤハウェ崇拝は南部からカナンの地に入ってきたように思われ、この地が存続している間は、ここは大体において人々の宗教的行為の中心であった。

カナンの北部地方では、何世代にもわたってこの地に住んでいたイスラエル人が多くの「神々の中の最高神」としての「エル」を崇拝していたが、カナンのその他の神々も認めたり、時には崇拝したりしていた。それゆえ、彼らにとって、そこにヤハウェを加えることはそれほどむずかしいことではなかったが、『旧約聖書』が示唆しているように、それはゆっくりと、段階を経ておこなわれた。こうしたゆるやかな過程は、「申命記」の「モーセの歌」の以下の部分に垣間見ることができる。

いと高き方《エリオン》が相続地を諸国民に継がせ
人の子らを分けられたとき
神の子らの数に合わせて
それぞれの民の境を設けられた。
主《ヤハウェ》の取り分はその民、
（「ヤコブがその相続分である」と続く。「神の子ら」の部分は「イスラエルの人々」（聖書協会共同訳）、「神の子ら」（日本聖書協会新共同訳）など、版によって違いがある）
――「申命記」三二章8－9節

この異常な説は「エル」の支配下にあったイスラエルのほかの神々を彼らが認識していたことを認めるばかりでなく、ヤハウェをそれらの神々の一人としていることは明らかである。それぞれの神として扱われている人物は「エル」から自分自身の民を「取り分」として受け取り、ヤハウェへの贈り物はイスラエルの民であったと述べている。(15)

イスラエルという民族連合が紀元前一〇五〇年頃、イスラエル王国になった時、「ヤハウェ」と「エル」の習合が強化された。この二つの名前が結合されて、時には**ヤハウェ＝エル**、もしくは**ヤハウェ＝エロヒム**とされ、『旧約聖書』の英語版の大半では、***Lord God*** と訳され、〔日本語版では、以下のように〕「わが子よ。さあ、イスラエルの神《かみ》、主《しゅ》に栄光を帰し、主に告白せよ。そして、あなたが何をしたのか私に告げなさい」(「ヨシュア記」七章19節)とされている。(16)

遂には万神殿の最上段に格上げされた「ヤハウェ」

イスラエルが統合されて一つの王国になったのは、ますます激しくなる近隣部族からの脅威に対処するためだった。独立を保持し、生存力を維持するために、イスラエルは、預言者や士師が支配する神政部族連合から、中央集権化して王たちが支配する君主国へと自らを変革させていった。バビロニア、アッシリア、エジプトそのほかで起こったように、地上の人間の支配の性質が変われば、天界の神々の支配もまた、それに合うように変化した。言葉を換えれば、現世政治の神格化《ポリティコモルフィズム》が起こったのである。(17)

イスラエル王国の萌芽期には、民族神――地上の王の権威を反映した神王が必要だった。この王国の首都エルサレムが南部のユダに位置していたことを考慮に入れると、ヤハウェ――その頃にはすでにヤハウェ＝エルと見なされていた――はちょうどその役割に適していたであろう。そういうわけで、シナイ半島の遊牧民が崇拝していた砂漠の神は、天界の王、他のすべての神々の支配者として、イスラエル人の万神殿の最上段に格上げされた。「詩編」一〇三篇19節には「主《ヤハウエ》は天に王座を据え　その王権はすべてを治める」とある。

ヤハウェは、つまるところイスラエル人の王たちの守護神になった。エルサレムに神殿が造られ、この新しい民族神は、「契約の箱」——すなわちモーセと神との契約——という形でそこに安置された。イスラエル王国の王室の資金援助のもとに、ヤハウェ崇拝は、古代近東全域に存在していた部族信仰の共通パターンに従って、生贄奉献の儀式、神話的物語、抑揚をつけた祈禱などを制度化された集団へと進化した。

マルドゥク、アッシュール、アモン＝ラーそのほかの神々の中の最高神たちと同様、ヤハウェはイスラエルの万神殿の中で高位になればなるほど、他の神々の資質や属性を取り込んでいった。そういうわけで「詩編」においては、天界の王としてのエルの役割を取り込み、神々の集会における天界の主催者たちに囲まれ、エルがまさにそうであったように、王位に就き、『旧約聖書』に出てくる王にふさわしい宣伝機関の長としてのヤハウェを私たちは見ることになる。

　主《ヤハウエ》よ、天はあなたの奇《く》しき業《わざ》を
聖なる者の集いであなたのまことをたたえます。
雲の中で誰が主《ヤハウエ》に並びえよう。
神々の子らの中で誰が主《ヤハウエ》に比べられよう。

聖なる者の集会の中で畏《おそ》れ敬われる神
周りのすべての者にまさって偉大で恐るべき方。
――「詩編」八九篇6‐8節（「詩編」八二篇、九七篇、九九篇も参照されたい）

ヤハウェは、嵐の神、「雲を駆って進む方」であるバアルの姿を体現し始め、「雲を乗り物とし風の翼で行き巡る」（「詩編」一〇四篇3節）者となり、「あなたは荒れ狂う海を治め　高波が起こるとき、これを鎮めます」（「詩編」八九篇10節）と詩編は詠う。

ヤハウェは、「子を産む女のように」（「イザヤ書」四二章14節）呻くなど、女神アシェラの属性である母性的で子育て中の女のような特質さえ取り込んだ。「聞け、ヤコブの家よ　またイスラエルの家のすべての残りの者よ　母の胎《たい》を出たときから私に担われている者たちよ」とヤハウェは言う。「腹を出た時から私に運ばれている者たちよ」（「イザヤ書」四六章3節）。

当初はほかの神々を否定しなかったイスラエル人たち

だが、ヤハウェの優勢がイスラエルの歴史の中に溶け込んだこの時点でさえ、イスラエル人はほかの神々の存在を否定しなかった。エルサレムには〝ヤハウェ専一〟運動を主張する宗派があったというくつかの証拠もあるが、この王国自体はほかの神々の崇拝をやめさせもしなければ、奨励することもなかった。彼らは自分たちの民族神に焦点を当てて崇拝していたにすぎない。著名な聖書学者モートン・スミスによれば、「イスラエルの神［ヤハウェ］の属性は、古代近東の人々の主要な神のそれ、つまり、その周辺の神々よりも偉大であるというにすぎなかった」という。「主《ヤハウエ》よ、神々のうちで　誰かあなたのような方がいるでしょうか。誰が、あなたのように聖《せい》であって栄光に輝き　賛美されつつ畏れられ　奇しき業《わざ》を行うでしょうか」と「出エジプト記」一五章11節にある。

再び言うが、これは一神教《モノセイズム》ではない。せいぜい拝一神観《モノラトリー》と言ったところで、ほかの神々が何の屈託もなくイスラエル人の崇拝に含まれていることを考えると唯一絶対神観というラベルを貼って片づけるわけにはいかないのである。大半の古代人と同様に、イスラエル人も、ヤハウェを全世界で唯一の神と想定するのはむずかしい時代であった。彼らはヤハウェを単に全世界で**最上の神**にすぎないと考えていた。「まことに、主《ヤハウエ》よ　あなたは全地の上におられるいと高き方。すべての神々にまさり、崇められる」（「詩編」九七篇9節）とある。彼らはヤハウェを他の神々の王であり、支配者、**最高の神**、**最強の神**――**神々の中の神**と見なしていた。

「唯一神」は敗北した民の中から生まれた

ところがある日、より強力な神マルドゥクが現れ、ヤハウェを敗北させ、イスラエルの神を天界の王座から蹴落とし、その過程で、ヤハウェについてだけでなく全世界の本質について、考えを新たにする舞台を設定したのである。なぜなら、イスラエルの歴史の中で、イスラエル人が神の約束の地から放り出され、近東全域に散らばったこの時になってようやく、『旧約聖書』全体の中で初めて、明快な一神教の言葉、「イスラエルの王なる主《ヤハウエ》　イスラエルを贖《あがな》う方……はこう言われる……私は初めであり、終わりである。**私のほかに神はいない**」（「イザヤ書」四四章6節）を目にするからである[18]。

ユダヤ人の間に一神教を導入したのは、換言すれば、バビロニア人の手によるイスラエルの悲惨な敗北を合理化するためだった。バビロン捕囚で引き起こされたアイデンティティの危機は、イスラエル人に自分たちの神聖な歴史の再検討と宗教的社会意識の再解釈を余儀なくさせた。捕囚によって二つの矛盾するアイデンティティを抱え込んだ彼らが、この経験を理解するには、ドラマティックで、今までなら到底実行不可能だった宗教的枠組みが必要だった。

これまでの神学的概念はすんなり認めにくかった。一人の神が善にも悪にも関与しているのか？一人の神が私たち人間の属性を丸ごと文句なしに引き受けることができるのか？――それが突然、大丈夫になったのだ。一つの部族とその神が、実際に一体なのなら、一つの敗北は他方の終焉の警鐘を鳴らす。バビロン捕囚で苦しむ一神教的信仰を持つ改革者たちにとって、一つの民族として自分たちの神と自分たちのアイデンティティを諦めるよりも、報復心に燃える矛盾だらけの神を考え出すほうが好都合だった。

そこで、このちっぽけな、取るに足りないセム族は何としても生き抜きたいという抑えきれない願望に駆られて、一人の神だけの信仰に反対する昔ながらの議論すべてを突然かなぐり捨てたのである。「私は主《ヤハウェ》、ほかにはいない。光を造り、闇を創造し　平和を造り、災いを創造する者。私は主《ヤハウェ》、これらすべてを造る者である」（「イザヤ書」四五章6‐7節）。

これが私たちの知っているユダヤ教の誕生である。それはアブラハムとの契約でもなく、エジプトからの脱出でもなく、燃え上がる神殿のくすぶる灰の中、敗北した民が神もまた敗北したことを認めるのを拒否する中で誕生した。シェマ（「聞け、おお、イスラエルよ、主《ヤハウェ》は私たちの神、主《ヤハウェ》はただ**一人**」）として知られるユダヤ教の信仰の証《あかし》は、今日の私たちがヘブライ語聖書、もしくは『旧約聖書』としてその大半を知っているイスラエル人の歴史のこうした劇的な転換点のあとに構成されたものである。バビロン捕囚の前に作成された聖書文献――ヤハウィスト資料とエロヒスト資料――でさえ、バビロン捕囚**以後**、祭司文書及び申命記文書の編纂者たちによって、こうした新たに発見された「唯一神」の理想像を反映したものに改訂され書き換えられた。

　最終的にはバビロン捕囚以降台頭した〈神〉は、アクエンアテンが崇拝していたような抽象的な神ではない。ザラスシュトラが想像していたような、純粋で生き生きした霊でもない。ギリシアの哲学者たちが描いた形のない森羅万象の実体でもない。これは新種の特異で人間的な〈神〉だった。自分に似せて人間を造ったにもかかわらず、まったく人間の形を持たない孤高の〈神〉。人間的な感情と長所、善と悪を余すところなく発揮する、永遠にして不可分の〈神〉。

　それは、宗教の歴史の中で驚くべき展開である。そこまで進化するのに数十万年かかったのに、わずか五〇〇年後には、自分たち自身を**キリスト者**《クリスチャン》と呼び、世の終わりを憂《うれ》うユダヤ人の新興宗派によって、それは覆されることになる。[19]

第8章　三位一体の〈神〉

「初めに言《ことば》があった。言《ことば》は神と共にあった。言《ことば》は神であった」（「ヨハネによる福音書」一章1節）。

これは「ヨハネによる福音書」冒頭の一節である。およそ二〇〇〇年前、この一節が書かれた瞬間から、キリスト教と、その淵源《えんげん》であるユダヤ教との間に厳然とした境界線が引かれたままになっている。

「ヨハネによる福音書」は、『新約聖書』の他の三つの福音書と異なっている。「マタイによる福音書」「マルコによる福音書」「ルカによる福音書」は、ナザレ出身のユダヤ人農夫で、巡回説教師でもあったイェシュア（イエスはギリシア語音訳）という名の人物について、ほぼ同じ資料により、似たり寄ったりの物語が描かれていることから、「共観福音書」と呼ばれている。イエスは、奇跡を起こし、病人を癒し、「神の国」について説教し、「メシア」であり世の救い主であると公言したために、ローマ帝国当局により逮捕され、処刑され、死後三日目に復活したとされている。

「ヨハネによる福音書」は、それらとは別個の伝承に依拠したもので、それなりに独自の物語が連ねられ、イエスの死と復活を含む活動についても、まったく異なった境涯が語られている。「共観福音書」はイエスの物語を伝道の開始や、奇跡的な誕生から始めているが、「ヨハネによる福音書」は、イエスの物語を天地創造の時からスタートさせているのである。

イエスを人間の姿をした〈神〉だと認めた「ヨハネによる福音書」

だが、「ヨハネによる福音書」と「共観福音書」のもっとも重要な違いは、「マタイによる福音書」「マルコによる福音書」「ルカによる福音書」がイエスについて多くの知識——ユダヤ人の先生（「マルコによる福音書」九章5節）、主の名によって来られる王（「ルカによる福音書」一九章38節）、モーセのような預言者で律法者（「マタイによる福音書」五章17‐18節）——を与えてくれるのに対して、「ヨハネによる福音書」だけは、イエスをはっきりと人間の姿をした〈神〉と認めていることだ。(1)

「ヨハネによる福音書」冒頭の数語「初めに言《ことば》（Logos）があった……」にそれは明記されている。**ロゴス**という言葉は、英語版の聖書では「word（言葉）」と訳されていることが多いが、この訳は、ここで使われている「ロゴス」が意味しているものとは違う。ギリシア哲学では**ロゴス**は、「理性」もしくは「論理」を表す学術用語だが、これらの定義さえ、その真の意味を十分に表してはいない。ギリシア人にとって、「ロゴス」とは、森羅万象に内在する合理的な力を意味した。換言すれば、天地創造の背後にある神の御心《みこころ》——神が定めた世界の**神ならではの論理**を指す。クセノファネス、ピタゴラス、プラトンらに言わせれば、「ロゴス」とは、彼らが〝唯一神〟について語るとき、すべての被造物の成り立ちを規定する特定の統一された原理を意味する。(2)

「ヨハネによる福音書」を書いたのはだれであったとしても（それは使徒ヨハネではない。彼はこの福音書が書かれた紀元一〇〇年頃にはとっくに他界していた）、ヘレニズム文化時代のギリシア文化を受容した非ギリシア人の哲学にどっぷり浸っていた、ギリシア語を話すローマ帝国市民であった。ならば、ヨハネがこの福音書を「ロゴス」という言葉を使って書き始めたとき、ギリシア人と同じように、万物を存在せしめる創造の原初の力という意味を込めてそれを用いた可能性が非常に高い。

ところが、ヨハネはまったく予想されていなかったことをおこなう。この原初の力とは、意外なことに一人の人間であると論じるのである。実際、ヨハネによる福音書の目的全体が、いかにして〈神〉とは別個でありながら、〈神〉と共にある、観念的で永遠なる神的存在の被造物の本質が、イエス・キリストの形をとって地上に顕されたかを証明しようとしているのだ。「言《ことば》は肉となって、私たちの間に宿った」と「ヨハネによる福音書」一章14節にある。

それを明確にするために、「ヨハネによる福音書」は、この天地を造られた主《しゅ》〔詩編一二一篇２節〕はガリラヤの奥地でユダヤ人農夫として三〇年を過ごしたと言う。唯一無二の〈神〉は、ある女性の子宮に宿り、彼女から産まれた。全知全能の森羅万象の主は、無力な赤ん坊として母親に抱かれ、その乳を吸い、食べ、眠り、排泄した。森羅万象はその間も、彼なしでそのまま続いた。人間の創造者は人間によって育てられ、やがて人間に殺されて地上での命を終えた。

「私と父とは一つである」とイエスは「ヨハネによる福音書」ではっきり言っている。「私を見た者は、父を見たのだ」（「ヨハネによる福音書」一〇章30節、一四章９節）。

エジプトからギリシア、ローマに受け継がれた〝人間の神格化〟

〝神人〟という概念は古代近東では目新しいものではなかった。ローマ人はいつも、自分たちの皇帝の死後、彼らを神格化した。時には、ユリウス・カエサルの場合のように、その統治期間中に、神格化された者もいる。紀元一世紀から四世紀までの間にローマ帝国を支配した六〇人の皇帝のうち三六人が神格化され、それ以外にも皇帝の家族のうち二七人が同様に祀り上げられた。彼らの彫像を安置するため、祭壇や神殿が建設され、彼らに生贄を奉献するために祭司階級が確立され、人々が彼らを神々として崇拝するための宗教的儀式が考案された(3)。

ローマ人は、人間を神格化する長い歴史を持っていたギリシア人の影響を受けていた可能性が高い。ギリシア神学は人間と神的存在の間に明確な区別をしたことはなかった。有名なギリシア神話には、下級神や、そうした神々に仕えたことによる報酬として、神的存在の地位を獲得した英雄たちが山ほど登場する。アレクサンドロス大王はその統治期間中(紀元前三三六〜三二三年)に神と考えられていたし、その父親であるマケドニアのピリッポス二世(在位:紀元前三五九〜三三六年)は、ギリシアの万神殿《パンテオン》の一二人のオリンポスの神々と並べて、自分の彫像を建てさせた(4)。

ギリシア人自身はおそらく、ファラオを神的存在と見たエジプト人の慣習を取り入れたのであろう。ファラオはエジプトの万神殿の中のどの神の化身にもなり得たであろうが、もっとも深い繋がりがあると思われたのは、ハヤブサの頭を持つホルス神だった。より具体的に言えば、ファラオの在位中はずっと、ホルス神がその肉体内に宿っていた。神的存在の職務と考えられている、とりわけ宗教的な祭儀や公的な儀式などの活動に参加することによって、ファラオの人間的な属性は神的なものに満ち溢れるようになり、やがて彼が死ぬと、その人間らしさはそぎ落とされて、崇拝に値する神として星々の間に位置づけられるようになる(5)。

エジプト人がメソポタミアの支配者たちの影響を受けていた可能性は非常に高い。実際、神的存在の王の支配という概念はメソポタミアから始まったもので、その発端はメソポタミアのほぼ全域を紀元前二三四〇年から二二八四年の支配期間中にほぼ統一したアッカドの支配者サルゴン大王だったとしばしば言われる。サルゴンのアッカド王朝四代目の王ナラム・シンは、自分の名前（ナラム）に影響力絶大な月の神（シン）の名を自ら敬称として付け、自分が神的存在であることを宣言することによって、王権についてまったく新しい観念形態を生み出した(6)。

神の人格化と人間の神格化は同じコインの裏表

すでに述べたように、〝神人〟とは宗教史の中で唯一の、もっとも成功した、直観的にわかりやすい概念であろう。事実、実際的な意味合いにおいて、人間を神格化するという確固とした伝統のない近東での唯一の宗教は、イエス自身の宗教であるユダヤ教だった。

神的存在を人格化しようとする衝動がいかに私たちの認知プロセスに埋め込まれているかについてはすでに見てきた。だが、何が社会に人間の神格化を強要するのだろうか？　何が一人の人間を神として崇拝し、いかにも神らしい言葉や知識、エネルギーを満ち溢れさせ、彼に祈り、この世でも来世でも彼の助けを求めさせるのだろうか？

神的存在の人格化と人間の神格化は、同じコインの裏表であることを知っても驚くには当たらない。ギョベクリ・テペからギリシアにいたる最初の数千年間の組織化された宗教史において、神々が次第に私たち人間の属性を一つひとつ身に着けて行くにつれ、彼らが権力欲、支配欲、他者への統制欲など、私たちのいかにも人間らしい衝動を取り込むようになったのは極めて自然である。こうした動機が神々の属性にされればされるほど、神々と人間との関係は変化し、その結果、神的存

図8－1：
CAESAR DIVI F あるいは〝神の子、カエサル〟と読み取れる刻印のあるアウグストゥス・カエサルの硬貨。
Classical Numismatic Group, Inc., www.cngcoins.com

在はもはや自然界、つまり神格化された自然に不可欠な本質ではなくなった。今や神的存在は王だった。神々は単に光や雨、私たちを支えてくれるその他の自然の力を私たちに与えてくれるだけではない。今や神々は**正義**を行使した。神々はその口から、その意志を伝えた。その目で私たちの行動のすべてを見つめた。その手で、挑戦する者を滅ぼした。

もちろん、神々には語るべき口はなく、見るべき目もなく、滅ぼすべき手もない。そうした造作は神的存在ではなく、人間の特徴である。そこで、神々に代わって語り、正義を行使し、神々の敵を滅ぼし、神々が自分のために要求する権力を地上の神の代理人の手に委ねた。

人間と神々との仲介役は、地上でその役割がよく似た存在、主として王やファラオ、皇帝ばかりでなく祭司や預言者、霊媒師やメシアが担うことになった。私たちは、こうしたプロセスが古代メソポタミアにおいて、どのように権力の強化という形で具体化され、神的存在の力を行使する少数の独裁者の手に移っていったかを見てきた。やがてメソポタミアと同様、人間の仲介者の必要性が認められると、その仲介者を神格化するのに時間はかからなかった。何と言っても、人間と神的存在との間の架け橋を演じる人物ならきっと神的存在（あるいはそれに近い人）だろうという期待がある程度膨らむ。

ヤハウェとイエスはライバルだと考えられていた

それにしても、イエスの神格化については、やや唐突で混乱を生じさせるところがある。それは、イエスが人間を神格化する歴史を持たない宗教の出身だった、という点ではない。また、古代近東の他の神人たちの大半は王か皇帝だったのに、イエスは農夫だったという点でもない[7]。

イエスの神格化が別物であるのは、イエスではなく、彼が具現化したと言われる神と関係があった。古代近東のその他のすべての神人たちは、大勢いる神々の一人を多くの人間が具現化したケースの一つと思われてきたが、イエスは森羅万象の中の**唯一の**〈神〉が、**たった一人の**人間となって顕れたと考えられたからである。

キリスト教開闢《かいびゃく》以来、最初の数百年間の大勢のキリスト教徒にとって、これは受け入れにくい観念だった。初期のキリスト教会内では、イエスを「ロゴス」とするヨハネの認識をめぐって、ヨハネは間違っており、イエスはただの人間で〈神〉ではないとする立場と、あるいはヨハネは正しく、イエスは本当に〈神〉である——単に一人の神ではなく、森羅万象の中に一人しかいない〈神〉

であるとする見解の間にたちまち一線が引かれた。

キリスト教護教論を唱える卓越した神学者で、殉教者であるユスティノス（一〇〇～一六五年）は、もしイエスが、ヨハネが主張しているように神的存在である「ロゴス」だとしたら、彼は〝万物を創造した〈神〉以外の〟別の神であったに違いないと強制的に認めさせられた。勢力、影響力ともども、ローマに次ぐキリスト教徒コミュニティのあったアンティオキアの主教サモサタのパウロス（二〇〇～二七五年）は、ヨハネの語る「ロゴス」は、「ロゴス」がイエス**だった**のではなく、イエスの中に**内在していた**のであって、つまり、「ロゴス」はたった一人の〈神〉から、イエスの〝徳行の人生〟への褒美として与えられたものだと論じた。

影響力の大きかった教父アンティオキアのアリウス（二五六～三三六年）はさらに一歩前進した。〈神〉はたった一人しかいないとアリウスは言う。この〈神〉は、定義によれば、不可分の、造られたものではない、とこしえの昔から存在するものであるに違いない。すると、イエスを「ロゴス」として考えることは到底できない。さもなければ、この森羅万象の中に二**人の**〈神〉が存在することになってしまうであろう。アリウスにとってそれは到底考えられないことだった(8)。

だが、二人の神がいるという概念はあまりにも不条理だとだれもが同意しているわけではなかった。事実、イエスは人間なのか、それとも二人目の神なのかをめぐる議論の二極化、その二つの立場の間に妥協点のない状態は四世紀半ばまで続くことになる。初期のキリスト教会における大多数の人たちは、森羅万象の中には二人の神——神「ヤハウェ」とイエスという名の別の神——がいるばかりでなく、これらの二人の神はライバルであると思っていた。

冷酷なヤハウェと、やさしく慈悲深いイエス

キリスト教の二人の神という理論——二神論として知られる——のもっとも著名な擁護者は、小アジア〔現在のトルコ〕出身のマルキオンという名の若い碩学《せきがく》だった。ちょうど「ヨハネによる福音書」が書かれたころ生まれたマルキオンは、新たに形成されたキリスト教信仰の中で育った非ユダヤ人の最初の世代の一人だった。彼の父は、黒海沿岸の都市シノペの主教で、一族は金回りのいい船主だった。

裕福な環境で育ったマルキオンは、余暇と学問を追究する自由があったので、ギリシア哲学とキリスト教思想に没頭し、ヘブライ語聖書〔『旧約聖書』〕に深く傾倒するようになった。だが、古代ユダヤ人の宗教と、近年そこから台頭したが、まだ統一されていないキリスト教徒の一派について深く知るにつれ動揺した。いくら努力してもマルキオンは、ヘブライ語聖書の中で遭遇した〈神〉ヤハウェと、イエスが「**父**」と呼ぶ〈神〉を同一視することが出来なかったのである。

『旧約聖書』の神「ヤハウェ」は、血にまみれた〝戦人《いくさびと》〟（「出エジプト記」一五章３節、「イザヤ書」六三章３節）であり——彼の崇拝を怠る者の皆殺しを嬉々として命じる嫉妬深い〈神〉である（「出エジプト記」二二章17‐18節）。この〈神〉はまた、自分の預言者たちの一人の禿頭《はげあたま》をからかったに過ぎない四二人の子供たちを熊に引き裂かせて殺したこともあった（「列王記下」二章23‐24節）。森羅万象の中のたった一人の〈神〉がなぜそれほど狭量で偏屈なのか、なぜそれほど独占欲が強く、がつがつしているのか？　端的に言えば、この〈神〉はイエスによって啓示された〈神〉、

愛と寛容、平和と慈悲の〈神〉とどう見ても結びつけようがないではないか？

イエスの神性を認めていたマルキオンは、「ロゴス」は〈神〉であるというヨハネの見解に全面的に同意していた。彼が「イエスによって啓示された〈神〉」について語るときの〈神〉とは、**イエスの姿になって顕れた**〈神〉を意味した。マルキオンは同時に、ヘブライ語聖書の〈神〉である「ヤハウェ」を世界の造物主として認めていた。事実、彼は「創世記」を文字どおりに読んでいたように思われる。だが、読めば読むほど、イエスと「ヤハウェ」はますます異なっているように思えた。いったいどんな〈神〉がこのような悲惨な世界——欠乏と破壊、敵意と憎悪の世界を造るのだろうかと彼は疑問に思った。イエスは「あなたがたは、その実で彼らを見分ける」（「マタイによる福音書」七章16節）と言っていなかったか？　もしそれが真実なら、この〈神〉の実は芯まで腐っているのではないか(9)？

マルキオンが納得できる唯一の答えは、二人の神がいるに違いないということだった。ヘブライ語聖書にイスラエルの〈神〉ヤハウェとして登場する冷酷な〈神〉と、やさしく慈悲深く、イエス・キリストという姿で初めてこの世に顕れた「ロゴス」として常に存在する〈神〉である。

初期キリスト教徒の中でこうした結論に達したのは決してマルキオン一人だけではなかった。今日では大雑把に**グノーシス派**（ギリシア語で〝知識〟を意味する**グノーシス**という言葉に由来する）と呼ばれている大勢のギリシア語を話すキリスト教徒たちもまた、ヘブライ語聖書の〈神〉とイエスの〈神〉を区別していたが、マルキオンと違って、グノーシス派の大半は、「ヤハウェ」を世界の創造主と認めるのを拒否した。彼らは、天地創造は**デーミウールゴス**、もしくは〝制作者〟

と呼ばれる、醜く、不完全な神なのに、愚かにも自分を森羅万象の中の唯一の神だと信じている下位の神の仕業だと信じていた。

「おまけに彼は尊大で不遜《ふそん》である」とグノーシス派の「ヨハネの秘書《アポクリュフォン》」の著者は書いている。「なぜなら、彼は『私は〝神〟であり、私のほかに〝神〟はいない』と言っているから、彼は自分が生まれ出た場所、自分の強さについて無知なのだ(10)」。

ソドムとゴモラの都市を荒廃させたのもデーミウールゴスだった。洪水という大惨事を起こして、ほとんどの人間を殺害したのもデーミウールゴス。アダムとイヴをエデンの園から追い出したのもデーミウールゴスだった。

「だとすれば、この〝神〟はいったいどんな神なのか?」とグノーシス派の *The Testimony of Truth*（「真理の証言」）の著者は訴える。「第一に［彼は］アダムに知識の木の実を食べさせなかった。第二に、彼は『アダムよ、お前はどこにいる?……』と言った。彼は間違いなく、意地が悪く、嫉妬深いところを見せていた(11)」。

天地創造を下位の神――「ヤハウェ」あるいは「デーミウールゴス」――の手に任せることによって、マルキオンもグノーシス派の人たちも、瑕疵《かし》なく罪もない「造物主」という概念とは一致しない、不完全で罪深いこの世を説明しようと努めただけではなかった。彼らは、ヘブライ語聖書の中で「ヤハウェ」の属性とされている恥ずべき行為については、イエスに罪はないことにしようとした。

まだ、他にもあった。二神の存在を論じるに当たって、これらのキリスト教徒は、キリスト教をそのユダヤ教的ルーツから解放し、自分たちの宗教は新たな啓示、新たな〈神〉を持つ、まったく新しいものだと宣言しようとした[12]。

ローマから追放されたマルキオン

一三九年、マルキオンは黒海沿岸の家族のもとを離れ、当時最大の影響力を持つキリスト教徒コミュニティと自分の思想を共有するため、ローマに旅立った。彼はローマの教会に取り入るため、当時のローマ通貨で二〇万セステルティウスという大金の寄付を申し出た。これは今日の米国通貨に換算すれば数百万ドルに相当する。この寄付のおかげで、マルキオンは教会の尊敬すべき客としてローマ滞在を認められた。

マルキオンが自分の教義をまとめて二つの文書にし始めたのはローマだった。その一つは彼の神学の概要（それは歴史の中に埋没してしまったが、少なくともその一部はそれを不当だとして認めなかった教会の長老の手によって破棄されたと言われている）、もう一つは、史上初の「新約聖書」編纂の試みであった。マルキオンの正典は「ルカによる福音書」の改訂版と使徒パウロの一〇通の手紙から成っている。キリストを、時限を超えた宇宙的存在として描くパウロの書簡はマルキオン自身の見解と完全に一致していた。

マルキオンは自説の概略を五年間にわたって入念に述べたあと、ローマの教会の指導者たちを集め、その二神論を彼らに提示した。彼はイエスが〈神〉の化身であると論じ始めた。その部屋にいた教会の指導者たちのすべてではないまでも、大多数が同様の見解の保持者だった。だが、その後、マルキオンは、イエスは「ヤハウェ」として全員に知られている〈神〉ではなく、これまで知られ

図８－２：
ギリシア語で書かれたイタリアの福音書古写本にある使徒ヨハネとシノペのマルキオン（後者の顔は意図的に傷つけられている）の画像。（MS M.748, fol. 150v, 11 世紀頃のもの）
The Morgan Library & Museum / Janny Chiu / Art Resource, NY

ていなかった〈神〉が、今や人間の形をとって顕わにされたのだと主張し続けた。キリストの地上への降臨の真の目的は、人間を『旧約聖書』に登場する邪悪な〈神〉から解放するきっかけを作ったのだと彼は言った。これは、イエスの名で形成された宗教であるキリスト教は、もはやその淵源であるユダヤ教と何の関連もないことを意味した。ヘブライ語の正典は時代遅れで、必要とされているのは新しい聖書だった。しかも折よく、彼がたまたま携えてきたのはその一冊だったのだ[13]。

教会の指導者たちは面白くなかった。彼らはマルキオンの並々ならない献金を返上し、彼を直ちにローマから追放した。だが、マルキオンはひるまなかった。故郷に帰った彼は、小アジア全土に自説を述べ伝え始め、好評を博した。この地の聴衆は彼の二神論に理解を示しているのがわかった。実際、マルキオンが創設した二神論賛成派の教会は、キリスト教界全体の中で最大級の一つになった。それは五世紀までずっと、トルコとシリアの大部分で繁栄した。

初期キリスト教会がユダヤ教の唯一神信仰にこだわったのはなぜか?

ローマの教会の長老たちが、なぜユダヤ人の唯一絶対神観《モノセイズム》にそれほど頑固にこだわったのか、疑問を持って当然であろう。キリスト教史を見ると、この初期の段階においてさえ、キリスト教とユダヤ教はあまり類似点がなかった。キリスト教はユダヤ人を、キリストを殺した悪者として描き、聖典をヘブライ語ではなくギリシア語で作成し始め、ユダヤ教の唯一不可分の〈神〉の定義とは相容れない神格をイエスに付加するまったく新しい信仰であると宣言した。

実のところ、初期キリスト教会がユダヤ人の唯一神信仰への忠節を維持したがったのは、神学的理由に負けず劣らず政治的な理由があった可能性がある。なぜなら、マルキオンとグノーシス派の人たちがこれらのキリスト教徒支配層と〈神〉の本質をめぐり反目しあっていた頃、両者の間には、生まれたばかりの教会の権威の本質について論争もあったからである。著名な宗教学者エレーヌ・ペイゲルスは、初期の教会は、一つの〈神〉の信仰を主張することによって、キリスト教会が唯一の司教——つまり、ローマの司教下の統治システムを法的に有効にしようとしていたと、次のように述べている。「神が天国において支配者、主、指揮者、審判官、王として統治しているように、地上においてはその戒律を教会の聖職位階制のメンバーに委任し、彼らが将軍として配下の軍隊を率い、王として『人民』を支配し、審判者として神に代わって指揮をとるのである[14]」。

これこそ単純、明快な〝現世政治の神格化《ポリティコモルフィズム》〟だった。影響力の大きい教会の長老、アンティオキアのイグナティオス（三五～一〇八年）は、この見解を「唯一の神、唯一の司教」という簡潔なスローガンとして表明した。前者を冒瀆することは必然的に後者の権威を下げる。イグナティオスの言葉によれば、キリスト教徒の義務は、司教に「彼があたかも〈神〉のごとく」従うことだという。ローマの初代司教で、のちに第四代教皇に列せられるクレメンス一世（一〇一年死去）は、彼の司教としての権威に〝頭を下げない〟者はみな、〈神〉に反抗した罪で死刑に処すべきだと警告した。「唯一の神、唯一の司教」説を支持する教会支配層の主張は、マルキオンの信奉者にも、初期キリスト教時代にいくつもあったグノーシス派の人たちにも、ほとんど影響を与えなかった。だが、急成長しつつある信仰の根底にうずまく矛盾に対する異議申し立てには影響を与えた。なぜなら、かりにキリスト教会が、ユダヤ人のバビロン捕囚以後に台頭した、彼らの唯一無二という〈神〉の定義を容認しようとすれば、ガリラヤの小高い丘陵地出身のユダヤ人農民もまた、〈神〉である可能性があることをどう説明するか、その手立てを見つけ出さなくてはならなかったからだ。厄介なのは、それが教会を分裂させ、まさに大成功を収めつつあるように見えた教会に歯止めをかけることになりかねないことだった。

キリスト教をほとんど理解していなかったコンスタンティヌス帝

二世紀末頃までには、キリスト教はローマ帝国全土に広がっていたので、その筋の人たちにはもはや無視できなくなっていた。朝廷の高官たちの中にはこの新しい宗教に改宗する者さえいた。二〇二年、ローマはさらなる改宗は一切禁じるという勅令を出し、二〇〇年代半ばにはローマ帝国のキリスト教徒臣民は大々的に迫害されるようになった。多くのローマ人がこの時期に帝国に蔓延した政治・経済の不安定は、人々が古い神々に背を向けたせいだと思い込み、その怒りは当然のことながらキリスト教徒に向けられた。彼らは少なくとも、ローマの神々に生贄を捧げるのを拒否するという点で異彩を放っていたからである。

ディオクレティアヌスという名の下層階級生まれのローマ市民が、軍隊に入って急速に階級を上り詰め、二八四年に皇帝に指名されると、ローマ帝国からあらゆる形のキリスト教を排除することを自分の使命にした。教会は焼き落とされ、聖典は没収され、キリスト教徒は平信徒であろうと指導者層であろうと、スポーツとして虐殺した。それはのちに「大迫害」として知られるようになった。

数年後、皇帝ディオクレティアヌスは、帝国を東西に分け、正副皇帝二組による四分割統治《テトラルキア》にするという重大な決意をしたのち、突然退位を表明した。この不安定な政情から、王座を狙うライバル同士の間でたちまち内戦が勃発した。三一二年、そのうちの一人が単独皇帝支配を再制定することを目的に、自軍を率いてテベレ川の川岸に乗り込んできた。その名はコンスタンティヌス。やがて彼はローマとキリスト教の将来を永久に変えることになる。

伝説によれば、テベレ川会戦前夜、コンスタンティヌス帝は天に光の十字架と「この印と共にあれば勝てる」という文字が輝く夢を見たという。翌日、彼は自軍の兵士たちの盾をこの見知らぬシンボル――ギリシア語で**キリスト**の先頭二文字Ｘ（キー）Ｐ（ロー）を組み合わせた十字架であしらわせた。この会戦での彼の勝利は、コンスタンティヌスが自らを単独の比類なきローマ皇帝と宣言する道を拓いた。

成功はキリスト教の〈神〉のおかげであると考えたコンスタンティヌス帝はローマでのキリスト教徒迫害に終止符を打ち、皇帝に即位すると同時にキリスト教を合法化した。だが、この新皇帝は自分の取り入れた信仰についてほとんど理解していなかった。宗教とは一種の太陽崇拝みたいなものだと考えていたように思われる。一番の問題は、彼が理解しているのはせいぜい、キリスト教徒は一人の〈神〉を信じているということぐらいだった。ローマを一人の皇帝の支配下に再統一するためにたくさんの戦場で戦ってきたこの男は、一神教的宗教体系を採用することの政治的利点を本能的に認めていたのではないか。だが、コンスタンティヌス帝のスローガンは、イグナティオスや教会指導者層の好むものとは少し違っていた。彼は「唯一の神、唯一の皇帝」のほうを好んだ(15)。

ニカイア会議で生まれた「三位一体」という妥協策

コンスタンティヌス帝が、自分と同じキリスト教徒の多くは唯一の〈神〉の存在を信じていないばかりでなく、教会内にも〈神〉とイエス・キリストの関係について合意ができていないことを発見した時の驚きは想像するしかない。グノーシス派とアレクサンドリアの教会はイエスの神性を強調したが、グノーシス派の一部にはイエスの中のいかなる人性も否定する（仮現説《ドケティズム》）者たちもいた。エビオン派（最初期のユダヤ人キリスト教徒の一派）とアンティオキアの教会はイエスの人性を強調し、エビオン派はイエスを神的な力を授かって語る預言者、奇跡をおこなう人だが彼自身は神的存在ではないと考えていた。

キリスト教の諸宗派の中には、イエスは人間として生まれたが、神的存在になったのは復活後にすぎない（この見解は力動説と呼ばれる）と主張する人たちもいた。イエスは人間だが〈神〉の息子として〝養子にされ〟、ヨルダン川で「聖霊」によって洗礼を受けた時、神的存在の地位を与えられた（養子説）と論じる人たちもいた。

コンスタンティヌス帝は軍人で、神学者ではなかったから、こうした意見の不一致に我慢出来なかった。彼はイエスの本質と、「父」と「息子」の関係にまつわる疑問に確固とした答えを要求した。皇帝は意見の分かれた人民に、帝国の一人の真のリーダーとして自分自身のイメージを打ち出そうとするなら、天界の一人の真のリーダーの本質についても意見の一致が必要であると考えた(16)。

三二五年、コンスタンティヌス帝は、この問題にきっぱりとケリをつけるために、教会の長老たちをニカイア市でおこなわれる会議に招集した。この機会がいかに重要かを強調するために皇帝は、宮廷儀式用の衣装で着飾り、帝国親衛隊に両脇を守らせ、みずからこの会議の司会を買って出た。集まった長老たちが確信していたのは、皇帝が〈神〉の唯一性を冒瀆することになりそうな成り行きにはいっさい容赦しないと決意していることだった。つまり、二神論を容認するグノーシス派、マルキオン信奉者、その他のキリスト教諸派は直ちに除外するということである。他方、教会の長老たちは、エビオン派やアリウスの信奉者、数あるアンティオキアの教会の見解を除外し、キリストの神性を否定するいかなる立場も認めようとしなかった。

だが、こうした二つの要求をどう和解させたらよいのか？　多様な形で存在する唯一無二で不可分の〈神〉は、**当然のことながら**、唯一無二でも不可分でもないという不変の事実を、どんな教義上の妙技を使えば納得させることが出来るのか？

ニカイア会議から出た妥協策は、イエス・キリストは「父なる神」の「子」で、〈神〉と共にある〝一つの実体〟であると宣言することだった。この着想は初期キリスト教神学者の中でももっとも卓越した神学者の一人であるカルタゴのテルトゥリアヌス（一六〇〜二二〇年）の文言を基盤にしたものである。テルトゥリアヌスは、ギリシア哲学者たちに〈神〉は一つの〝実体〟であると説いた。だが、これらの哲学者たちと違って、テルトゥリアヌスは「父（ヤハウェ）」「子（イエス・キリスト）」「聖霊（この世に神的存在を知らしめる霊）」という三つの様態をとっていると信じた。この理論を説明するためにテルトゥリアヌスは、類例として次のように述べている。「一条の光線が太陽から射し込む時、それは全体の一部であるが、それが太陽光線である限り、光線の中には太陽が含まれており、その本質は分離されないどころか、拡大される……したがって、〈神〉から生じるのもまた〈神〉と『神の子』で、両者は一つの実体である」。テルトゥリアヌスはこの斬新な神学を表す「三位一体《トリニタース》」と呼ばれる新語を造った。(17)

キリスト教は〈神〉を完全に人間くさくした

ニカイア会議での歩み寄りは皇帝を満足させたが、教会内のほかのほとんどすべての人たちにはさらに大きな疑問を残した。「父」と「子」と「聖霊」は神的存在の実体を等分に共有しているのだろうか？　とは言っても、太陽からの光線が太陽の実体を含んでいるなら、それは太陽としての実体と**同量である**わけがない。さらに、この三つの中でだれが一番神的存在の実体の保持者なのか？　太陽とその光線はたぶん、同じ実体からできているであろうが、太陽はその実体の**唯一の源**である。光線は完全に太陽と従属関係にある。「父」と「子」の関係にも同じことが当てはまる。「父」がその実体の創造者であるならば、「子」は「父」と従属関係にあるのではないか？　もしそうなら、不可分の〈神〉はいかにして自分自身からイエスを造り出すことが出来たのか？　それは「神の唯一性」を冒瀆することにはならないのか？　それはイエスを創造された秩序の一部にすることにはならないか？　そうだとすれば、「ヨハネによる福音書」のイエスが〝初めに〟〈神〉と共にあったという主張と矛盾するのではないか？　あるいは、「父」と「子」が神的存在の実体を同時に包含しているとしたら、創造の開始時に二つの別々ではあるが、同格の神的存在であったはずはないのでは？(18)

教会の長老たちの中には、神学者アレクサンドリアのアタナシオス（二九八〜三七三年）の教えに従い、「父」と「子」は〝同じ実体〟から造られたのではなく、〝類似の実体〟から造られたことを示唆することによって、この混乱に対処しようとする者がいた。しかしこれは問題をさらに混乱させただけだった。

最終的に西欧世界でキリスト教神学を方向づけたのは、この道の泰斗ヒッポのアウグスティヌス（三五四～四三〇年）だった。主著『**三位一体論**』で彼は、「〈神〉は一つ」、〈神〉は永遠不変であると宣言した。だが、それが真実である一方、それでも〈神〉は、「父」と「子」と「聖霊」という三つの様態で存在する。その中のどれ一つとして、他の様態に従属しない。三つとも同量の位格を共有する。三つ全部が天地創造の時から存在していた。そして、もしこの理念が混乱の原因であるなら、もしそれが論理と理性を無視するならば、もしそれが〈神〉の定義そのものに矛盾するように見えるならば、それを神秘として、認めるか否か、踏《ふ》ん切《ぎ》りをつけるのはまさに信者の役割であると。[19]

アウグスティヌスの死の二〇年後、カルケドン公会議（四五一年）において教会は、イエス・キリストの立場について、真《まこと》の〈神〉でありながら、かつ真《まこと》の人間――〝キリスト教でいう「三位一体の神」としての父と同じ本質、私たち人間と同じ本質を持つ、ということを明確にした。キリスト教は、唯一不可分の〈神〉というバビロン捕囚後のユダヤ人の神観を事実上、無効にしただけでなく、人類の誕生以来、心の奥底に宿る宗教感情の目覚めに判断をゆだねた。それは天と地の〈神〉を**完全に**人間くさいものにした。そうする中で、この宗教は、カルケドン公会議後わずか一〇〇年余りで、アラビアの砂漠で勃興し、キリスト教の人格化された〈神〉という概念に挑戦することになる、新たな一神教信仰とぶつかり合う。[20]

第9章　すべてに遍在する〈神〉

砲撃で穴だらけのエルサレムの城壁を挟んで二つの軍隊がにらみ合っていた。六一四年のことである。包囲された都の城壁の内側には、若くてハンサム、前任者を手ひどい仕打ちで追い払って王座を掌中にした武人、ビザンツ帝国皇帝フラウィウス・ヘラクレイオス（同名の親子の息子のほう）に忠実な数千人の戦士たちが、サーサーン朝ペルシア帝国の支配者で、王の中の王と言われたホスロー二世軍の指揮のもとに今にも始まりそうな突撃を不安な気持ちで待ち構えていた。

前者はキリスト教徒、後者はゾロアスター教徒のこの二つの超大国は、三〇〇年にわたり近東の支配をめぐって戦い続け、破壊的な戦闘のたびに勢力の均衡は振り子のように揺れた。それは単なる領土をめぐる闘争ではなく、二つの神政王国の異なった宗教観の衝突によって起こったものだった。一方はゾロアスター教の二元論、他方はキリスト教の三位一体論に根差した神観を公的権力によって認可したり、法的強制力を行使したりしていたからである。

間断なく続く闘争で、七世紀初頭までにどちらの帝国も富や兵力を使い果たしていた。相互の反目は並々ならないものだったにもかかわらず、どちらも相手に対して、せめてもう一度、武力による打撃を与えたいという攻撃本能を奮い立たせることが出来ずにいた。近年のヘラクレイオスの即位でビザンツ帝国は混乱状態に陥っており、ホスロー二世はこの敵方の状況を利用して、キリスト教徒地域全土に半ば破産状態の自軍を送って大暴れさせようと考えた。ホスロー軍はすでにアンティオキアとダマスカスを占領していた。やがて彼らはエルサレムの城壁の前に立ち、この聖都を征服しようと身構えた。その過程で、キリスト教にこれ見よがしの打撃を与えようとしていたのである。

市の城壁を攻囲していたのは、ホスロー臣下の重装備をした一万人のペルシア軍と、キリスト教徒の支配下で受けた三〇〇年にわたる迫害、大量虐殺、強制的な改宗に対する復讐の機運を狙っていた約二〇〇〇人のユダヤ人戦士から成る補助部隊だった。ユダヤ人にしてみれば、ようやく望みがかなえられる好機に思えた。城壁が突破され、ペルシア軍が勝利すると、ホスロー王はエルサレムをユダヤ人の手に戻した。彼らは直ちにこの都のキリスト教徒住民に死と破壊の波を際限なく浴びせかけた。

ビザンツ軍は立ち直った。ヘラクレイオスは自軍を再編成し、サーサーン朝軍の部隊を彼らが最近占領していたいくつかの都市から武力で追い出した。六二八年、彼はエルサレムを奪回して、敗北したペルシア軍を彼らの首都クテシフォンに追い返し、残っていたユダヤ人を虐殺した。戦争で疲弊した二つの超大国は和平を求め、衰退しつつある帝国間の終わりなき戦闘に、どちらもしばらくの小休止を得られないものかと模索した。だが、やがてどちらも思いもよらなかったことが起こる。

「アッラーの使徒ムハンマド」からの手紙

カッパドキアで、ヘラクレイオスとホスローの間の長い交渉の末に和平協定が結ばれてから数カ月後、アラビア半島の忘れられた砂漠の荒れ地から双方へ一人の使者が訪れた。その使者は、三位一体論者も二元論者も聞いたことがないが、森羅万象の中の唯一の〈神〉の代理人として語ると主張するアラブ人預言者から双方の皇帝宛の手紙を携えていた。

その手紙は、「**慈悲あまねく慈悲深き神《アッラー》の御名《みな》において**」という言葉で始まっていた。

　正しい道に従う者に平安あれ。あなたにイスラームへの入信をお勧めする。もしあなたがムスリムになれば、あなたは安全で、アッラーはあなたへの褒美を二倍にするであろう。もしあなたがイスラームへの勧誘を拒絶するなら、あなたは臣下の者を誤ったほうへ導く罪を犯すことになる。

この手紙には「アッラーの使徒ムハンマド」を意味するムハンマド・ラスールッラーという署名があった(1)。

ホスロー士は国王ならではのすべての行動規範を無視して、この特使を殺害し、副王に、特使を派遣した砂漠の預言者を見つけ出して斬首せよと命じた。他方、ヘラクレイオスはこの手紙の大胆さを呵々《かか》大笑したと言われている。彼は使者を退出させると、その書状をびりびりに引き裂き、以後、一考もしなかったのは明らかだった。

その砂漠の預言者が樹立したイスラームの信奉者たちは、それから一〇年もしないうちにやってきてサーサーン朝ペルシア帝国のほとんどを征服し、世界宗教だったゾロアスター教を滅ぼした。ビザンツ帝国も五分の一にまで縮小されたが、預言者ムハンマドがすでになじんでいたユダヤ教はそのまま残され、ユダヤ人が再びエルサレムに戻り、自分たちの宗教を守ることが許された。三位一体の〈神〉と二神論の〈神〉という二つの一般的な神観に支配されていた世界に挑戦するため、アラビアの荒野から突如現れたイスラームと呼ばれる宗教は、既知の世界からこの両方の信仰を根絶して、それらを彼らの預言者ムハンマドが「唯一神」として心から帰依していたユダヤ人の〈神〉観に置き換えよと迫った。(2)

アラブ人はアッラーを有形の存在だと考えていた

ムハンマド・イブン・アブドゥッラーフ・イブン・アブドゥル・ムッタリブがアラビア半島の都市メッカで生まれたのは、六世紀後半頃と思われる。彼は未亡人の一人息子だった。当時のこの都市の未亡人たちには何の保護もなかった。彼はまだ子どものうちに孤児になり、その頃の社会では孤児は家財のように売り買いされるのが普通であったが、ムハンマド青年は親切な叔父に助けられてその運命を免れ、北はシリア、南はイエメンにいたる隊商交易で細々と暮らしを立てられるようになった。彼の将来が突然開けたのは、二〇代でハディージャという名の年上の女性と結婚し、繁盛していた彼女の隊商ビジネスの采配を振るようになってからである。

だが、比較的裕福で快適な新生活だったにもかかわらず、ムハンマドは自分が育った社会での奴隷に近い生活と、保護のない大衆が金持ちの有力者の利益のために食い物にされやすい社会は何かがひどく間違っているという絶望感を吹っ切れなかった。苛立ちと不満が募るばかりだった彼は、裕福な暮らしを手放し、メッカ渓谷の山中や谷間にこもって、慰めを求めるようになった。夜になると彼は祈りや瞑想を続け、自分が見てきた悲惨さや悲しみに対する答えを天に向かって懇願した。するとある日、天から答えがあった。

伝承によれば、ムハンマドがヒラー山で瞑想していると、目に見えない存在に金縛りにされ、「誦《よ》め！」と命じられたという。この最初の経験から二〇年あまり、ほとんど絶え間なく続いた**アッラー**と呼ぶ神からの預言的な啓示がたまたま集められ、やがて『**コーラン**』〔クルアーン、「暗誦されるもの」という意味〕として知られるようになる。

古代アラブ人はすでに、インド・ヨーロッパ語族の間では「デウス」、ギリシア人の間では「ゼウス」と呼ばれる存在のアラブ版と想定され、アラブ人の万神殿《パンテオン》の位階を着実に上り詰めた神々の中の最高神である空の神アッラーの名はよく知っていた。だが、アラブ人が、アッラーを人格化された神と考えていたか、それとも古代エジプト人やメソポタミア人が宇宙を下支えしていると信じた神的存在の威力のような、一種の抽象的な神霊と考えていたかどうかははっきりわからない。

アッラーというのはつまり、固有名詞ではなく、単に〔英語なら定冠詞のついた〕〝the god〟を意味するアラビア語の**アル・イラーフ**〔〝アル〟はアラビア語の定冠詞〕の短縮形で、**人格**を持った神的存在というよりも神的存在の霊のようなものと見られていた可能性があることを示している。さらに、アッラーは、古代アラブ人の間で認められていた他の大勢の神々と違って、偶像が造られたことが一度もなかったように思われる。するとアッラーが身体的な形を持たないが生気を与える霊のようなものと思われてきたとしてもうなずける。

同時に、アラブ人は、アッラーを天と地の創造者であると信じていたので、神には意志や意図があるものとはっきり思っていた。彼らはアッラーをゼウスと同じように有形の存在で、息子も娘もいると考えた。事実、アッラーの三人の娘――ギリシアの女神アテナと結びつけて考えられるアッラート、メソポタミアの女神イシュタルと関連があるらしいマナート、アフロディテのアラブ版アル・ウッザ――は、アッラーの仲介者として古代アラブ人の心の世界《スピリチュアリティ》に大きな役割を果たしていた。

メッカはあらゆる宗教が混在するコスモポリタン都市だった

いずれにしても、古代アラブ人にとって、毎日の生活で見ることも触れ合うこともできない抽象的な神はほとんど役に立たなかった。アラブ人の万神殿には神々や女神たち、天使や悪魔、精霊《ジン》などがやたらにたくさん祀られていて、それらはみな、砂漠の信奉者たちの特定の求めに役立ち、それらのほとんどすべてが、明らかに人間に対して使う言葉で想定されていた。アラブ人の神々は食べたり飲んだりするし、性交して子どももつくる。衣服を着るし、武器も携行する（女神マナートは二つの鎖帷子《かたびら》を身に着け、二本の剣を携えている）。アッラーを除くこれらの神々の大部分は、人間そっくり（時々ほかの動物の場合もある）の石像が彫られ、それらが祀られているメッカの中心的な聖所であるカアバ神殿を、恩恵や祝福の見返りになる贈り物や犠牲の捧げものを持って、アラブ人がこの地域全土から訪れていた。(3)

だが、ユダヤ教やキリスト教を含む他の宗教の神々を自由に取り入れるのは、多神教の高度に進化した形であった。ユダヤ人の族長アブラハム自身の像も、イエス・キリストや彼の母マリアの像もカアバ神殿の中にあった。実際、大半のアラブ人はこれらすべての神々を、遠く手の届かない存在でありながら、唯一の神とされるアッラーがさまざまな形で姿を顕しているものにすぎないと考えていた。

そういうわけで、ムハンマドがこの同じアッラーを森羅万象の中の唯一神と主張するメッセージを携えてヒラー山から下りてきた時、大きな神学的抵抗は起こらなかった。メッカは活気がみなぎる、宗教的には多元主義的なコスモポリタン都市で、商業・貿易の中心地だった。ここでは、ユダヤ教徒も、キリスト教徒も、ゾロアスター教徒も、ヒンドゥー教徒も、多神教徒も、奇抜な宗教的体験を奨励する環境の中で混じり合って暮らしていた。ムハンマドの一神教宣言も、住民の大半にとって新しくもなければ、ひどく苛立たせるものでもなかった。ムハンマドがアッラーを描写する言葉として使った造物主、王者、人々の支配者、運命の決定者などの言葉も、古代アラブ人がアッラーを描写するときに使っていた語彙《ごい》とほとんど同じだった。

ユダヤ教の影響が非常に大きかったムハンマドの思想

だが、ムハンマドは、アラブ人の宗教体制に二つの重要な刷新をおこなった。それはメッカの既成階級との間に不和を生じさせ、彼の運動をユニークなものにした。その第一は、排他的一神教体制を取り入れることを明確にしたことである。アラブ人がアッラーを森羅万象の中の唯一の〈神〉と信じるだけでは十分ではなかった。彼らは他のいかなる神の存在も否定しなければならなかった。「これ、みなの者、アッラーにお仕え申せ。そのほかにお前たちの神はないのだから」（『コーラン』第七章59節）。

これはアッラーについての新しい考え方であったばかりでなく、既成秩序への直接的な攻撃だっ

図9－1：
ハーフィズィ・アブルー著 Majma al-Tavarikh（歴史集成）より、〝預言者ムハンマドの旅〟の挿絵。（1425年頃）
Metropolitan Museum of Art / CC0 1.0

た。なぜなら、ほかの神々は存在しないと主張することによってムハンマドは、アラビアで知られているすべての神々の信奉者たちに開かれている聖域都市という高い社会的地位が売りもののメッカの経済を、徐々に衰えさせることになったからである。もしほかの神々がいないとすれば、カアバ神殿は必要なくなり、アラビアの宗教的・経済的センターとしてのメッカの高い地位を誇れなくなる。

第二の刷新は、第一のものといくらか関係があるが、ムハンマドがはっきりと、アッラーをユダヤ教の神「ヤハウェ」と同一視したことである。アラブ人はもちろん、「ヤハウェ」のことをよく知っていた。ユダヤ人は、おそらくバビロン捕囚の頃にさかのぼる数百年前からアラビア半島に住みついており、アラブ社会のあらゆるレベルに関与していた。アラブ人は「ヤハウェ」とアッラーとの関連を、とりわけアッラーの造物主としての役割に関しては、多かれ少なかれ認めてさえいた。

だが、ムハンマドは、以下のような主張によって二つの神の間の関係に異なった見方を示した。たとえば、子孫繁栄の約束と引き換えにアブラハムと契約を結んだのはアッラーだった(『コーラン』第二章124‐133節)。燃える柴という形でモーセに顕れ、イスラエル人を解放するためにエジプトに戻れと命じたのもアッラー(同二八章)。悲惨な洪水で世界を荒廃させ、ノアとその家族だけに滅亡を免れさせたのもアッラー(同七一章)。マリアのもとへ天使を送り、彼女がメシアであるイエスを生むことになるという良き知らせを届けさせたのはアッラー(同三章45‐51節)。事実、「トーラー」と「福音書」を授けたのはアッラーである(同五章44‐46節)など。

誤解のないように言うと、ムハンマドは「ヤハウェ」をアッラーに**置き換えた**のではなかった。彼は単純に「ヤハウェ」とアッラーを**同じ**〈**神**〉と見たのである。ムハンマドのメッセージの根幹は、自分はアダム以来、長く続いてきた預言者たちの系列に連なる一人にすぎないという自覚であった。彼自身は、新しい聖典ではなく「以前からある（聖典）の確認」を委ねられたのだ（『コーラン』一二章111節）。「さ、こう唱えるのだ、『我らはアッラーを信じ、我らに啓示されたもの（『コーラン』）とアブラハム、イシュマエル、イサク、ヤコブ、および［イスラエルの一二］部族に啓示されたもの、またモーセ、イエス、並びに彼らの主から啓示されたものを信じます。我らはこれらの人々の間に差別をつけませぬ」（同三章84節）。

　ムハンマドがユダヤ教の神話、ユダヤ人預言者への崇敬、ユダヤ人の聖都エルサレムへの畏敬の念、ユダヤ人の食事や清浄に関する規定をほぼ全面的に取り入れているのを見ると、彼がユダヤ教をかなりよく知っていたことはほぼ疑いない。ムハンマドの考え方にユダヤ教の影響が非常に大きいため、歴史家の中には、キリスト教と同様、イスラームも、独立した宗教として枝分かれする前にはユダヤ教の一派として始まった可能性もあるとまで言う人たちもいた。大多数の学者たちはこの見方を拒否するが、否定できないのは、ムハンマドがアラビアに住むユダヤ人との接触によって大きな影響を与えられていたことである。この影響がもっともはっきり表れているのは、ユダヤ人が〈神〉を唯一無二とする解釈を、ムハンマドが無条件に認めていることである。『コーラン』には力強くこう述べられている。「**これぞ**、アッラー、**唯一なる**神、子もなく親もなく、ならぶ者なき御神ぞ」[4]（同一一二章1‐3節）。

　この声明が重要なものとされるのは、この時点において、宗教思想としてのユダヤ教の唯一絶対《モノセイ》神観《ズム》は、ビザンツ帝国の「三位一体説」によって近東の一方の片隅に押しやられ、他方ではゾロアスター教の二元論によって包摂されつつあったことである。ムハンマドがそれを意識していたかどうかは別として、ゾロアスター教とキリスト教の両方を拒否し（「決して『三』などと言うてはならぬぞ」〔三位一体の否定〕、「アッラーはただ一人の神にましますぞ」と『コーラン』四章171節で警告している）、代わりにユダヤ教の唯一絶対神観をはっきりと支持することによって、唯一無二の人格を持った〈神〉というユダヤ教の未熟な定義に新たな息吹を吹き込んだばかりでなく、結果的には真新しい世界規模の宗教を創設することになった。(5)

偶像崇拝を軽蔑しながら〈神〉を擬人化するという〝矛盾〟

この新しい宗教の中心には、イスラームでは**タウヒード**と呼ばれる複雑な神学的着想にもとづく唯一絶対神観という概念そのものへのリスクを伴う賭けがあった。アラビア語で「一《いっ》にすること」を意味するタウヒードとは、〈神〉の**特異性**の容認と言うよりも、〈神〉の**本質**を説明する言葉である。それは〈神〉は一人しかいないという意味ではない。〈神〉は形においても、本性においても、**一《いっ》なるもの**を意味している。

「神の一体性」を表す言葉としてのタウヒードは、〈神〉が不可分であるばかりでなく、まったく唯一無二であることを要求する。この課題と取り組んだ最初のムスリム神学者の一人アブー・ハニーファ・アッヌマーン（六九九～七六七年）は、アッラーは「他に比べるもののなき一つのもの。造られたもののどれにも似ておらず、造られたもので『彼』に似ているものもない」と書いている。(6)

原則的にこれが意味しているのは、アッラーとその被造物との間には物理的類似性はなく、古代近東に生まれたほとんどすべての創造神話とは違って、『コーラン』は〈神〉が自分の姿に似せて人間を造ったという信仰をはっきりと否定していることである。〈神〉には姿がない。身体がないということは、実体がない、人間あるいはその他のいかなる形態の姿もないということだ。

一見すると、ムハンマドはアッラーを意識的に非人格化しようとしていたように思われる。確かに彼の偶像崇拝に対する軽蔑はよく知られていた。メッカを征服したあと、彼が自分の新しい宗教の名を掲げて最初にとった行動は、カアバ神殿からすべての偶像を運び出し、粉々に破壊したことであった。

だが、『コーラン』は〈神〉を擬人化した描写で満ち満ちている。アッラーは「その手に人間らしさを保持し」、「すべてが見える目」と顔——「汝らいずこに顔を向けようとも、必ずそこにアッラーの御顔がある」(『コーラン』二章115節)などだ。『コーラン』はまた、アッラーを、もしタウヒードの教義を厳格に受け止めるなら人格はないはずである神的存在に対し、その人格を造り出すことになるたくさんの人間的特質や属性を表す言葉——アッラーの美称と呼ばれることがある——で表現している。

アッラーはどんな存在であると思われているか、アッラーは『コーラン』の中でどう描写されているかについて、矛盾していると思われる描写に対するわかりやすい説明は、そのような描写を比喩的なものとして読み、〈神〉の身体の文字どおりの描写だと思わないようにすることである。そうでないと、タウヒードの原則にそむくことになる。

〈神〉の創造力と〈神〉の一体性をどう一致させるか?

問題は、多くのムスリムが『コーラン』をそのように読んでいないことである。アブー・ハニーファも明らかにそうしていなかった。スンナ派イスラームの四つの主要な法学派の一つの創始者としての彼は、『コーラン』の解釈の前例として、字義どおりでない読み方をしそうになることを厳しく戒めた。実際、イスラームのどの法学派もほとんどが『コーラン』の中の〈神〉の言葉は文字どおりに受け取らなくてはならないと主張している。つまり、タウヒードが要求しているように、〈神〉が不可分であるならば、彼の言葉もまた、彼と不可分であるはずだ。〈神〉は彼の語る言葉**そのものである**。それゆえ、彼の言葉は永遠にして神聖、不変であり、〈神〉ご自身がそうであるように変えられない。だから、『コーラン』にアッラーの手、目、顔という言葉があったとすれば、それはアッラーには文字どおり手や目や顔があったに違いない。そのような見解を理解するのに必要な、神学的に複雑な問答は気にかけなくてよい(アッラーの手は二本しかないのか? 何で三本とか、あるいは一〇〇〇本とかではないのか? 二本ではアッラーのあらゆるものを含む力の発揮を抑制したり、制限したりすることにはならないのか、など)。

アブー・ハニーファの精神的後継者で、イスラーム思想のもっとも有力な伝統主義的学派の創始者だったアブー・アル・ハサン・アル・アシュアリー(八七四~九三六年)が論じているように、アッラーには顔がある、なぜなら『コーラン』にそう書いてあるからだということになる。そのような文字どおりの読み方が、たまたまタウヒードや、宗教としてのイスラームが基盤としている教義の根幹と矛盾するとしても、それはそれで致し方ない(7)。

これらのムスリム神学者たちの見解――そして今日まで彼らの教えに従っている大多数のムスリムの立場は、神的存在を人格化しようとする私たちの生来の斬新的な衝動がいかに不変なものかを証明しているばかりでなく、イスラームの〈神〉の定義の核心についてのパラドックスを顕わにしている。なぜなら、もし〈神〉が実際に特質や属性を持っているならば、そして「〈神〉の一体性」の概念が要求するような、〈神〉が不可分であることが事実であるならば、〈神〉とそれらの特質や属性は不可分であることを意味する。もし〈神〉が時を超えて存在するものならば、〈神〉の属性は永遠不変で、それらはまた、常に〈神〉と共に存在するはずである。さもなければ、それらの属性は〈神〉とは別々のものになり、タウヒードにそむくことになる。アブー・ハニーファでさえ、その程度のことは認めざるを得なかった。「知識が永遠の特質であるならば、彼はその知識によって認識し、彼の力が永遠の特質であるならば、彼はその力によって、『全能』であり、彼の創造力が永遠の特質であるならば、彼はその創造力によって創造的な仕事をする」。

アブー・ハニーファの言う最後の属性――〈神〉の創造力――には、このパラドックスがもののみごとに顕れている。問題点はかなりわかりやすい。もし〈神〉が不可分であり、しかも〈神〉は造物主であるとすれば、造物主と被造物との間に境界はないはずだ。両者は必然的に一つであり、同じものではないのか？

この問題は、預言者ムハンマドがメッカで最初の伝道を始めた瞬間から、全イスラーム教徒を当惑させてきた。だが、はっきり言えば、イスラーム学者の大半はこの問題点を敢えて無視してきたのである。事実、そのような神学的懸念は、イスラームの有識者階級から単なる〝たわごと〟として片づけられることが多かった。この言葉をアラビア語の神学では「**カラーム**」あるいは、〝ものを言う〟という意味で使うが、イスラーム全史を通じて、神学的難問を論じ合おうとするムスリムたちはしばしば、「**アフル・アル・カラーム**」すなわち〝たわごとを言う人たち〟として、はねつけられてきた。これが数百年にわたってイスラーム思想が神学問題ではなく、法的問題に圧倒的に焦点を当ててきた理由である。

だが、スタート時点から、たくさんのムスリム思想家たちが、〈神〉の創造力と〈神〉の一体性をどう一致させるかという基本的な問題点について、公の場で取り組んできた。そうした行動の中で、これらのムスリムたちは伝統的に頑固なイスラーム神学を面前にしてその復活を図るだけではなく、**スーフィズム**と一般に呼ばれるまったく新しいイスラーム神秘主義分派を生み出した。

伝説になっているルーミーとシャムスの邂逅

伝説的なスーフィーで愛の詩人ジャラールッディーン・ルーミーと、彼の友人であり、精神面での導師であり、ルーミーのたくさんの詩が捧げられているシャムス・タブリーズィとの邂逅についてはたくさんの物語が伝えられている。この二人の男は、スーフィズムのもっとも祝福された友人関係を形成し、それを保ってゆくことになる。シャムスはやがて聖人に列せられ、ルーミーは周知のように史上最高のスーフィーになり、「わが師」を意味する「マウラーナー」というシンプルな一語で世界中に認められるようになる。だが、一二四四年、二人が初めて出会った日のルーミーはまだ、世に知られていない学者の一人にすぎず、現在のトルコのコンヤの町の〝ターバンを巻く階級〟〔身分の高さを表す〕の一人だった。シャムスは野育ちの放浪修行僧で、そのあちこち巡回する風情は「鳥」とからかわれていた。

ルーミーとシャムスの邂逅《かいこう》は伝説になっている。ほとんどのスーフィーの伝記と同様、それらは歴史としてではなく、隠れた真実を顕わにするための比喩として読むべきであろう。物語の版によっては、ルーミーが池のそばに一人で座って本を読んでいるところへシャムスがたまたまやってきたという。

「何をしているのかね？」とシャムスが尋ねる。

ぼろをまとった薄汚い旅人が自分の前に立っているのをちらりと見たルーミーは、その男が放浪農民かと思って、

「お前には分からないようなことさ」と答える。

物語の版によって異なるが、その瞬間、ルーミーの手にした書物が燃え上がるか、膝から飛び出すかして池に落ちた。いずれの場合も書物は奇跡的に無傷だった。

「何てことだ？」とルーミーはこの奇跡を見て叫んだ。

「お前には分からないようなことさ」とシャムスは答える。

あまりよく知られていないが、この物語のシャムス自身が語ったものと言われているもっと平凡な版では、馬に乗ってコンヤのマーケットを通り過ぎようとしていたルーミーが、彼の前に踏み込んで行く手を遮った。だが二人の邂逅の物語が池のほとりであろうと、マーケットであろうと、終わりはみな同じである、シャムスはルーミーにもう一人のスーフィー神秘主義者でとうの昔に亡く

なっている通称バーヤズィードこと、タイフル・アブー・ヤズィード・アル・バスターミーについてどう思うかと尋ねるのである(8)。

スーフィーの導師が叫んだ「われに栄光あれ！」をどう解釈するか？

八〇四年頃、イラン北東部のバスタームの町に生まれたバーヤズィードは、アラブ人のペルシア侵攻とサーサーン朝ペルシア帝国の六五一年の崩壊からそれほど時が経たないうちにイスラームに改宗したゾロアスター教徒司祭階級の家族の出身である。ハナフィー派の正式教育を受け始めた彼は、タウヒードについての神学、「神の一体性」という概念、〈神〉の永遠の属性についての謎などに心を奪われた。

こうした疑問のうち、いくつかはバーヤズィードを悩ませ、納得できない気持が強まった。彼は正式教育を捨て、これまでどの派でも教えられていなかった〈神〉ともっと親密になる体験を自ら探し求めることにした。やがて彼はサフル・アル・トゥスタリーという名のペルシア人神秘主義者の率いるスーフィー教団の影響を受けることになる。

精神運動としてのスーフィズムは、考え方の相違によるグループ化を許さなかった。その主要関心事は〈神〉に直接接近するにはどうしたらよいかという点である。スーフィーが昔ながらのイスラーム法や神学への関心をすげなく振り払い、神的存在との直接体験を選ぶ理由はそこにある。スーフィーは『コーラン』を字義どおりに読むべきか、比喩的に読むべきかについて議論することには関心がない。彼らの論議はそれとは違い、『コーラン』には明らかに二層の意味があるという点

図9－2：
ルーミーとシャムスの邂逅。ムハンマド・ターヒル・スフラワルディーの二つ折り判稿本『伝記集』より。
Topkapi Palace Museum / Wikimedia Commons / public domain

にある。一つは外側の層で、すべてのムスリムは聖典を読み、自分でそれを解釈することを通じて簡単にアクセスできる。もう一つの秘密の隠れた層は選ばれた少数者だけが、生涯をかけた祈りと瞑想から生まれるある種の直観的な知識を通じてのみ理解することができる。外側の層は、信者が〈神〉について学ぶことに役立つが、隠れた層は信者が〈神〉を知ることに貢献する。

バーヤズィードをこのスーフィー教団に導いたのは、まさに〈神〉を知りたいというこうした願望だった。バーヤズィードは、タウヒードの概念の中に隠されていると自分が思っていた秘密の真理を解き明かそうと昼も夜も懸命に瞑想に耽った。するとある日、彼を深奥から揺すぶるようなことが起きた。彼は椅子から飛び上がり、忘我状態で叫んだ。「われに栄光あれ！　わがよろこびは何と果てしなく大きいことか！」

こうした言葉を聞いた人たちに対し、バーヤズィードはもっとも衝撃的な異端の言葉を口に出した。彼は、他でもない、自分自身を〈神〉だと言ったのである。実際、そのような声明は、似たような陶酔状態の発言をする傾向のあることから「酔っぱらったスーフィー」と呼ばれることもあるスーフィー神秘主義者教団の中では珍しいことではなかった。バーヤズィードの師アル・トゥスタリーはかつて自分自身を「私は神の証《あかし》である」と言ったことで有名になっていたし、彼の兄弟弟子マンスール・アル・ハッラージュは、「我は真理（神）なり！」と叫びつつバグダードの街路を走り抜けたことで磔刑に処せられた[9]。

だが、多くのムスリムがこうした「酔っぱらったスーフィー」は神的存在との関わりを持っていると見做す一方で、シャムスのようなスーフィーは、そのような声明が現実のありのままの姿についてのもっと驚くべき、重大な宣言を秘めていると考えていた。実際のそれは、バーヤズィードや、アル・トゥスタリー、アル・ハッラージュらがそれぞれの言葉で言っていることを直観的に理解する能力――スーフィズムへの一種の入門儀式とされている現実の認識であった。シャムスがルーミーとの邂逅で、バーヤズィードの声明について尋ねたのはそのためである。「われに栄光あれ」と彼が叫んだ時、このスーフィーの導師はどういう意味で言ったのか？

多くの神秘的な問いかけと同様、シャムスの質問への答えは不適切である。シャムスはルーミーに門弟の一人になる価値があるかどうか値踏みしていたにすぎない。この物語のいくつかの版では、ルーミーは返事をしようとさえしていない。彼は単に失神するか、忘我状態になるか、シャムスの目をじっと睨みつけるかし、二人の間にだけ共有されているように見える秘密に呆然としていただけだ。大事なのは、この質問に隠された真実である。なぜなら、バーヤズィードがどういう意味で言っているのかを問うことによって、シャムスはまったく別の疑問、「神とは何か？」を尋ねているからである。

この疑問は、そもそもの始まりから神的存在を理解しようとする人間の探求心の深奥にあった。〈神〉は、先史時代の私たちの祖先が信じていたように思われる、すべてのものを結びつけ、それに生命や生気を与える力なのだろうか？　あるいは、一部のギリシア哲学者たちが言っていたような、森羅万象に充満する目に見えない力なのか？　それとも、外観は人間のように見え、行動する人格化された神なのか？　あるいは〈神〉は文字どおり人間なのか？

答えは何であれ、〈神〉とは何かという疑問は数十万年にわたって信仰者にとっても不信仰者にとっても、とこしえの関心事だった。その問いそのものが、すべての文明を築き上げる道を拓きもすれば、崩壊させもしてきた。平和と繁栄の先導もしたが、戦争や暴力を誘いもした。

だが、今や厳格な形の唯一絶対神観《モノセイズム》に執着することによって推進され、急進的な命題を提示する神秘主義者教団が出現した。造物主との一体性を理解する唯一の方法は、すべての被造物の一体性を容認することである。換言すれば、もし〈神〉が一《いっ》なる存在であるなら、〈神〉はあらゆるものに遍在しているはずである。

〈神〉は全存在であり、全存在がすなわち〈神〉である

この概念を表す言葉であるワフダト・アル・ウジュード、もしくは「存在一性論」という造語の作り主は、史上最高の哲学的知性の持ち主であるムヒッディーン・イブン・アル・アラビー（一一六五～一二四〇年）だった。スーフィーの神的存在の概念の確固とした哲学的基盤を提供したいと思っていたイブン・アル・アラビーは、タウヒードの教義に見られる根本的な欠陥への取り組みに着手した。もし初めに、〈神〉のほかに何もなかったのなら、〈神〉は自分自身からそれを造り出さない限り、どうやって何かを造り出すことができたのか？　さらに、もし〈神〉が自分自身から被造物を造り出したとすれば、〈神〉を造物主と被造物に分けることになり、一《いっ》なる〈神〉という概念にそぐわないのではないか？

この問題に対するイブン・アル・アラビーの解決策は、シャムスやバーヤズィードのようなスーフィーがずっと言ってきたことだった。つまり、もし〈神〉が不可分な存在であるならば、〈神〉

ではないものは存在するようになるはずがない。森羅万象の中に存在するすべてのものは、〈神〉と共存という形でしか存在しないのならば、少なくとも、造物主と被造物は、まったく同じもので、永遠にして、区別できない、**分離不可能な**本質を共有しているはずである。それゆえ、〈神〉は、その本質において、すべての存在の総和であるはずだ。[10]

するとこれが、シャムスがルーミーに尋ねた質問への答えになる。バーヤズィードが「われに栄光あれ」と言った時に、彼が意味していたこともこれだ。トゥスタリーが自分自身を「〈神〉の証《あかし》」と呼んだ理由もそこにある。これらのスーフィーたちは自分が神的存在であると主張しているのではなかった。彼らは神的存在との**合一**を主張していたのだ。実際、ほとんどのスーフィーにとって、キリスト教徒の過ちは、〈神〉を一人の人間に変容させたことによって、〈神〉の不可分の本性を冒瀆したことにあるのではなく、〈神〉はたった**一人**の、他に類例のない特定の人間であると信じることにあった。スーフィズムによれば、もし〈神〉が本当に不可分であるならば、〈神〉は全存在であり、全存在がすなわち〈神〉である。

そうだとすれば、私たちはようやく一神教の体験結果の避けがたい終点に到達する。バビロン捕囚以後のユダヤ教で定義され、ゾロアスター教の二元論やキリスト教の三位一体論では認められなかったがスーフィーのタウヒードの解釈で復活した唯一無二の、人間ではない、不可分の造物主である〈神〉へのかなり近年になってからの信仰によれば、〈神〉は存在するすべてのものの造物主なのではない。

〈神〉は存在するすべてのものに**遍在しているの**だ。[11]

終章　万物の創造を司る「一《いっ》なるもの」

創造神話の聖書版では――というよりも、二つある聖書版創造神話のうちのヤハウィスト版であるが――〈神〉はアダムとイヴを自分自身の姿に似せて造り、エデンの園に彼らを住まわせ、「園のどの木からでも取って食べなさい。ただ、善悪の知識の木からは、取って食べてはいけない。取って食べると必ず死ぬことになる」という短い命令を与えただけであとは自由にさせた。

だが、〈神〉の被造物の中でもっとも悪賢い蛇は二人に別のことを言った。「いや、決して死ぬことはない。それを食べると目が開け、**神のように**善悪を知る者と**なる**ことを、神は知っている」。

男と女は禁断の木の実を食べたがどちらも死ななかった。蛇の言うことは正しかったのだ。〈神〉は二人が天国の庭に入ることを仕方なく認める。「人は**我々の一人のように**善悪を知る者となった。さあ、彼が手を伸ばし、また命の木から取って食べ、永遠に生きることがないようにしよう」。

そこで〈神〉はアダムとイヴをエデンの園から追い出し、男も女も決して戻れないように、エデンの園の門前にきらめく剣《つるぎ》の炎を持った天使を置かれた。

キリスト教徒からスーフィーにたどり着くまでの旅路

子どもの頃、この物語を読んだ私は、自分もまた、アダムとイヴみたいに罰せられないように、この話を神の命令に背くなという警告と受け止めた。今の私には、アダムとイヴはきっと、〈神〉に背いたからではなく、〈神〉になろうとしたから罰せられたのではないかと思われる。この古代の民話は、もしかしたら、もっと深い真理を秘めているのではないだろうか。有史以前の私たちの祖先は、それを直観的に理解していたように思われるが、昔の純粋なアニミズムから今日の厳格な宗教的教義に移行してしまった私たちは、〈神〉は自分に似せて私たちを造ったのではなく、また私たちも単純に自分たちに似せて〈神〉を造ったのでもなかったことを忘れてしまっている。私たちはむしろ、（〝〈神〉の〟）外観ではなく、**本質**において〈神〉のこの世の**化身**なのである[1]。

　宗教学者としても、また一人の信仰者としても、ずいぶん長い、明らかに遠回りの心の旅路をたどってきた私は、ある時、突然、そうした悟りの境地にゆきついた。実際、私が本書の中で大筋を述べてきた人間の心《スピリチュアリティ》の世界の歴史は、〈神〉を、超能力を持った老人のように思っていた私の子ども時代から、〈神〉を完全な人間と想定する敬虔なキリスト教徒になり、やがてそれも否定して、純粋な一神教を信奉するムスリムの宗教学者に転向したあと、唯一無二、永遠で、不可分の〈神〉という判断の正当性を信じる唯一の手段は、造物主である〈神〉とその被造物のあいだの境界を取り払うしかないと考えるイスラーム神秘主義者（スーフィー）にたどり着くまでの私自身の信仰の旅路をそのまま反映している。

原初的なアニミズムや仏教にも通じる「汎神論」

　神的存在のこうした概念を、現代語では「〈神〉はすべて」あるいは「すべては〈神〉」を意味する「汎神論《パンセイズム》」と呼んでいる。この単純極まりない表現形式でいう汎神論とは、〈神〉と森羅万象はまったく同一のものである――したがって〈神〉の必然的存在以外には何一つ存在しないと信じることである。汎神論説をとる哲学者マイケル・P・リーヴァインは、「〈神〉以外に何もないのであるから、実質的に〈神〉と関わりのないものも何一つない」と述べている。換言すれば、私たちが世界と呼んでいるものと〈神〉と呼んでいるものは、独立した別個のものではない。むしろ、世界は〈神〉の自己顕現である。それでこそ〈神〉の本質が現実のように体験される。(2)

〈神〉を、たくさんの色を屈折させるプリズムを通して出てくる光のようなものと考えてみよう。個々の色はそれぞれ異なっているように見えるが、実際にはそれは同じものである。それは同じ本質を持っている。その源《みなもと》も同じである。こうした方法をとれば、表面的には別個のもののように見えるものが、事実上は、一つの現実となる。その現実を私たちは〈神〉と呼ぶのである。(3)

これは本来、有史以前の私たちの祖先が信じていたものである。原初的なアニミズムは、すべてのもの――生きているものであろうとなかろうと――は、一つの重要な本質、言うなれば、一つの**霊魂**を共有しているという信仰が根拠になっている。古代メソポタミア人に自然界を構成する基本要素の神格化を促したのも同じ信仰だった。彼らがそれらの構成要素を個々別々の神々に変形し始めたのはずっとあとのことだ。原初のエジプト人の信仰の中心にも、神々と人間の両方に顕れる神的存在の威力への信仰があった。ギリシアの哲学者たちが言う〝唯一神〟も、すべての被造物を司る唯一の統合された原理を意味していた。こうした信仰体系のすべてを、万物の総和としての汎神論的神観の異なった表現と見做すことができる。

私はスーフィズムを通して汎神論にたどり着いた。だが、ほとんどの宗教的伝承においても同じ信仰があることが見受けられる。汎神論は、ヒンドゥー教にも、『ヴェーダ』〔バラモン教聖典〕や『ウパニシャッド』〔サンスクリット語で書かれたヴェーダの関連書物〕の双方にも見られるが、とくにヴェーダーンタ学派の伝承では、ブラフマン（究極の不変の現実）のみが絶対的で、それ以外のものすべてはまぼろしであるとされる。「〈神〉とは、存在するすべてのものを指す」。仏教の教義においても、世界とそこにあるすべてのものは仏陀のさまざまな様態にすぎず、すべての現象は一つの現実の中に実在する。偉大な禅僧道元（一二〇〇～一二五三年）によれば、「現存するものすべては仏陀のありのままの姿である」。それは道教《タオイズム》にも深く定着しており、存在するすべてのものの根底には神的存在の原理が提示されているという。「〔道《タオ》〕のないところはない……『道』なしに何一つ存在しない」と、紀元前四世紀の中国の哲学者で道教の始祖の一人、荘子は言っている。(4)

ユダヤ教の伝統に基づく神秘主義思想やツィムツームもしくは〝神的存在の縮小〟――〈神〉は、有限な世界が存在する空間を準備するために、みずから無限の本質を「縮小」させたと信じることによっても、汎神論の論理にたどり着ける。神を人格化した典型的な宗教であるキリスト教でさえ、マイスター・エックハルトのような神秘主義思想家の著書の中に、「神は在《い》ます。すべての存在は彼から直接生まれたものです」という汎神論的傾向を見出すことができる。(5)

汎神論に行き着くには宗教を通す必要はまったくない。むしろ哲学を通してのほうが早道である。事実、西欧社会に汎神論を広めたとされる合理主義哲学者ベネディクトゥス・スピノザ（一六三二～一六七七年）は、無限の特質を表す森羅万象の中に唯一の〝実体〟があるとすれば、その実体は

〈神〉と呼ばれようが、「自然」と呼ばれようが、それは唯一、不可分の現実として存在しているはずであるという(6)。

あるいは〈神〉をまったく無視し、科学知識をもとに、自然界を単純にエネルギーと物質という二つの不可分なものから成る一体と見てみよう。すると、今日、存在しているものはみな、これまでずっと存在していたのであり、森羅万象自体が存在する限り、これからもずっと存在し続けるであろうことは不変の事実だとわかる。

「自分の魂《こころ》を知る者は自分の創造主《ロード》を知る」

いずれにしても、この根本的な真理は依然として変わらず、「多即一」、「一即多」である。問題はこの「一《いっ》なるもの」をどう捉えるかで、それは個々人の決断にかかっている。それはどう定義され、どう経験されるべきなのか。

私や数えきれないほど多くのほかの人たちが、この「一《いっ》なるもの」を〈神〉と呼ぶ。だが、私の信じる〈神〉は個別化された〈神〉ではない。それは**非人格化された**〈神〉である。物質的な形がなく、名もなく、本質も、人格もない、純粋な存在である〈神〉だ。

私が〈神〉についてこのように語る時はしばしば、アクエンアテン、ザラスシュトラ、クセノファネスなど、ほとんどすべての宗教改革者が神的存在を非人格化しようとしたときに直面したのと同じような、否定的な反応の挑戦を受ける。人々は人間的な特徴、属性もしくは願望や欲求のない〈神〉とどう心を通わせたらよいのかさっぱりわからない。そのような〈神〉とどうしたら有意義な関係を形成することができるのだろうか？　何しろ、私たちはすでに見てきたように、〈神〉を、人間を表す言葉で概念化するよう進化の過程で順応してきた。それは私たちの脳の機能がそうなっているからで、こうした人格化したい衝動を何とか払拭しようとした人たちが意図的にたいへんな努力をしてきた理由はそこにある。

だが、もしかしたら、私たちが〈神〉を自分自身の神的存在部分の反映と考えたい認知的動機を持っている理由は、突き詰めれば、私たちは、**だれもがみな**、〈神〉そのものであるためだという可能性を考慮に入れるべきなのかもしれない。おそらく、私たち自身と〈神〉との関係を形成しようと試みるよりもむしろ、既に存在しているその関係を十分に知るべきではないだろうか。

私は、〈神〉と私との間にあると想像していた隔たりを、信仰や学問的知識、場合によってはその両方を通して埋めることに自分の心の旅路の大半を費やしてきた。今の私は、自分と〈神〉との間の区別はないのだから、したがって隔たりもないと信じている。究極的実在としての私は、間違いなく〈神〉の仮姿である。私たちはみな、そうなのだ。

信仰者、そして汎神論者としての私は、不安やおののきを通してではなく、森羅万象の営為《いとなみ》への畏怖と驚嘆ゆえに〈神〉を崇拝している。なぜなら、森羅万象は〈神〉だからである。私が〈神〉に祈るのは、何かを求めるためではなく、〈神〉と一体化を願って祈るのである。人類が最初に善と悪の知識を獲得するのを怖れた「創世記」の〈神〉が言う善と悪の知識とは、抽象的思考による善悪の知識ではなく、自分の信念に基づいた選択肢であると私は認識している。私自身の信念に基づいた選択肢は、永遠の罰を受ける恐怖でもなければ永遠の報奨を受けたいという期待に根差したものでもない。私はこの世とそこにあるすべての存在を神的存在として受け入れ、だれにでも、どんなものにでも、それがあたかも〈神〉であるかのように対応する。それらはみな、〈神〉そのものであるからだ。そして私が〈神〉を本当に知る唯一の方法は、私が本当に知ることができる唯一のもの、**自分自身**を拠《よ》り所《どころ》とするほかないと理解している。イブン・アル・アラビーが言っているように、「自分の魂《こころ》を知る者は自分の創造主《ロード》を知る」からだ。

魂への信仰は〈神〉への信仰よりもはるかに古い

本書がその始まりと同様、魂《こころ》の話で終わるのは決して偶然の一致ではない。それをあなたの好きな言葉で呼んでもらっていい。ギリシア人なら**プシュケー**（心）、ヘブライ人なら**ネフェシュ**（魂）、中国人なら**楚辞**《チューツー》（楚の精神）、インド人なら**ブラフマン**（世界の根本原理）。それを「仏性」もしくは**プルシャ**（**霊魂**）と呼んでもいい。実体としては心と同じもの、あるいは森羅万象と共存しているものと考えてもいい。死後に〈神〉と再統合する、あるいは魂が別人の身体に入ると想像してもよい。あなたならではの本性の中枢、あるいは被造物すべての根底にある特定の個人とは関係のない力としてそれを感じ取ってもいい。あなたがそれをどう定義しようと、肉体とは別個の魂への信仰は人間の普遍的特質である。それは私たち人間が持つ**最初の**信仰で、〈神〉への信仰よりもはるかに古くから見られる。その信仰が〈神〉への信仰を生み出したのである。

子どもの「知」の獲得過程についてのたくさんの研究によれば、〝実体二元論〟――肉体と魂《こころ》は形も働きも明らかに異なるという信仰――を好む本能的性向があることが証明されている。それは、私たちが単なる肉体以上のもの――教えられたのではない、強制されたのでもない、命令されたのでもない、生まれ持った感覚で感知する世界に入ることを意味する。こうした魂《こころ》への生まれ持った信仰を、対象が人間であろうとなかろうと同じように、他者にも適用しようと促すある種の認知プロセスがある。だが、魂《こころ》への信仰に関して、簡単に言えば、私たちは生まれながらの信仰者なのである。(7)

私たちが信仰者であり続けるか否かは、繰り返しになるが、一つの選択にすぎない。人間に普遍的な魂《こころ》を、考え違いや間違った推論から生まれたもの、心に浮かぶ錯覚、進化の過程での偶然のいずれかだと見ることもできる。実際、人は何でも、ビッグ・バンであろうと、時空間分布であろうと、質量とエネルギーのバランスであろうと、すべて単なる原子の偶然のぶつかり合いにすぎないと信じることもできる。

天地創造はおそらく、もっとも基本的な物質とエネルギーの属性を、理由も意味も目的もなく明確に反映するにすぎない物理的プロセスを通して生まれてきたのであろう。森羅万象とその中に含まれるあらゆるものの存在の、これほどもっともらしい説明はない。実際には、あなたと私、そのほかのすべてのヒト、おそらくすべての物《モノ》に潜む魂《こころ》をつなぎ合わせ、生命を吹き込む生き生きとした霊《スピリット》は、証明するのは不可能だが、久遠の昔から今に至るまで確かに存在している。

そこで選択していただきたい。

〈神〉を信じるか否か。〈神〉をどう定義するかはあなた次第だ。どちらにしても、人類の祖先とされるアダムとイヴの神話の教訓を胸に、禁断の木の実を食べたらよい。〈神〉を恐れる必要はない。
あなたは〈神〉の仮姿なのだから。

謝　辞

本書の刊行およびその他の私の日常活動の大半は、妻ジェシカ・ジャクリーの尽きることのない支援の賜物である。彼女は運命の人であるだけでなく、人生最上の友であり、パートナーである。この本は、友人で同僚でもあるイアン・ウェレット博士の支援がなかったら生まれなかったであろう。彼の緻密な学術調査と、神的存在の本質をめぐる彼との深夜のおしゃべりがなかったら、本書を完成させ、世に出すことは出来なかった。

本書のための更なる調べものに手を貸してくれたのはサファー・サメイザード＝ヤズドとジョセフ・ラーナーである。いつものことながら、私の敏腕の著作権代理人エリス・チーニと、編集者のウィル・マーフィー、ヒラリー・レドモン、ランダムハウスの疲れ知らずの広報担当者ロンドン・キングに感謝したい。

参考文献

Abadía, Oscar Moro, and Manuel R. González Morales. "Paleolithic Art: A Cultural History." *Journal of Archaeological Research* 21 (2013): 269–306.

Adovasio, J. M., Olga Soffer, and Jake Page. *The Invisible Sex*. New York: HarperCollins, 2007.

Albright, William Foxwell. "Jethro, Hobab, and Reuel in Early Hebrew Tradition." *Catholic Biblical Quarterly* 25/1 (1963): 1–11.

Allam, Schafik. "Slaves." Pages 293–96 in *The Oxford Encyclopedia of Ancient Egypt*. Edited by Donald Redford. Oxford: Oxford University Press, 2001.

Anonymous. *Cultus Arborum: A Descriptive Account of Phallic Tree Worship, with Illustrative Legends, Superstitions, Usages, &c., Exhibiting Its Origin and Development Amongst the Eastern & Western Nations of the World, from the Earliest to Modern Times; with a Bibliography of Works Upon and Referring to the Phallic Cultus*. London: privately published, 1890.

Anthes, Rudolf. "Egyptian Theology in the Third Millennium B.C." *Journal of Near Eastern Studies* 18/3 (1959): 169–212.

Arapura, J. G. "Transcendent Brahman or Transcendent Void: Which Is Ultimately Real? " Pages 83–99 in *Transcendence and the Sacred*. Edited by A. M. Olson and L. S. Rouner. Notre Dame, Ind.: University of Notre Dame Press, 1981.

Archer, W. G. "Review: *Four Hundred Centuries of Cave Art* by Abbé H. Breuil." *Burlington Magazine* 95/607 (1953): 343–44.

Armitage, Simon, et al. "The Southern Route 'Out of Africa': Evidence for an Early Expansion of Modern Humans into Arabia." *Science* 331/6016 (2011): 453–56.

Arnold, Bettina, and Derek B. Counts. "Prolegomenon: The Many Masks of the Master of Animals." Pages 9–24 in *The Master of Animals in Old World Iconography*. Edited by Derek B. Counts and Bettina Arnold. Budapest: Archaeolingua Alapítvány, 2010.

Aslan, Reza. "Thus Sprang Zarathustra: A Brief Historiography on the Date of the Prophet of

Zoroastrianism." *Jusur* 14 (1998–99): 21–34.

———. *No god but God: The Origins, Evolution, and Future of Islam*. New York: Random House, 2005.

レザー・アスラン著『変わるイスラーム　源流・進展・未来』白須英子訳、藤原書店、2009

———. *Zealot: The Life and Times of Jesus of Nazareth*. New York: Random House, 2013.

同『イエス・キリストは実在したのか?』白須英子訳、文藝春秋、2014

Assman, Jan. *The Mind of Egypt*. New York: Metropolitan, 1996.

———. *The Search for God in Ancient Egypt*. Translated by David Lorton. Ithaca and London: Cornell University Press, 2001.

———. *Of God and Gods: Egypt, Israel, and the Rise of Monotheism*. Madison: University of Wisconsin Press, 2008.

———. *From Akhenaten to Moses: Ancient Egypt and Religious Change*. Cairo: American University in Cairo Press, 2014.

Astour, Michael C. "Yahweh in Egyptian Topographic Lists." Pages 17–19 in *Festschrift Elmar Edel* in *Ägypten und Altes Testament*. Edited by Manfred Görg. Bamberg, Germany: Görg, 1979.

Atlas, S. "The Philosophy of Maimonides and Its Systematic Place in the History of Philosophy." *Philosophy* 11/41 (1936): 60–75.

Atran, Scott. *In Gods We Trust: The Evolutionary Landscape of Religion*. New York: Oxford University Press, 2002.

Atwell, James. "An Egyptian Source for Genesis." *Journal of Theological Studies* 51/2 (2000): 441–77.

Aubert, Maxime, et al. "Pleistocene Cave Art from Sulawesi, Indonesia." *Nature* 514 (2014): 223–27.

Bahn, Paul. *The Cambridge Illustrated History of Prehistoric Art*. Cambridge: Cambridge University Press, 1998.

Bahn, Paul, Natalie Franklin, and Matthias Strecker, eds. *Rock Art Studies: News of the World IV*. Oxford: Oxbow Books, 2012.

Baines, John. "Kingship, Definition of Culture, and Legitimation." Pages 3–48 in *Ancient Egyptian Kingship*. Edited by David O'Connor and David P. Silverman. Leiden: Brill, 1995.

Bandstra, Barry. *Reading the Old Testament: Introduction to the Hebrew Bible*. 4th ed. Belmont,

Calif.: Wadsworth, 2009.

Banning, E. B. "The Neolithic Period: Triumphs of Architecture, Agriculture, and Art." *Near Eastern Archaeology* 61/4 (1998): 188–237.

Barkley, Russell A. *Executive Functions: What They Are, How They Work, and Why They Evolved.* New York: Guilford Press, 2012.

Barks, Coleman. *The Essential Rumi.* New York: HarperOne, 2004.

Barrett, Justin L. "Cognitive Constraints on Hindu Concepts of the Divine." *Journal for the Scientific Study of Religion* 37 (1998): 608–19.

———. "Theological Correctness: Cognitive Constraint and the Study of Religion." *Method and Theory in the Study of Religion* 11 (1998): 325–39.

———. "Exploring the Natural Foundations of Religion." *Trends in Cognitive Sciences* 4/1 (2000): 29–34.

———. *Why Would Anyone Believe in God?* Lanham, Md.: Altamira Press, 2004.

———. "Cognitive Science, Religion and Theology." Pages 76–99 in *The Believing Primate: Scientific, Philosophical, and Theological Reflections on the Origin of Religion.* Edited by J. Schloss and M. Murray. Oxford: Oxford University Press, 2009.

———. *Born Believers: The Science of Children's Religious Belief.* New York: Atria Books, 2012.

Barton, C. Michael, G. A. Clark, and Allison E. Cohen. "Art as Information: Explaining Upper Palaeolithic Art in Western Europe." *World Archaeology* 26/2 (1994): 185–207.

Barua, Ankur. "God's Body at Work: Rāmānuja and Panentheism." *International Journal of Hindu Studies* 14/1 (2010): 1–30.

Bar-Yosef, Ofer. "The PPNA in the Levant—An Overview." *Paléorient* 15/1 (1989): 57–63.

Bausani, Alessandro. "Theism and Pantheism in Rumi." *Iranian Studies* 1/1 (1968): 8–24.

Bégouën, Robert, and Jean Clottes. "Les Trois-Frères after Breuil." *Antiquity* 61 (1987): 180–87.

Bégouën, Robert, Carole Fritz, and Gilles Tosello. "Parietal Art and Archaeological Context: Activities of the Magdalenians in the Cave of Tuc d'Audoubert, France." Pages 364–80 in *A Companion to Rock Art.* Edited by Jo McDonald and Peter Veth. London: Chichester, U.K.: Wiley-Blackwell, 2012.

Berger, Peter. *The Sacred Canopy: Elements of a*

Sociological Theory of Religion. New York: Doubleday, 1967.
ピーター・バーガー著『聖なる天蓋　神聖世界の社会学』薗田稔訳、新曜社、1979
Berghaus, Günter. *New Perspectives on Prehistoric Art*. Westport, Conn.: Praeger, 2004.
Bering, Jesse M. "Intuitive Conceptions of Dead Agents' Minds: The Natural Foundations of Afterlife Beliefs as Phenomenological Boundary." *Journal of Cognition and Culture* 2/4 (2002): 263–308.
———. "The Cognitive Psychology of Belief in the Supernatural: Belief in a Deity or an Afterlife Could Be an Evolutionarily Advantageous By-product of People's Ability to Reason About the Minds of Others." *American Scientist* 94/2 (2006): 142–49.
———. "The Folk Psychology of Souls." *Behavioral and Brain Sciences* 29/5 (2006): 453–98.
Berlejung, Angelika. "Washing the Mouth: The Consecration of Divine Images in Mesopotamia." Pages 45–72 in *The Image and the Book: Iconic Cults, Aniconism, and the Rise of the Book Religion in Israel and the Ancient Near East*. Edited by K. van der Toorn. Leuven: Peeters, 1997.
Binford, Lewis R. "Post-Pleistocene Adaptations." Pages 313–42 in *New Perspectives in Archaeology*. Edited by L. R. Binford and S. R. Binford. Chicago: Aldine, 1968.
Binns, L. Elliott. "Midianite Elements in Hebrew Religion." *Journal of Theological Studies* 31/124 (1930): 337–54.
Bird-David, Nurit. "'Animism' Revisited: Personhood, Environment, and Relational Epistemology." *Current Anthropology* 40/S1 (1999): S67–S91.
Black, Whitney Davis, et al. "Art for Art's Sake in the Paleolithic [and Comments and Reply]." *Current Anthropology* 28/1 (1987): 63–89.
Blanc, Alberto C. "Some Evidence for the Ideologies of Early Man." Pages 119–36 in *Social Life of Early Man*. Edited by Sherwood Washburn. London: Routledge, 2004.
Bloch, Maurice. *In and Out of Each Other's Bodies: Theory of Mind, Evolution, Truth, and the Nature of the Social*. New York: Routledge, 2016.
Bloom, Paul. *Descartes' Baby: How the Science of Child Development Explains What Makes Us*

Human. New York: Basic Books, 2004.

———. "Religious Belief as an Evolutionary Accident." Pages 118–27 in *The Believing Primate*. Edited by Jeffrey Schloss and Michael J. Murray. Oxford: Oxford University Press, 2009.

———. "Religion, Morality, Evolution." *Annual Review of Psychology* 63 (2012): 179–99.

Boak, Arthur Edward Romilly. "The Theoretical Basis of the Deification of Rulers in Antiquity." *Classical Journal* 11/5 (1916): 293–97.

Bosch-Gimpera, P. "Review *Four Hundred Centuries of Cave Art* by Abbé H. Breuil." *Boletín Bibliográfico de Antropología Americana* 15/2, 16/2 (1952–1953): 80–82.

Bottéro, Jean. *Religion in Ancient Mesopotamia*. Translated by Teresa Lavender Fagan. Chicago: University of Chicago Press, 2004.

Boutwood, Arthur. "A Scientific Monism." *Proceedings of the Aristotelian Society*, New Series 1 (1900–1901): 140–66.

Boyce, Mary. *History of Zoroastrianism*. 3 vols. Leiden: Brill, 1975–1991.

メアリー・ボイス著『ゾロアスター教　三五〇〇年の歴史』山本由美子訳、講談社学術文庫、2010〔邦訳は上記原書全六巻の要訳〕

Boyd, Robert, et al. "The Evolution of Altruistic Punishment." *Proceedings of the National Academy of Sciences* 100/3 (2003): 3531–35.

Boyer, Pascal. *The Naturalness of Religious Ideas: A Cognitive Theory of Religion*. Berkeley and Los Angeles: University of California Press, 1994.

———. *Religion Explained: The Evolutionary Origins of Religious Thought*. New York: Basic Books, 2001.

パスカル・ボイヤー著『神はなぜいるのか？』鈴木光太郎・中村潔訳、ＮＴＴ出版、2008

Braidwood, Robert J. "The Agricultural Revolution." *Scientific American* 203 (1960): 130–48.

———. *Prehistoric Men*. 6th ed. Chicago: Chicago Natural History Museum, 1963.

Brandon, S.G.F. "The Ritual Perpetuation of the Past." *Numen* 6/2 (1959): 112–29.

Breasted, James. *Ancient Records of Egypt*. Vol. 2. Chicago: University of Chicago Press, 1906.

Breuil, Abbé Henri. *Four Hundred Centuries of Cave Art*. Translated by Mary E. Boyle. New York: Hacker Art Books, 1979 [1952].

———. *White Lady of Brandberg. Rock Paintings of*

South Africa. Vol. 1. London: Faber and Faber, 1955.

Breuil, Abbé Henri, and Raymond Lantier. *The Men of the Old Stone Age*. New York: St. Martin's Press, 1965.

Brisch, Nicole. "The Priestess and the King: The Divine Kingship of Šū-Sîn of Ur." *Journal of the American Oriental Society* 126/2 (2006): 161–76.

Broadie, Sarah. "Theological Sidelights from Plato's 'Timaeus'." *Proceedings of the Aristotelian Society, Supplementary Volumes* 82 (2008): 1–17.

Brown, Francis, S. R. Driver, and Charles Briggs. *A Hebrew and English Lexicon of the Old Testament*. Oxford: Oxford University Press, 1951.

Burckhardt, Titus. *Introduction to Sufism*. London: Thorsons, 1995.

Burkert, Walter. *Greek Religion*. Translated by John Raffan. Cambridge, Mass.: Harvard University Press, 1985.

———. *Creation of the Sacred: Tracks of Biology in Early Religions*. Cambridge, Mass.: Harvard University Press, 1996.

Burkit, Miles C. "13. Review of *La Signification de l'Art Rupestre Paléolithique*." *Man* 63 (1963): 14.

Call, Josep, and Michael Tomasello. "Does the Chimpanzee Have a Theory of Mind? 30 Years Later." *Trends in Cognitive Sciences* 12/5 (2008): 187–92.

Carneiro, Robert L. "Review of *The Birth of the Gods and the Origins of Agriculture* by Jacques Cauvin." *American Antiquity* 67/3 (2002): 575–76.

Cartailhac, Émile. "Les mains inscrites de rouge ou de noir de Gargas." *L'Anthropologie* 17 (1906): 624–25.

Carter, Tim. "Marcion's Christology and Its Possible Influence on Codex Bezae." *Journal of Theological Studies* 61/2 (2010): 550–82.

Cauvin, Jacques. *The Birth of the Gods and the Origins of Agriculture*. Translated by Trevor Watkins. New Studies in Archaeology; Cambridge: Cambridge University Press, 2007.

Cauvin, Jacques, Ian Hodder, Gary O. Rollefson, Ofer Bar-Yosef, and Trevor Watkins. "Review of *The Birth of the Gods and the Origins of Agriculture* by Jacques Cauvin." *Cambridge Archaeological Journal* 11/01 (2001): 105–21.

Chalupa, Aleš. "How Did Roman Emperors Become Gods? Various Concepts of Imperial Apotheosis."

Anodos—Studies of the Ancient World 6–7 (2006–2007): 201–207.

Childe, Vere Gordon. "The Urban Revolution." *Town Planning Review* 21/1 (1950): 3–17.

———. *Man Makes Himself: History of the Rise of Civilization*. 3rd ed. London: Watts and Company, 1936.

Chipp, Herschel B. "Review of *Palaeolithic Art*." *Art Journal* 22/1 (1962): 54–56.

Chittenden, Jacqueline. "The Master of Animals." *Hesperia: The Journal of the American School of Classical Studies at Athens* 16/2 (1947): 89–114.

Chittick, William C. *The Sufi Path of Knowledge: Ibn al-Arabi's Metaphysics of Imagination*. Albany: SUNY Press, 1989.

Cicero. *The Nature of the Gods*. Translated by P. G. Walsh. Oxford: Oxford University Press, 2008.

Clark, Geoffrey A. "Grave Markers: Middle and Early Upper Paleolithic Burials and the Use of Chronotypology in Contemporary Paleolithic Research." *Current Anthropology* 42/4 (2001): 449–79.

Clottes, Jean, and David Lewis-Williams. *The Shamans of Prehistory: Trance and Magic in the Painted Caves*. New York: Harry Abrams, 1998.

Coats, George W. "Moses in Midian." *Journal of Biblical Literature* 92/1 (1973): 3–10.

Cohen, Martin. "The Role of the Shilonite Priesthood in the United Monarchy of Ancient Israel." *Hebrew Union College Annual* 36 (1965): 59–98.

Conard, Nicholas J. "Palaeolithic Ivory Sculptures from Southwestern Germany and the Origins of Figurative Art." *Nature* 426/18 (2003): 830–32.

Conkey, Margaret W. "A Century of Palaeolithic Cave Art." *Archaeology* 34/4 (1981): 20–28.

Coogan, Michael David. "Canaanite Origins and Lineage: Reflections on the Religion of Ancient Israel." Pages 115–84 in *Ancient Israelite Religion: Essays in Honor of Frank Moore Cross*. Edited by Patrick D. Miller, et al. Philadelphia: Fortress Press, 1987.

Cooper, Rodney A. *Tao Te Ching: Classic of the Way and Virtue; An English Version with Commentary*. Bloomington, Ind.: AuthorHouse, 2013.

Corduan, Winfried. "A Hair's Breadth from Pantheism: Meister Eckhart's God-Centered Spirituality." *Journal of the Evangelical Theological*

Society 37/2 (1994): 263–74.

Crone, Patricia, and Michael Cook. *Hagarism: The Making of the Islamic World*. Cambridge: Cambridge University Press, 1977.

Cross, Frank Moore. "Yahweh and the God of the Patriarchs." *Harvard Theological Review* 55/4 (1962): 225–59.

———. *Canaanite Myth and Hebrew Epic: Essays in the History of the Religion of Israel*. Cambridge, Mass.: Harvard University Press, 1997.

Csibra, Gergely, et al. "Goal Attribution Without Agency Cues: The Perception of 'Pure Reason' in Infancy." *Cognition* 72/3 (1999): 237–67.

Curtis, Gregory. *The Cave Painters: Probing the Mysteries of the World's First Artists*. New York: Alfred A. Knopf, 2006.

Dalley, Stephanie. *Myths from Mesopotamia: Creation, the Flood, Gilgamesh, and Others*. New York: Oxford University Press, 1989.

Davenport, Guy. "Robot." *Hudson Review* 25/3(1972): 413–46.

Deimel, Antonius. *Pantheon Babylonicum: Nomina Deorum e Textibus Cuneiformibus Excerpta et Ordine Alphabetico Distributa*. Rome: Sumptibus Pontificii Instituti Biblici, 1914.

De La Torre, Miguel A., and Albert Hernández. *The Quest for the Historical Satan*. Minneapolis: Fortress Press, 2011.

De Moor, Johannes C. *The Rise of Yahwism: The Roots of Israelite Monotheism*. 2nd ed. Leuven: Peeters, 1997.

Dever, William G. "Asherah, Consort of Yahweh? New Evidence from Kuntillet 'Ajrûd." *Bulletin of the American Schools of Oriental Research* 255 (1984): 21–37.

———. *Did God Have a Wife? Archaeology and Folk Religion in Ancient Israel*. Grand Rapids: Eerdmans, 2008.

de Wet, Chris. "Mystical Expression and the 'Logos' in the Writings of St. John of the Cross." *Neotestamentica* 42/1 (2008): 35–50.

Dexter, Miriam Robbins. "Proto-Indo-European Sun Maidens and Gods of the Moon." *Mankind Quarterly* 25 (1984): 137–44.

Díaz-Andreu, Margarita. "An All-Embracing Universal Hunter-Gatherer Religion? Discussing Shamanism and Spanish Levantine Rock-Art." Pages 117–33 in *The Concept of Shamanism: Uses and Abuses*. Edited by Henri-Paul Francfort and Roberte N. Hamayon. Budapest: Akadémiai Kiadó: 2001.

Dion, Paul E. "YHWH as Storm-God and Sun-God: The Double Legacy of Egypt and Canaan as Reflected in Psalm 104." *Zeitschrift für die Alttestamentliche Wissenschaft* 103/1 (1991): 43–71.

Duling, Dennis C. *Jesus Christ Through History*. New York: Harcourt, 1979.

Dumbrell, William J. "Midian: A Land or a League?" *Vetus Testamentum* 25/2 (1975): 323–37.

Durkheim, Émile. *The Elementary Forms of Religious Life*. New York: Free Press, 1995.

エミール・デュルケーム著『宗教生活の基本形態 オーストラリアにおけるトーテム体系』上・下、山﨑亮訳、（ちくま学芸文庫）筑摩書房、2014

Ehrman, Bart D. *Lost Christianities: The Battle for Scripture and the Faiths We Never Knew*. New York: Oxford University Press, 2003.

Eliade, Mircea. *Shamanism: Archaic Techniques of Ecstasy*. Princeton: Princeton/Bollingen, 1974.

ミルチャ・エリアーデ著『シャーマニズム：古代的エクスタシー技術』堀一郎訳、冬樹社、1974

———. *From the Stone Age to the Eleusinian Mysteries*. Volume 1 of *History of Religious Ideas*. Translated by Willard Trask. Chicago: University of Chicago Press, 1978.

同『世界宗教史』（全四巻）荒木美智雄・中村恭子ほか訳、筑摩書房、1991

Eliade, Mircea, et al. *The Encyclopedia of Religion*. 16 vols. New York: Macmillan, 1987.

Eshraghian, Ahad, and Bart Loeys. "Loeys-Dietz Syndrome: A Possible Solution for Akhenaten's and His Family's Mystery Syndrome." *South African Medical Journal* 102/8 (2012): 661–64.

Fagan, Brian M., and Charlotte Beck, eds. *The Oxford Companion to Archaeology*. New York: Oxford University Press, 1996.

Fakhry, Majid. "Philosophy and Theology: From the Eighth Century C.E. to the Present." Pages 269–304 in *The Oxford History of Islam*. Edited by John L. Esposito. New York: Oxford University Press, 1999.

Faulkner, Raymond O. *The Ancient Egyptian Pyramid Texts*. Oxford: Clarendon Press, 1969.

Feeley-Harnik, Gillian. "Issues in Divine Kingship." *Annual Review of Anthropology* 14 (1985): 273–

313.
Feld, Edward. "Spinoza the Jew." *Modern Judaism* 9/1 (1989): 101–19.
Feuerbach, Ludwig. *The Essence of Christianity*. Translated by Marian Evans. New York: Calvin Blanchard, 1855.
ルートヴィッヒ・フォイエルバッハ著『キリスト教の本質』上・下、船山信一訳、岩波文庫、1965
———. *Lectures on the Essence of Religion*. Translated by Ralph Manheim. New York: Harper and Row, 1967.
———. *Principles of the Philosophy of the Future*. Translated by Manfred Vogel. Indianapolis: Hackett, 1986.
Finkel, Irving. *The Ark Before Noah: Decoding the Story of the Flood*. New York: Doubleday, 2014.
Fitzmyer, Joseph. "The Aramaic Language and the Study of the New Testament." *Journal of Biblical Literature* 99/1 (1980): 5–21.
Forrest, Peter, and Roman Majeran. "Pantheism." *Roczniki Filozoficzne / Annales de Philosophie / Annals of Philosophy* 64/4 (2016): 67–91.
Foster, Benjamin R. *Before the Muses: An Anthology of Akkadian Literature*. Bethesda: University of Maryland Press, 2005.
Frankfort, Henri. *Kingship and the Gods: A Study of Ancient Near Eastern Religion as the Integration of Society and Nature*. Chicago: University of Chicago Press, 1948.
Fraser, Douglas. "Review of *Palaeolithic Art: Indian Art in America*." *Art Bulletin* 45/1 (1963): 61–62.
Freed, Rita. "Art in the Service of Religion and the State." Pages 110–29 in *Pharaohs of the Sun: Akhenaten, Nefertiti, Tutankhamen*. Boston: Museum of Fine Arts in association with Bulfinch Press/Little, Brown, 1999.
Freeman, L. G. "The Significance of Mammalian Faunas from Paleolithic Occupations in Cantabrian Spain." *American Antiquity* 38/1 (1973): 3–44.
Freud, Sigmund. *Totem and Taboo: Resemblances Between the Psychic Lives of Savages and Neurotics*. Translated by Abraham Arden Brill. New York: Moffat, Yard and Company, 1918.
ジークムント・フロイト著「トーテムとタブー」『フロイト全集⑫』門脇健訳、岩波書店、2009
———. *The Future of an Illusion*. Translated by W. D. Robson-Scott. London: Hogarth Press, 1928.
同「ある錯覚の未来」『フロイト全集⑳』高田珠樹訳、

岩波書店 2011
Gamble, Clive. "Interaction and Alliance in Palaeolithic Society." *Man* 17/1 (1982): 92–107.
———. *The Palaeolithic Settlement of Europe*. Cambridge: Cambridge University Press, 1986.
Garcia-Diez, M., D. L. Hoffman, J. Zilhao, C. de las Heras, J. A. Lasheras, R. Montes, and A.W.G. Pike. "Uranium Series Dating Reveals a Long Sequence of Rock Art at Altamira Cave (Santillana del Mar, Cantabria)." *Journal of Archaeological Science* 40 (2013): 4098–106.
Garr, W. R. *In His Own Image and Likeness: Humanity, Divinity, and Monotheism*. Leiden: Brill, 2003.
Geertz, Clifford. *The Interpretation of Cultures*. New York: Basic Books, 1973.
クリフォード・ギアーツ著『文化の解釈学（1・2）』吉田禎吾・柳川啓一・中牧弘允・板橋作美訳、岩波現代選書、1987
Giedion, Sigfried. "Review: *Four Hundred Centuries of Cave Art* by Abbé H. Breuil." *College Art Journal* 12/4 (1953): 381–83.
Girard, René. *Violence and the Sacred*. Baltimore, Md.: Johns Hopkins University Press, 1979.
ルネ・ジラール著『暴力と聖なるもの』古田幸男訳、法政大学出版局、1982
Giversen, Søren, and Birger A. Pearson. "The Testimony of Truth." Pages 448–59 in *The Nag Hammadi Library in English*. Edited by James M. Robinson. San Francisco: HarperSanFrancisco, 1978.
Goedicke, Hans. "Remarks on the 'Israel-Stela'. " *Wiener Zeitschrift für die Kunde des Morgenlandes* 94 (2004): 53–72.
Gooch, Brad. *Rumi's Secret: The Life of the Sufi Poet of Love*. New York: Harper, 2017.
Goodrich, Norma Lorre. *Ancient Myths*. London: Mentor Books, 1960.
Gottwald, Norman K. *The Tribes of Yahweh: A Sociology of the Religion of Liberated Israel, 1250–1050 B.C.E.* Maryknoll, N.Y.: Orbis Books, 1979.
Gowlett, John, Clive Gamble, and Robin Dunbar. "Human Evolution and the Archaeology of the Social Brain." *Current Anthropology* 53/6 (2012): 693–722.
Graziosi, Barbara. *The Gods of Olympus: A History*. New York: Picador, 2014.

バルバラ・グラツィオージ著『オリュンポスの神々の歴史』西村賀子監訳、西塔由貴子訳、白水社、2017

Green, Alberto R. W. *The Storm-God in the Ancient Near East.* Winona Lake, Ind.: Eisenbrauns, 2003.

Green, Richard E., et al., "A Draft Sequence of the Neanderthal Genome." *Science* 328 (2010): 701–22.

Grün, Rainer, et al. "U-series and ESR analyses of Bones and Teeth Relating to the Human Burials from Skhul." *Journal of Human Evolution* 49/3 (2005): 316–34.

Günther, Hans F. K. *The Religious Attitudes of the Indo-Europeans.* Translated by Vivian Bird. London: Clair Press, 1967.

Gurven, Michael, and Hillard Kaplan. "Longevity among Hunter-Gatherers: A Cross-Cultural Examination." *Population and Development Review* 33/2 (2007): 321–65.

Guthrie, R. Dale. *The Nature of Paleolithic Art.* Chicago: University of Chicago Press, 2005.

Guthrie, Stewart. *Faces in the Clouds.* New York: Oxford University Press, 1995.

———. "On Animism." *Current Anthropology* 41/1 (2000): 106–107.

Hahn, Joachim. *Kraft und Aggression: Die Botschaft der Eiszeitkunst im Aurignacien Süddeutschlands?* Tübingen: Verlag Archaeologica Venatoria, 1986.

Hall, Edith. *Introducing the Ancient Greeks: From Bronze Age Seafarers to Navigators of the Western Mind.* New York: W. W. Norton, 2015.

Hallowell, Alfred Irving. "Ojibwa Ontology, Behavior, and World View." Pages 20–52 in *Culture in History: Essays in Honor of Paul Radin.* Edited by Stanley Diamond. New York: Columbia University Press, 1960.

Halverson, John, et al. "Art for Art's Sake in the Paleolithic [and Comments and Reply]." *Current Anthropology* 28/1 (1987): 63–89.

Hammond, Norman. "Palaeolithic Mammalian Faunas and Parietal Art in Cantabria: A Comment on Freeman." *American Antiquity* 39/4 (1974): 618–19.

Harari, Yuval Noah. *Sapiens: A Brief History of Humankind.* New York: HarperCollins, 2015.

ユヴァル・ノア・ハラリ著『サピエンス全史』上・下、柴田裕之訳、河出書房新社、2016

Harrison, Paul. *Elements of Pantheism.* Coral Springs, Fla.: Lumina Press, 2004.

Harvey, Paul, ed. *The Oxford Companion to Classical*

Literature. Oxford: Clarendon Press, 1951.

Hasel, Michael G. "Israel in the Merneptah Stela." *Bulletin of the American Schools of Oriental Research* 296 (1994): 45–61.

Hawkes, Jacquetta, and Sir Leonard Woolley. *Prehistory and the Beginnings of Civilization*. New York: Harper and Row, 1963.

Hayden, Brian. "Review of *The Birth of the Gods and the Origins of Agriculture* by Jacques Cauvin." *Canadian Journal of Archaeology/Journal Canadien d'Archéologie* 26/1 (2002): 80–82.

———. *Shamans, Sorcerers and Saints*. Washington, D.C.: Smithsonian, 2003.

Hedley, Douglas. "Pantheism, Trinitarian Theism and the Idea of Unity: Reflections on the Christian Concept of God." *Religious Studies* 32/1 (1966): 61–77.

Herodotus. Translated by A. D. Godley. Loeb Classical Library. Cambridge, Mass.: Harvard University Press, 1960.

Hodder, Ian. "The Role of Religion in the Neolithic of the Middle East and Anatolia with Particular Reference to Çatalhöyük." *Paléorient* 37/1 (2001): 111–22.

———. "Symbolism and the Origins of Agriculture in the Near East." *Cambridge Archaeological Journal* 11/1 (2001): 107–12.

Hodin, J. P. "Review: *Four Hundred Centuries of Cave Art* by Abbé H. Breuil; *Art in the Ice Age* by Johannes Maringer, Hans-Georg Bandi." *Journal of Aesthetics and Art Criticism* 13/2 (1954): 272–73.

Hoffmeier, James K. *Akhenaten and the Origins of Monotheism*. Oxford: Oxford University Press, 2015.

Holland, Tom. *In the Shadow of the Sword: The Birth of Islam and the Rise of the Global Arab Empire*. New York: Doubleday, 2012.

Hornung, Erik. "The Rediscovery of Akhenaten and His Place in Religion." *Journal of the American Research Center in Egypt* 29 (1992): 43–49.

———. *Akhenaten and the Religion of Light*. Translated by David Lorton. Ithaca and London: Cornell University Press, 1999.

Hovers, Erella, Shimon Ilani, Ofer Bar-Yosef, and Bernard Vandermeersch. "An Early Case of Color Symbolism: Ochre Use by Modern Humans in Qafzeh Cave." *Current Anthropology* 44/4 (2003): 491–522.

Hublin, Jean-Jacques, and Shannon P. McPherron, eds. *Modern Origins: A North African Perspective*. New York: Springer, 2012.

Huchingson, James E. "The World as God's Body: A Systems View." *Journal of the American Academy of Religion* 48/3 (1980): 335–44.

Hume, David. *Four Dissertations*. London: A. and H. Bradlaugh Bonner, 1757.

Hutton, Ronald. *Witches, Druids, and King Arthur*. New York: Bloomsbury Academic, 2003.

Ingold, Tim, and Gisli Palsson, eds. *Biosocial Becomings: Integrating Social and Biological Anthropology*. Cambridge: Cambridge University Press, 2013.

Irani, Dinshaw J. *Understanding the Gathas: The Hymns of Zarathushtra*. Womelsdorf, Pa.: Ahura Publishers, 1994.

Jacobsen, Thorkild. "Ancient Mesopotamian Religion: The Central Concerns." *Proceedings of the American Philosophical Society* 107/6 (1963): 473–84.

———. "Primitive Democracy in Ancient Mesopotamia." *Journal of Near Eastern Studies* 2/3 (1943): 159–72.

———. *The Treasures of Darkness: A History of Mesopotamian Religion*. New Haven: Yale University Press, 1976.

James, E. O. "The Threshold of Religion. The Marett Lecture, 1958." *Folklore* 69/3 (1958): 160–74.

Jaubert, Jacques, et al. "Early Neanderthal Constructions Deep in Bruniquel Cave in Southwestern France." *Nature* 534 (2016): 111–14.

Jochim, Michael. "Palaeolithic Cave Art in Ecological Perspective." Pages 212–19 in *Hunter Gatherer Economy in Prehistory*. Edited by G. N. Bailey. Cambridge: Cambridge University Press, 1983.

Johnson, Raymond. "Monuments and Monumental Art under Amenhotep III: Evolution and Meaning." Pages 63–94 in *Amenhotep III: Perspectives on His Reign*. Edited by David O'Connor and Eric H. Cline. Ann Arbor: University of Michigan Press, 2001.

Jones, Rufus M. "Jewish Mysticism." *Harvard Theological Review* 36/2 (1943): 155–63.

Karamustafa, Ahmet. *Sufism: The Formative Period*. Berkeley: University of California Press, 2007.

Kelemen, Deborah. "Are Children Intuitive Theists? : Reasoning About Purpose and Design in Nature."

Psychological Science 15/5 (2004): 295–301.

Kelemen, Deborah, and Cara DiYanni. "Intuitions About Origins: Purpose and Intelligent Design in Children's Reasoning About Nature." *Journal of Cognition and Development* 6/1 (2005): 3–31.

Kenyon, Kathleen. *Digging up Jericho*. New York: Praeger, 1957.

Keyser, James D., and David S. Whitley. "Sympathetic Magic in Western North American Rock Art." *American Antiquity* 71/1 (2006): 3–26.

Knight, Nicola, Paulo Sousa, Justin L. Barrett, and Scott Atran. "Children's Attributions of Beliefs to Humans and God: Cross-Cultural Evidence." *Cognitive Science* 28 (2004): 117–26.

Köhler, Ludwig. *Old Testament Theology*. Translated by A. S. Todd. Philadelphia: Westminster Press, 1957.

Kreitzer, Larry. "Apotheosis of the Roman Emperor." *Biblical Archaeologist* 53/4 (1990): 210–17.

Kubler, George. "Eidetic Imagery and Paleolithic Art." *Yale University Art Gallery Bulletin* 40/1 (1987): 78–85.

Kuiper, F.B.J. "Ahura 'Mazda' 'Lord Wisdom'?" *Indo-Iranian Journal* 18/1–2 (1976): 25–42.

Lambert, Wilfred G. "The God Aššur." *Iraq* 45/1 (1983): 82–86.

———. *Babylonian Creation Myths*. Winona Lake, Ind.: Eisenbrauns, 2013.

Larson, Gerald James, ed., *Myth in Indo-European Antiquity*. Berkeley: University of California Press, 1974.

Lasheras, José Antonio. "The Cave of Altamira: 22,000 Years of History." *Adoranten* (2009): 5–33.

Leeming, David, and Margaret Leeming, eds. *A Dictionary of Creation Myths*. New York: Oxford, 1994.

Legrain, Georges. "Second rapport sur les travaux exécutés à Karnak du 31 octobre 1901 au 15 mai 1902." *Annales du Service des Antiquités de L'Égypte* 4 (1903): 1–40.

Leroi-Gourhan, André. *The Dawn of European Art: An Introduction to Palaeolithic Cave Painting*. Cambridge: Cambridge University Press, 1982.

———. "The Hands of Gargas: Toward a General Study." *October* 37 (1986): 18–34.

———. *The Hunters of Prehistory*. Translated by Claire Jacobson. New York: Atheneum, 1989.

———. "The Religion of the Caves: Magic or

Metaphysics?" *October* 37 (1986): 6–17.
———. *Treasures of Prehistoric Art*. New York: Harry Abrams, 1967.
Lesher, James H. *Xenophanes of Colophon: Fragments; A Text and Translation with A Commentary*. Toronto: University of Toronto Press, 1992.
Levine, Michael P. *Pantheism: A Non-Theistic Concept of Deity*. London: Routledge, 1994.
———. "Pantheism, Substance and Unity." *International Journal for Philosophy of Religion* 32/1 (1992): 1–23.
Levine, Morton H. "Review *Four Hundred Centuries of Cave Art* by Abbé H. Breuil." *American Anthropologist*, New Series, 59/1 (1957): 142–43.
———. "Prehistoric Art and Ideology." *American Anthropologist* 59/6 (1957): 949–64.
Lévi-Strauss, Claude. *Totemism*. Translated by Rodney Needham. London: Merlin Press, 1991.
クロード・レヴィ＝ストロース著『今日のトーテミスム』仲澤紀雄訳、みすず書房、2000
Lewis, David Levering. *God's Crucible: Islam and the Making of Europe, 570–1215*. New York: W. W. Norton, 2008.
Lewis-Williams, David. *Conceiving God: The Cognitive Origin and Evolution of Religion*. London: Thames and Hudson, 2010.
———. "Debating Rock Art: Myth and Ritual, Theories and Facts." *South African Archaeological Bulletin* 61/183 (2006): 105–14.
———. *Inside the Neolithic Mind*. London: Thames and Hudson, 2009.
———. *The Mind in the Cave: Consciousness and the Origins of Art*. London: Thames and Hudson, 2004.
デヴィッド・ルイス＝ウィリアムズ著『洞窟のなかの心』港千尋訳、講談社、2012
Lewis-Williams, David, and David Pearce. *Inside the Neolithic Mind: Consciousness, Cosmos, and the Realm of the God*. London: Thames and Hudson, 2005.
Lommel, Herman. *Die Religion Zarathustras. Nach dem Awesta dargestellt*. Hildesheim: Olms, 1971.
Lorblanchet, Michel. "The Origin of Art." *Diogenes* 54 (2007): 98–109.
———. "Claw Marks and Ritual Traces in the Paleolithic Sanctuaries of the Quercy." Pages 165–70 in *An Enquiring Mind: Studies in Honour of Alexander Marshack*. Edited by Paul Bahn. Oxford:

Oxbow Books, 2009.

MacCulloch, Diarmaid. *Christian History: An Introduction to the Western Tradition*. London: SCM Press, 2012.

MacIntyre, Alasdair. "Pantheism." Pages 31–35 in vol. 6 of *Encyclopedia of Philosophy*. Edited by Paul Edwards. 10 vols. New York: Macmillan, 1967.

Macquarrie, John. *In Search of Deity*. London: SCM Press, 1984.

Mallory, James Patrick. *In Search of the Indo-Europeans: Language, Archaeology and Myth*. New York: Thames and Hudson, 1989.

Mallory, James Patrick and D. Q. Adams, eds. *The Encyclopedia of Indo-European Culture*. London and Chicago: Fitzroy Dearborn Publishers, 1997.

Marett, Robert Ranulph. *The Threshold of Religion*. London: Methuen and Co., 1914.

Marinatos, Nannó. *The Goddess and the Warrior: The Naked Goddess and Mistress of the Animals in Early Greek Religion*. London: Routledge, 2000.

Maringer, Johannes. "Priests and Priestesses in Prehistoric Europe." *History of Religions* 17/2 (1977): 101–20.

Marshack, Alexander. "Images of the Ice Age." *Archaeology* 48/4 (1995): 28–36.

McFarland, Thomas. *Coleridge and the Pantheist Tradition*. Oxford: Oxford University Press, 1969.

Mehr, Farhang. *The Zoroastrian Tradition: An Introduction to the Ancient Wisdom of Zarathustra*. Rockport, Mass.: Element, 1991.

Mendenhall, George E. "The Hebrew Conquest of Palestine." *Biblical Archaeologist* 25/3 (1962): 65–87.

Mendenhall, George E., and G. A. Herion. *Ancient Israel's Faith and History: An Introduction to the Bible in Context*. Louisville: Westminster John Knox Press, 2001.

Menocal, María Rosa. *Ornament of the World: How Muslims, Jews, and Christians Created a Culture of Tolerance in Medieval Spain*. New York: Back Bay Books, 2003.

Metso, Sarianna. *The Serekh Texts*. New York: T&T Clark, 2007.

Mithen, Steven J. "To Hunt or to Paint: Animals and Art in the Upper Palaeolithic." *Man*, New Series, 23/4 (1988): 671–95.

Mohr, Richard D. "Plato's Theology Reconsidered: What the Demiurge Does." *History of Philosophy*

Quarterly 2/2 (1985): 131–44.

Momigliano, Arnaldo. "How Roman Emperors Became Gods." *American Scholar* 55/2 (1986): 181–93.

アルナルド・モミリアーノ著「ローマ皇帝は、いかに神となったか」酒枝徹意訳『ソーシアル・リサーチ』17号、1991

Moore-Colyer, R. J. "Review of *The Birth of the Gods and the Origins of Agriculture* by Jacques Cauvin." *Agricultural History Review* 49/1 (2001): 114–15.

Morenz, Siegfried. *Egyptian Religion*. Translated by Ann E. Keep. Ithaca: Cornell University Press, 1992.

Morkot, James. "Divine of Body: The Remains of Egyptian Kings—Preservation, Reverence, and Memory in a World Without Relics." *Past and Present,* Supplement 5 (2010): 37–55.

Morriss-Kay, Gillian. "The Evolution of Human Artistic Creativity." *Journal of Anatomy* 216(2010): 158–76.

Mowinckel, Sigmund. "The Name of the God of Moses." *Hebrew Union College Annual* 32 (1961): 121–33.

Muesse, Mark. *The Hindu Traditions: A Concise Introduction*. Minneapolis: Fortress Press, 2011.

Müller, Max. *Introduction to the Science of Religion*. London: Longmans, Green, 1873.

———. *Comparative Mythology: An Essay*. London: Routledge and Sons, 1909.

Murray, Gilbert. *Five Stages of Greek Religion*. New York: Anchor Books, 1955.

ギルバート・マレー著『ギリシア宗教発展の五段階』藤田健治訳、岩波文庫、1971

Murray, Michael. "Scientific Explanations of Religion and the Justification of Religious Belief." Pages 168–78 in *The Believing Primate: Scientific, Philosophical, and Theological Reflections on the Origin of Religion*. Edited by Jeffrey Schloss and Michael Murray. Oxford: Oxford University Press, 2009.

Nadeau, Randall L., ed. *Asian Religions: A Cultural Perspective*. Chichester, U.K.: Wiley-Blackwell, 2013.

Nederhof, Mark-Jan. "Karnak Stela of Ahmose," n.p. [cited 24 April 2014]. https://mjn.host.cs.st-andrews.ac.uk/egyptian/texts/corpus/pdf/urkIV-005.pdf.

Nicholson, Reynold A. *Rumi: Poet and Mystic (1207–*

1273). Oxford: Oneworld, 1995.

O'Connor, David, and David P. Silverman, eds. *Ancient Egyptian Kingship*. Leiden: Brill, 1995.

O'Connor, David, and Eric H. Cline, eds. *Amenhotep III: Perspectives on His Reign*. Ann Arbor: University of Michigan Press, 2001.

Olyan, Saul M. *Asherah and the Cult of Yahweh in Israel*. Atlanta: Society of Biblical Literature, 1988.

Osborne, Catherine. *Presocratic Philosophy: A Very Short Introduction*. Oxford: Oxford University Press, 2004.

Owen, Huw Parri. *Concepts of Deity*. London: Macmillan, 1971.

Pagels, Elaine. "The Demiurge and His Archons: A Gnostic View of the Bishop and Presbyters?" *Harvard Theological Review* 69/3-4 (1976): 301-24.

———. *The Gnostic Gospels*. New York: Random House, 1979.

エレーヌ・ペイゲルス著『ナグ・ハマディ写本　初期キリスト教の正統と異端』荒井献・湯本和子訳、白水社、1996

Pardee, Dennis. *Ritual and Cult at Ugarit*. Atlanta: Society of Biblical Literature, 2002.

———. "A New Aramaic Inscription from Zincirli." *Bulletin of the American Schools of Oriental Research* 356 (2009): 51–71.

Parkinson, George Henry Radcliffe. "Hegel, Pantheism, and Spinoza." *Journal of the History of Ideas* 38/3 (1977): 449–59.

Pausanias. *Description of Greece*. Translated by W.H.S. Jones. 5 vols. Loeb Classical Library. Cambridge, Mass.: Harvard University Press, 1935.

Peregrine, Peter, and Melvin Ember, eds. *Encyclopedia of Prehistory*, vol. 3: *East Asia and Oceania*. New York: Springer, 2001.

Peters, Joris, et al. "Early Animal Husbandry in the Northern Levant." *Paléorient* 25/2 (1999): 27–48.

Pettitt, Paul. *The Palaeolithic Origins of Human Burial*. New York: Routledge, 2011.

Pettitt, Paul, and Alistair Pike. "Dating European Palaeolithic Cave Art: Progress, Prospects, Problems." *Journal of Archaeological Method and Theory* 14/1 (2007): 27–47.

Pettitt, Paul, et al. "New Views on Old Hands: The Context of Stencils in El Castillo and La Garma Caves (Cantabria, Spain)." *Antiquity* 88 (2014): 47–63.

Piaget, Jean. "Children's Philosophies." Pages 534–47 in *A Handbook of Child Psychology*. Edited by C. Murchison. Worcester, Mass.: Clark University Press, 1933.

———. *The Child's Conception of the World*. New Jersey: Littlefield, Adams, 1960.

Picton, J. Allanson. "Pantheism: Some Preliminary Observations." *New England Review:* 24/1 (2003): 224–27.

Pike, Alistair, et al. "U-Series Dating of Paleolithic Art in 11 Caves in Spain." *Science* 336 (2012): 1409–13.

Pitulko, Vladimir V., et al. "Early Human Presence in the Arctic: Evidence from 45,000-Year-Old Mammoth Remains." *Science* 351/6270 (2016): 260–63.

Pollack, Gloria Wiederkehr. "Eliezer Zvi Hacohen Zweifel: Forgotten Father of Modern Scholarship on Hasidism." *Proceedings of the American Academy for Jewish Research* 49 (1982): 87–115.

Pope, Marvin H. *El in the Ugaritic Texts*. Leiden: Brill, 1955.

Potts, Daniel T. "Accounting for Religion: Uruk and the Origins of the Sacred Economy." Pages 17–23 in *Religion: Perspectives from the Engelsberg Seminar 2014*. Stockholm: Axel and Margaret Ax:son Johnson Foundation, 2015.

Preuss, Horst Dietrich. *Old Testament Theology*. Louisville: Westminster John Knox Press, 1995.

Radcliffe-Brown, Alfred Reginald. *Structure and Function in Primitive Society: Essays and Addresses*. New York: Free Press, 1952.

———. "Taboo." Pages 46–56 in *Reader in Comparative Religion: An Anthropological Approach*. Edited by William A. Lessa and Evon Z. Vogt. New York: Harper and Row, 1979.

Radhakrishnan, Sarvepalli. "The Vedanta Philosophy and the Doctrine of Maya." *International Journal of Ethics* 24/4 (1914): 431–51.

Rainey, Anson F. "Israel in Merneptah's Inscription and Reliefs." *Israel Exploration Journal* 51/1(2001): 57–75.

Rauf, Bulent. "Concerning the Universality of Ibn 'Arabi." *Journal of the Muhyiddin Ibn 'Arabi Society,* vol. 6, 1987.

Redford, Donald B. *Akhenaten: the Heretic King*. Princeton: Princeton University Press, 1984.

———. "The Sun-Disc in Akhenaten's Program: Its

Worship and Antecedents, I." *Journal of the American Research Center in Egypt* 13 (1976): 47–61.

———. "The Sun-Disc in Akhenaten's Program: Its Worship and Antecedents, II." *Journal of the American Research Center in Egypt* 17 (1980): 21–38.

Reed, Robert C. "An Interpretation of Some 'Anthropomorphic' Representations from the Upper Palaeolithic." *Current Anthropology* 17/1 (1976): 136–38.

Rendu, William, et al. "Evidence Supporting an Intentional Neandertal Burial at La Chapelle-aux-Saints." *Proceedings of the National Academy of Sciences of the United States of America* 111/1 (2014): 81–86.

Reynolds, Gabriel Said. *The Emergence of Islam: Classical Traditions in Contemporary Perspective.* Minneapolis: Fortress Press, 2012.

Rice, Patricia C., and Ann L. Paterson. "Cave Art and Bones: Exploring the Interrelationships." *American Anthropologist,* New Series, 87/1 (1985): 94–100.

———. "Validating the Cave Art–Archeofaunal Relationship in Cantabrian Spain." *American Anthropologist,* New Series, 88/3 (1986): 658–67.

Riel-Salvatore, Julien, and Geoffrey A. Clark. "Grave Markers: Middle and Early Upper Paleolithic Burials and the Use of Chronotypology in Contemporary Paleolithic Research." *Current Anthropology* 42/4 (2001): 449–79.

Riel-Salvatore, Julien, and Claudine Gravel-Miguel. "Upper Palaeolithic Mortuary Practices in Eurasia: A Critical Look at the Burial Record." Pages 303–46 in *The Oxford Handbook of the Archaeology of Death and Burial.* Edited by Sarah Tarlow and Liv Nilsson Stutz. Oxford: Oxford University Press, 2013.

Riesebrodt, Martin. *The Promise of Salvation: A Theory of Religion.* Chicago: University of Chicago Press, 2010.

Robins, Gay. "The Representation of Sexual Characteristics in Amarna Art." *Journal of the Society for the Study of Egyptian Antiquities* 23 (1993): 29–41.

Rollefson, Gary. "2001: An Archaeological Odyssey." *Cambridge Archaeological Journal* 11/01 (2001): 112–14.

Rossano, Matt J. "Supernaturalizing Social Life: Religion and the Evolution of Human Cooperation." *Human Nature* 18/3 (2007): 272–94.

———. "Ritual Behaviour and the Origins of Modern Cognition." *Cambridge Archaeological Journal* 19/2 (2009): 249–50.

Rowe, William. "Does Panentheism Reduce to Pantheism? A Response to Craig." *International Journal for Philosophy of Religion* 61/2 (2007): 65–67.

Safi, Omid. "Did the Two Oceans Meet? Historical Connections and Disconnections Between Ibn 'Arabi and Rumi." *Journal of Muhyiddin Ibn 'Arabi Society* 26 (1999): 55–88.

Sahly, Ali. *Les mains mutilées dans l'art préhistorique*. Toulouse: privately published, 1966.

Sampson, Geoffrey. *Writing Systems: A Linguistic Introduction*. Palo Alto: Stanford University Press, 1990.

Sandman, Maj. *Texts from the Time of Akhenaten*. Bruxelles: Édition de la Fondation Égyptologique Reine Élisabeth, 1938.

Schimmel, Annemarie. *I Am Wind, You Are Fire: The Life and Works of Rumi*. Boston and London: Shambhala, 1992.

Schjoedt, Uffe. "The Religious Brain: A General Introduction to the Experimental Neuroscience of Religion." *Method and Theory in the Study of Religion* 21/3 (2009): 310–39.

Schloen, J. David, and Amir S. Fink. "New Excavations at Zincirli Höyük in Turkey (Ancient Sam'al) and the Discovery of an Inscribed Mortuary Stele." *Bulletin of the American Schools of Oriental Research* 356 (2009): 1–13.

Schloss, Jeffrey, and Michael J. Murray. *The Believing Primate: Scientific, Philosophical, and Theological Reflections on the Origin of Religion*. Oxford: Oxford University Press, 2009.

Schneider, Laurel. *Beyond Monotheism: A Theology of Multiplicity*. London: Routledge, 2007.

Sellers, Robert Victor. *The Council of Chalcedon: A Historical and Doctrinal Survey*. London: SPCK, 1953.

Selz, Gebhard. " 'The Holy Drum, the Spear, and the Harp': Towards an Understanding of the Problems of Deification in Third Millennium Mesopotamia." Pages 167–209 in *Sumerian Gods and Their Representations*. Edited by I. L. Finkel and M. J.

Geller. Groningen: Styx, 1997.

Shafer, Byron E., ed. *Religion in Ancient Egypt: Gods, Myths and Personal Practice*. Ithaca and London: Cornell University Press, 1991.

Sharpe, Kevin, and Leslie Van Gelder. "Human Uniqueness and Upper Paleolithic 'Art': An Archaeologist's Reaction to Wentzel van Huyssteen's 'Gifford Lectures'." *American Journal of Theology & Philosophy* 28/3 (2007): 311–45.

Shaviv, Samuel. "The Polytheistic Origins of the Biblical Flood Narrative." *Vetus Testamentum* 54/4 (2004): 527–48.

Shaw, Ian, ed. *The Oxford History of Ancient Egypt*. Oxford: Oxford University Press, 2003.

Shear, Jonathan. "On Mystical Experiences as Support for the Perennial Philosophy." *Journal of the American Academy of Religion* 62/2 (1994): 319–42.

Shults, LeRon. "Spiritual Entanglement: Transforming religious symbols at Çatalhöyük." Pages 73–98 in *Religion in the Emergence of Civilization: Çatalhöyük as a Case Study*. Edited by Ian Hodder. Cambridge: Cambridge University Press, 2010.

Siddiqi, Mazheruddin. "A Historical Study of Iqbal's Views on Sufism." *Islamic Studies* 5/4 (1966): 411–27.

Silverman, David P. "The Nature of Egyptian Kingship." Pages 49–94 in *Ancient Egyptian Kingship*. Edited by David O'Connor and David P. Silverman. Leiden: Brill, 1995.

Simmons, Alan. *The Neolithic Revolution in the Near East: Transforming the Human Landscape*. Tucson: University of Arizona Press, 2007.

Smart, Ninian. *Dimensions of the Sacred: An Anatomy of the World's Beliefs*. Berkeley: University of California Press, 1996.

Smith, Huston. *The World's Religions: Our Great Wisdom Traditions*. New York: HarperCollins, 1991.

———. "Is There a Perennial Philosophy?" *Journal of the American Academy of Religion* 55/3 (1987): 553–66.

Smith, Mark S. *The Early History of God: Yahweh and the Other Deities in Ancient Israel*. 2nd ed. Grand Rapids: Eerdmans, 2002.

Smith, Morton. *Studies in the Cult of Yahweh*. 2 vols. Leiden: Brill, 1996.

———. “The Common Theology of the Ancient Near East.” *Journal of Biblical Literature* 71/3 (1952): 135–47.

Smith, Noel. *An Analysis of Ice Age Art: Its Psychology and Belief System*. American University Studies: Series XX, “Fine Arts,” vol. 15 (book 15). New York: Peter Lang, 1992.

Smith, W. Robertson. *Lectures on the Religion of the Semites: The Fundamental Institutions*. New York: Ktav Publishers, 1969.

Snow, Dean R. “Sexual Dimorphism in Upper Palaeolithic Hand Stencils.” *Antiquity* 80 (2006): 390–404.

———. “Sexual Dimorphism in European Upper Paleolithic Cave Art.” *American Antiquity* 78 (2013): 746–61.

Sobat, Erin. “The Pharaoh’s Sun-Disc: The Religious Reforms of Akhenaten and the Cult of the Aten.” *Hirundo: McGill Journal of Classical Studies* 12 (2013–2014): 70–75.

Sprigge, Timothy Lauro Squire. “Pantheism.” *Monist* 80/2 (1997): 191–217.

Sproul, Barbara C. *Primal Myths*. New York: HarperCollins, 1991.

Srinivasan, Doris. “Vedic Rudra-Śiva.” *Journal of the American Oriental Society* 103/3 (1983): 543–56.

Stone, Alby. *Explore Shamanism*. Loughborough, U.K.: Explore Books, 2003.

Stringer, Chris. *Lone Survivors: How We Came to Be the Only Humans on Earth*. New York: Henry Holt and Company, 2012.

Stringer, Martin D. “Rethinking Animism: Thoughts from the Infancy of Our Discipline.” *Journal of the Royal Anthropological Institute* 5/4 (1999): 541–55.

Struble, Eudora J., and Virginia Rimmer Herrmann. “An Eternal Feast at Sam’al: The New Iron Age Mortuary Stele from Zincirli in Context.” *Bulletin of the American Schools of Oriental Research* 356 (2009): 15–49.

Taraporewala, Irach J. S. *The Divine Songs of Zarathustra: A Philological Study of the Gathas of Zarathustra, Containing the Text and Literal Translation into English, a Free English Rendering and Full Critical and Grammatical Notes, Metrical Index and Glossary*. Bombay: D. B. Taraporevala Sons, 1951.

Tattersall, Ian. *Becoming Human: Evolution and Human Uniqueness*. New York: Harvest, 1999.

Tertullian, *Apologetical Works*, and Minucius Felix, *Octavius*. Translated by Rudolph Arbesmann, Sister Emily Joseph Daly, and Edwin A. Quain. The Fathers of the Church, volume 10. Washington, D.C.: The Catholic University of America Press, 1950.

Teske, Roland. "The Aim of Augustine's Proof That God Truly Is." *International Philosophical Quarterly* 26 (1986): 253–68.

Thomassen, Einar. "Orthodoxy and Heresy in Second-Century Rome." *Harvard Theological Review* 97/3 (2004): 241–56.

Tobin, Frank. "Mysticism and Meister Eckhart." *Mystics Quarterly* 10/1 (1984): 17–24.

Treves, Marco. "The Reign of God in the O.T." *Vetus Testamentum* 19/2 (1969): 230–43.

Tylor, Edward Burnett. *Primitive Culture*. London: J. Murray, 1889.

エドワード・バーネット・タイラー著『原始文化 —神話・哲学・宗教・言語・芸能・風習に関する研究—』比屋根安定訳、誠信書房、1962

Ucko, Peter. "Subjectivity and the Recording of Palaeolithic Cave Art." Pages 141–65 in *The Limitations of Archaeological Knowledge*. Edited by T. Shay and J. Clottes. Liège: University of Liège Press, 1992.

Urquhart, William Spence. *Pantheism and the Value of Life: with Special Reference to Indian Philosophy*. London: Epworth Press, 1919.

———. "The Fascination of Pantheism." *International Journal of Ethics* 21/3 (1911): 313–26.

VanderKam, James. *The Dead Sea Scrolls Today*. 2nd ed. Grand Rapids: Eerdmans, 2010.

van der Toorn, Karel. *Family Religion in Babylonia, Syria, and Israel: Continuity and Change in the Forms of Religious Life*. Leiden: Brill, 1996.

van Inwagen, Peter. "Explaining Belief in the Supernatural: Some Thoughts on Paul Bloom's 'Religious Belief as an Evolutionary Accident'." Pages 128–38 in *The Believing Primate: Scientific, Philosophical, and Theological Reflections on the Origin of Religion*. Edited by Jeffrey Schloss and Michael Murray. Oxford: Oxford University Press, 2009.

VanPool, Christine S., and Elizabeth Newsome. "The Spirit in the Material: A Case Study of Animism in the American Southwest." *American Antiquity* 77/2 (2012): 243–62.

Verhoeven, Marc. "The Birth of a Concept and the Origins of the Neolithic: A History of Prehistoric Farmers in the Near East." *Paléorient* 37/1 (2011): 75–87.

Vinnicombe, Patricia. *People of Eland: Rock Paintings of the Drakensberg Bushmen as a Reflection of Their Life and Thought*. 2nd ed. Johannesburg: Wits University Press, 2009.

von Franz, Marie-Louise. *Creation Myths*. Boston: Shambhala, 1995.

Walker, Williston. *A History of the Christian Church*. New York: Scribner, 1918.

Walton, John H. *Ancient Near Eastern Thought and the Old Testament: Introducing the Conceptual World of the Hebrew Bible*. Grand Rapids: Baker Academic, 2006.

Watkins, Trevor. "Building Houses, Framing Concepts, Constructing Worlds." *Paléorient* 30/1 (2004): 5–23.

Weinberg, Saul S. "A Review Article: Man's Earliest Art." *Archaeology* 6/3 (1953): 174–80.

Weisdorf, Jacob L. "From Foraging to Farming: Explaining the Neolithic Revolution." *Journal of Economic Surveys* 19/4 (2005): 561–86.

Wengrow, David. "Gods and Monsters: Image and Cognition in Neolithic Societies." *Paléorient* 37/1 (2011): 153–63.

Wensinck, Arent Jan. "Two Creeds, The Fikh Akbar II." Pages 1553–59 in *The Norton Anthology of World Religions: Volume II*. Edited by Jack Miles. New York: W. W. Norton, 2015.

West, Martin. "Towards Monotheism." Pages 21–40 in *Pagan Monotheism in Late Antiquity*. Edited by Polymnia Athanassiadi and Michael Frede. Oxford: Oxford University Press, 1999.

White, Randall. *Prehistoric Art: The Symbolic Journey of Humankind*. New York: Harry N. Abrams, 2003.

Williams, David Salter. "Reconsidering Marcion's Gospel." *Journal of Biblical Literature* 108/3 (1989): 477–96.

Williams, Lukyn. *Dialogue with Trypho*. New York: Macmillan, 1930.

Wilson, David Sloan. *Darwin's Cathedral: Evolution, Religion, and the Nature of Society*. Chicago: University of Chicago Press, 2002.

Wise, Michael. *Language and Literacy in Roman Judaea: A Study of the Bar Kokhba Documents*.

New Haven: Yale University Press, 2015.

Wisse, Frederik. "The Apocryphon of John." Pages 104–23 in *The Nag Hammadi Library in English*. Edited by James M. Robinson. San Francisco: HarperSanFrancisco, 1978.

Wobst, H. Martin. "The Archaeo-Ethnology of Hunter-Gatherers or the Tyranny of the Ethnographic Record in Archaeology." *American Antiquity* 43/2 (1978): 303–309.

Wolf, Laibl. *Practical Kabbalah: A Guide to Jewish Wisdom for Everyday Life*. New York: Three Rivers Press, 1999.

Wood, Bryant. "The Rise and Fall of the 13th-Century Exodus-Conquest Theory." *Journal of the Evangelical Theological Society* 48/3 (2005): 475–89.

Wray, Tina J., and Gregory Mobley. *The Birth of Satan: Tracing the Devil's Biblical Roots*. New York: Palgrave Macmillan, 2005.

Wynn, Thomas, and Frederick Coolidge. "Beyond Symbolism and Language: An Introduction to Supplement 1, *Working Memory*." *Current Anthropology* 51 (2010): S5–S16.

Wynn, Thomas, Frederick Coolidge, and Martha Bright. "Hohlenstein-Stadel and the Evolution of Human Conceptual Thought." *Cambridge Archaeological Journal* 19/1 (2009): 73–84.

Yarshater, Ehsan, ed. *Mystical Poems of Rumi*. Chicago: University of Chicago Press, 2008.

Zagorska, Ilga. "The Use of Ochre in Stone Age Burials of the East Baltic." Pages 115–24 in *The Materiality of Death: Bodies, Burials, Beliefs*. Edited by Fredrik Fahlander and Terje Oestigaard. Oxford: Archaeopress, 2008.

Zarrinkoob, Abdol-Hosein. "Persian Sufism in Its Historical Perspective." *Iranian Studies* 3/4 (1970): 139–220.

Zeder, Melinda A. "Religion and the Revolution: The Legacy of Jacques Cauvin." *Paléorient* 37/1 (2011): 39–60.

Zimmerli, Walther. *Old Testament Theology in Outline*. Edinburgh: T&T Clark, 1978.

原注

序章　〈神〉の似姿を求めて

1　その後の児童学研究によれば、子どもが持つ〈神〉の概念は、人間一般、とくに両親をどう理解するかに左右されることは確かである一方、〈神〉を人間と同じような、限られた能力を持った存在とは見做《みな》していないことも明らかにされている。例えば、自然界の大きな岩や山脈はどうして出来たのかと尋ねられた四歳児は、それらを造ったのは人間ではなく〈神〉だと信じていた。詳細は、Jean Piaget, *The Child's Conception of the World* (Paterson, N.J.: Littlefield, Adams, 1960), and Nicola Knight, Paulo Sousa, Justin L. Barrett, and Scott Atran, "Children's Attributions of Beliefs to Humans and God: Cross-Cultural Evidence," *Cognitive Science* 28 (2004): 117–26 を参照されたい。

2　Ludwig Feuerbach, *The Essence of Christianity* (New York: Pantheon, 1957), 58.（邦訳『キリスト教の本質』上・下、船山信一訳、岩波文庫、一九六五年、上巻一六一頁）

3　神の人格化についての私の推測の大部分は、この問題に関する最先端の理論家の一人で人類学者のスチュワート・ガスリーの説に依拠している。ガスリーはその主著 *Faces in the Clouds: A New Theory of Religion* (New York: Oxford University Press, 1995) の中で、すべて宗教心の根底には、何らかの形の擬人化が見られると断定している。この説によれば、人間には生来の心理的先入観として、自然、社会、宇宙環境の中に人格を見出そうとする認知構造が埋め込まれているために、そのようなことが起こるのだという。ガスリーによれば、世界を擬人化することは「いいことなのだ。なぜなら、世界は不安定、不明瞭で、解釈が必要だから。おそらく、それが何であれ、通常われわれにとってもっとも重要なものの存在を明らかにしてくれる解釈が、もっとも高く評価されるのは間違いない。それは、たいてい、ほかの人間たちである」という。

　ガスリーの説は次の三点に要約できる。第一に、宗教は、世界を人間と同じような特徴を持ったものと見立てることによって成立していることを前提に、この説の論理的基盤を形成している。彼は、民族誌学的データの中に、神々や、神話に登場する生物、鳥の飛翔や、地震その他の災害のような自然現象にさえも、魂や霊性が宿っているというアニミズム的思考があることを引き合いに出して、それを証拠にこの説を裏付けている。第二に、宗教の本質は世界を擬人化することだという見解が妥当な理由を考察する。そのために彼は四つの理由を挙げている。①私たちの住む世界は曖昧模糊としていて、永久に未完である。②それゆえ、まず必要とされるのは、それをどう解釈するかだ。③解釈とは、もっとも統計的に優位にあるものに賭けることである。④もっとも統計的に優位にあるものとは、人間ならではの行動、思考、感情である。第三に、認知科学と発達心理学から、上記のような説を裏付ける証拠を提供する。総じてガスリーは、宗教心とは、実際に感知される不安定さを抑える賭けのようなものと見ている。彼の大きな関心は、宗教が社会の中でいかに大切かを立証したり、それを詳細に記録したりすることではなく、宗教的行為の起源を説明する学説を生み出すことにある。

4　仏教の主流派と言ってもよい「マハーヤーナ（大乗仏教）」（あまり有神論的でない「テーラワーダ（小乗仏教）」との対比でこう呼ぶ）では、仏陀のこの世の姿は、伝統的に純粋な法《ダルマ》の権化と見られている。人格化された神の魂としての神霊《デーヴァ》については、Ninian Smart, *Dimensions of the Sacred: An Anatomy of the World's Beliefs*（Berkeley: University of California Press, 1996）を参照されたい。

5　認知心理学者ジャスティン・バレットがおこなった研究によれば、宗教的に敬虔な参加者は、彼らが信じている〈神〉の特性とは何かがわかるような質問事項に対しては、遍在、無謬《むびゅう》、全知、絶大なやさしさなど、〝神学的に正しい〟決まり切った答え方をする。ところが、その同じ参加者に日常会話的に神の特性を尋ねると、同じようにいそいそと、〈神〉のやさしさにも、理解の示し方にも限りがあり、すべてを知っているわけではない、などと筆記回答とは矛盾する答えをする。詳細は、Justin L. Barrett, "Theological Correctness: Cognitive Constraint and the Study of Religion," *Method and Theory in the Study of Religion* 11（1999）: 325–39, and "Cognitive Constraints on Hindu Concepts of the Divine," *Journal for the Scientific Study of Religion* 37（1998）: 608–19を参照されたい。

第Ⅰ部　伏在する魂《こころ》

第1章　エデンの園のアダムとイヴ

1　人間は今からおよそ二五〇万年前、類人猿（アウストラロピテクス）から進化し始め、やがて北アフリカ、ヨーロッパ、アジアへ移動して定住するようになった。その後の二〇〇万年ほどの間に、地球上には、ホモ・ネアンデルターレンシス、ホモ・エレクトス、ホモ・ソロエンシス、ホモ・デニソワ、ホモ・エルガステルなどを含むたくさんのヒト科に属する人類が住むようになった。ヨーロッパのホモ・サピエンスは、フランスのレ・ゼジー村近くのクロマニヨンという洞窟で一八六八年に頭蓋骨が発見されたことから、「クロマニヨン人」と呼ばれることもある。一般に「アフリカ単一起源説」として知られている理論によれば、解剖学的に見て近代人はおよそ二〇万年前にアフリカで進化し始め、一二万五〇〇〇年ほど前に初期の人類ホモ・サピエンスの一種がユーラシア大陸に移動して住み始め、それより前にいた人種ネアンデルタール人にとって代わったとされている。この理論は最近、DNA型鑑定によって確認されている。だが、今から少なくとも三〇万年前のものとされる、モロッコのジェベル・イルードで発見されたホモ・サピエンスの化石からは、私たちと同類の人類は、最初に考えられていたよりも古いものである可能性が示唆されるという。詳細については、Jean-Jacques Hublin et al., "New Fossils from Jebel Irhoud, Morocco, and the Pan-African Origin of *Homo Sapiens*," *Nature* 546 (June 8, 2017): 289-92 を参照されたい。

研究者の中には、ホモ・サピエンスの起源は、しばしば推定されているような、東もしくは南アフリカではなく、北アフリカで、以前の六万年から七万年前という推定よりも五万年早いと確信をもって論じる人たちもいる。この点については、Jean-Jacques Hublin and Shannon P. McPherron, eds., *Modern Origins: A North African Perspective* (New York: Springer, 2012), and Simon J. Armitage et al., "The Southern Route 'Out of Africa': Evidence for an Early Expansion of Modern Humans into Arabia," *Science* 331/6016 (2011): 453-56 を参照されたい。

一般的には、ホモ・サピエンスとネアンデルタール人は紀元前四万年から三万年頃、少なくとも一万年にわたってヨーロッパを共有していたと信じられており、この二つの人種の間に交配があったというたくさんの証拠がある（現存する非アフリカ系人種のうち二%がネアンデルタール人のDNAを持っている）。この発見から、旧石器時代にネアンデルタール人とホモ・サピエンスが交配したという説が有力である。だが、最近シベリアのある河川の土手から発見された人骨から、ネアンデルタール人と人間との関係は四万五〇〇〇年前に遡ることが判明した。なぜなら、学者たちの推測によると、シベリア人が居住する七〇〇〇年から一万年前にネアンデルタール人との交配がおこなわれていたのなら、人間とネアンデルタール人との交配は六万年前に遡って位置付けることが可能になるからだ。詳細については、Richard E. Green et al., "A Draft Sequence of the Neanderthal Genome," *Science* 328 (2010): 701-22, and Jennifer Viegas, "45,000-Year-Old Man Was Human-Neanderthal Mix," abc.net.au/science/articles/2014/10/23/4113107.htm を参照されたい。

2　Ian Tattersall, *Becoming Human: Evolution and Human Uniqueness* (New York: Harvest, 1999) は、われわれの祖先ホモ・サピエンスの生活についての優れた入門書になっている。石器時代の女性の役割について、入手しやすい最上の入門書として、*The Invisible Sex*, by J. M. Adovasio, Olga Soffer, and Jake Page (New York: HarperCollins, 2007) をお薦めする。

3　ジリアン・モリス＝ケイによれば、「身体装飾は、人体とは別のアートが生まれる重要な前兆である。肌や骨、ビーズへの彩色は、形や色を用いることが楽しかったからだと推測される。歯や貝殻や骨に穴をあけ、それらを時には幾重にもつなぎ合わせて、ペンダントやネックレスを作るという風習は、身体彩色に次ぐ個人的な装飾品の最古の形として知られている」という。詳細については、Gillian Morriss-Kay, "The Evolution of Human Artistic Creativity," *Journal of Anatomy* 216 (2010): 161 を参照されたい。

4　フランス南西部のル・マス＝ダジルで発見された女性の頭蓋骨には、くぼんだ眼孔に削った骨を埋め込み、視力があるかのように細工してあり、下あごはトナカイのそれと置き換えられているように見える。頭蓋骨は紀元前一万二〇〇〇年頃のマドレーヌ文化期〔欧州の後期旧石器時代最後の文化期〕のものとされている。

ポール・プティットによれば、「埋葬の営みは、今から三万年前か、もしかするとそれ以前にすでに何かを象徴するような、決まった手順で行われるようになり、一〇万年前の中期旧石器時代の埋葬にすでにある程度その基盤ができていたことは明らかである」という。詳細は、Paul Pettitt, *The Palaeolithic Origins of Human Burial* (New York: Routledge, 2011), 269 を参照されたい。

「旧石器時代の埋葬は、来世という概念があったことを明らかに示している」とブライアン・ヘイデンは論じている。「それはまた、祖先崇拝のごく初期の形が存在していた可能性も浮き彫りにしている。一五万年前までは、いかなる形の埋葬も行われていなかったように思われる。人が死ぬと、チベット人が遺体を野ざらしにして動物の餌食にしているのと同様に、遺体が朽ち果てるか、鳥に食い尽くされるまでそのまま地面に放置されていたに違いない。……初期の人類は、遺体を台地や木の上に置いて、肉食動物よりも鳥や昆虫に始末させていた可能性もある。……埋葬の形跡が考古学的記録の中に現れ始めた時期についてもっとも留意するべきことは、こうした伝統的慣行に一大変化が起こったわけではないということである。新しい信仰や儀式体系が古い慣行にとって代わったのでもなければ、人々が急に衛生状態への関心を高めたわけでもない。……死というものへの認識が突然ひらめいたわけでもなかった。埋葬はむしろ、共通の文化を担う人たちの結びつきを象徴する慣行であることは確かだった。それには特別の努力が要り、火が焚かれたり、何かを象徴する特別な石を選んで、捧げられたりした」。Brian Hayden, *Shamans, Sorcerers and Saints* (Washington, D.C.: Smithsonian, 2003), 115.

　筆者はデーヴィッド・ウェングロウの以下の説に確信をもって同意する。「初期の狩猟採集民のなかで、さまざまな人たちの文化の理解に持続的な関心があるなら、現存するそれらを生き生きと描いたアート作品よりも、旧石器時代と中石器時代の社会の埋葬の記録の中にそれが見つかる可能性が高い――人骨と動物の骨を組み合わせて意図的に配置した最古のものとされている紀元前一〇万年から八万年のものとされる〔イスラエルの〕スフール洞窟とカフゼー洞窟の埋葬場所からの出土記録や、それより後のナトゥーフ文化期の〝シャーマンが関連した〟墓として知られる墓地群からの出土記録がある」。詳細については、David Wengrow, "Gods and Monsters: Image and Cognition in Neolithic Societies," *Paléorient* 37/1 (2011): 155を参照されたい。

5 〝soul〟という言葉について一言。これは明らかに〝西欧的な〟言葉で、特定の宗教的解釈を伴うものであるから、すべての宗教的教義に当てはめるべきではない。だが、ここで使われているように、soulとは〝霊性の本質〟の異名であり、人によって〝こころ〟という言葉に置き換えてもよい。〝soul〟という言葉の最古の使用例の一つについては、現在のトルコのガズィアンテプの近くのジンキルリ（古代のサムアル）で最近発見された墓碑としての石板に関する以下のような報告を参照されたい。Dennis Pardee, "A New Aramaic Inscription from Zincirli," *Bulletin of the American Schools of Oriental Research* 356 (2009): 51-71; J. David

Schloen and Amir S. Fink, "New Excavations at Zincirli Höyük in Turkey (Ancient Sam'al) and the Discovery of an Inscribed Mortuary Stele," *Bulletin of the American Schools of Oriental Research* 356 (2009): 1-13; and Eudora J. Struble and Virginia Rimmer Herrmann, "An Eternal Feast at Sam'al: The New Iron Age Mortuary Stele from Zincirli in Context," *Bulletin of the American Schools of Oriental Research* 356 (2009): 15-49.

6　後期旧石器時代（UPP）の人間が死者を埋葬していたことには異論はないが、中期旧石器時代や前期旧石器時代にもそうした慣行があったかどうかに関してはいまだに多くの説がある。詳細については、Julien Riel-Salvatore and Geoffrey A. Clark, "Grave Markers: Middle and Early Upper Paleolithic Burials and the Use of Chronotypology in Contemporary Paleolithic Research," *Current Anthropology* 42/4 (2001): 449-79を参照されたい。

ウィリアム・レンドゥによれば、「学者たちは数十年にわたって、解剖学的に見た現生人類の到来以前の西ヨーロッパで、埋葬がおこなわれていたかどうかに疑問を抱いていた」という。「それゆえ、以前、ネアンデルタール人の遺骨が発見され、ネアンデルタール人による埋葬がおこなわれたのではないかと初めて推測されたフランスのラ・シャペローサンで、広域にわたる現場復活と再調査を兼ねた取り組みがおこなわれた。このプロジェクトによって、ラ・シャペローサンのネアンデルタール人は集団の他のメンバーたちによって掘られた穴に安置され、以後、だれにも邪魔されないように、直ちに覆われていたことが判明した。これらの発見で、西ヨーロッパのネアンデルタール人の埋葬の事実と、ネアンデルタール人にそれを執り行う認知能力があったことが証明された」。詳細については、William Rendu et al., "Evidence Supporting an Intentional Neanderthal Burial at La Chapelle-aux-Saints," *Proceedings of the National Academy of Sciences of the United States of America* 111/1 (2014): 81を参照されたい。

約一〇万年前のものとされるネアンデルタール人の埋葬の最古にして、もっとも異論の少ない物的証拠は、イスラエルのスフールとカフゼーの埋葬場所から出土している。だが、ネアンデルタール人の人骨は、例えば中央アジアのテシク・タシュや、数人のネアンデルタール人が埋葬されているのが発見されたイラクのシャニダールの大きな洞窟など、ヨーロッパやアジアのあちこちでも発見されている。

詳細は、Rainer Grün et al., "U-series and ESR Analyses of Bones and Teeth Relating to the Human Burials from Skhul," *Journal of Human Evolution* 49/3 (2005): 316-34, and André Leroi-Gourhan, *The Hunters of Prehistory*, trans. Claire Jacobson (New York: Atheneum, 1989), 52を参照されたい。

7　アニミズムはもちろん、本当の意味では宗教ではない。はっきり言って、私たちの進化の過程でそのようなものはなかった。アニミズムは一つの観念と見たほうがよく、アダムとイヴが世界を見て、その中での自分たちの位置を知るときのレンズのようなものだった。

8　旧石器時代の洞窟壁画の意味するものと効用についての学説はたくさんある。洞窟壁画は本来、何の意味もない〝芸術のための芸術〟であるという説の信奉者もいる。先史時代の人間の認識能力は低かったという思い込みから生まれたこの説は、現代の学者たちの間ではあまり採用されていないが、例えば、ジョン・ハルヴァーソンのような支持者もいる。彼の説によれば、「洞窟壁画には通常の言語感覚でいう〝意味〟はなく、宗教、神話、もしくは形而上学的レファレンス、魔術的もしくは実用的目的は一切ないと想像される。むしろ、認識力の発達の初期段階、表象的なイメージを形成する抽象化の始まりと理解するべきである。それは、一種の遊びで、とくに概念とかイメージを自由に弄ぶ自己目的的な行動であったのかもしれない。そういうわけで、旧石器時代の芸術は文字通り〝芸術のための芸術〟だった可能性が高い」という。詳細については、John Halverson et al., "Art for Art's Sake in the Paleolithic," *Current Anthropology* 28/1 (1987): 63を参照されたい。

　ほかの多くの学者たちは、旧石器時代の洞窟壁画を情報交換の手段と見る。たとえば、「人口密度が高くなった状態のもとで社会的ネットワークが閉鎖された結果生まれた特定層のストレス」を反映したものだったのかもしれない。バートン、クラーク、コーエンらの説によると、旧石器時代に描かれた洞窟壁画は、所有権の主張と関係があったかもしれないという。「こうした権利の主張は芸術を通して象徴的に表現されていた可能性がある。おそらく、動産芸術がこの機能を果たしていたと考えられる一方で、壁画は目に見える形で（しかも〝恒久的に〟）光景を変えることによって、明らかな所有権の主張をいっそう効果的に伝えることができたのかもしれない」。詳細は、C. Michael Barton, G. A. Clark, and Allison E. Cohen, "Art as Information:

"Explaining Upper Palaeolithic Art in Western Europe," *World Archaeology* 26/2 (1994): 199-200. Clive Gamble, "Interaction and Alliance in Palaeolithic Society," *Man* 17/1 (1982): 92-107, and *The Palaeolithic Settlement of Europe* (Cambridge: Cambridge University Press, 1986), and Michael Jochim, "Palaeolithic Cave Art in Ecological Perspective," in *Hunter-Gatherer Economy in Prehistory*, ed. G. N. Bailey (Cambridge: Cambridge University Press, 1983), 212-19を参照されたい。

構造主義者の議論に賛成する人たちは、旧石器時代の洞窟壁画は、この時代の生活や文化を厳格に構成していた世界観、宇宙論、思想体系を普遍的な意味を込めたパターンとして表現したものだと断定する。だが、この説の創始者で、もっとも著名な支持者でもあるアンドレ・ルロワ＝グーランは、この洞窟壁画には宗教的意味合いはないという。ルロワ＝グーランとマイケルソンによれば、「この洞窟壁画に、昔の先史学者たちが信じていたような社会慣行のなごりは、たとえ宗教的なもの、もしくは形而上学的なものでもないと思う。むしろ、数えきれないほどある細かな善悪判断のシンボルや、すぐに役立つ習慣の基盤として役立ちそうな、社会的基盤の枠組みのようなものだったのではないか。……旧石器時代の芸術から浮かび上がるテーマは、宗教の歴史よりも心理学研究の先行を誘うものではないだろうか」。詳細は、André Leroi-Gourhan and Annette Michelson, "The Religion of the Caves: Magic or Metaphysics?" *October* 37 (1986): 16を参照されたい。

旧石器時代の洞窟壁画についてもっともよく知られている学説には、〝共感呪術〟という概念が含まれている。簡単にいうと、こうした洞窟壁画は、まじないや念力によって狩猟の成功を容易にすることを意図したものであり、画家もしくは狩人に獲物を征服する精神的・肉体的パワーを与えて狩猟者の安全を守り、耐久力を生み出すように意図されているのだという。この説で論議の的になっていることの一つは、旧石器時代の洞窟壁画が、槍で刺されて血を流しているか、切り傷を受けた動物の姿を描いたものが多いと信じられていることで、筆者が本書で述べているように、これは間違いである。

〝共感呪術としての芸術〟の最大の支持者であるアンリ・ブルイユは、先史時代の絵画は、自然界に対して持続的な支配力を及ぼすことを意図して、神秘的な地球の深奥で描かれたと論じる。こうした初期の画家たちは、狩猟における成功と獲物の繁殖を確実にするために、地球の奥深く（妊娠／出産との関連からか？）に降りていって、洞窟の暗くてもっとも近づきにくい深奥部で、ある種の動物の魂を魔術的に捉えようと努力したのだという。詳細については、Henri Breuil, *Four Hundred Centuries of Cave Art*, trans. Mary Boyle (New York: Hacker Art Books, 1979) を参照されたい。

　最後に、洞窟壁画は宗教的な動機から描かれたもので、したがって精神的な意味合いがにじみ出ているとする筆者を含めた学者たちがいる。デーヴィッド・ルイス＝ウィリアムズは、この芸術はシャーマンによって一種の恍惚状態（たぶん薬物による）に達した結果、描かれたもので、洞窟自体がこの世界と霊界との間にかけられたヴェール（膜）もしくは境界のようなものになっていたと信じている。詳細については、Jean Clottes and David Lewis-Williams, *The Shamans of Prehistory: Trance and Magic in the Painted Caves* (New York: Harry Abrams, 1998), and David Lewis-Williams and David Pearce, *Inside the Neolithic Mind: Consciousness, Cosmos, and the Realm of the God* (London: Thames and Hudson, 2005) を参照されたい。

　だが、ケヴィン・シャープとレスリー・ヴァン・ゲルダーは、洞窟内の壁画や彫像は宗教的な〝芸術〟であるという説に異議を唱えている。シャープとヴァン・ゲルダーによれば、「シャーマンがらみの説は、ヨーロッパ南西部の洞窟〝芸術〟を、後期旧石器時代の〝芸術〟創作者が宗教的意味と意図から生み出したと解釈する素晴らしい伝統に依拠したものである（われわれも他の大勢の学者たちに従って〝芸術〟という言葉をカッコでくくっている。なぜなら、そのような大昔の遺物のなかには、人工的につくられた彫像のようなものも含まれている一方、必ずしもすべてがそうではなく、創作者もすべてを意図的に芸術として作成したわけではなかったように思われるからである）。ヨーロッパ南西部の先史時代の〝芸術〟の発見、記録、解釈の代表的先駆者はアンリ・ブルイユで……その優れた後継者アンドレ・グローリー（イエズス会士で考古学者・神学者ピエール・テイヤール・ド・シャルダンも入る）と同様、ローマ・カトリックの神父だったブルイユは、その〝芸術〟の荘厳さ、畏怖の念を掻き立てる大昔の遺物に圧倒されて、そこから宗教的意味や意図を読み取ったのはごく自然なことだったように思われる。彼らはみな同じように〝芸術〟を含む洞窟を『聖域《サンクチュアリ》』『大聖堂《カテドラル》』『教会堂《チャペル》』などと名付けた。彼らは一九世紀末から二〇世紀にかけてのフランスとスペインの文化的風潮を反映した伝説を生み出し、それは今日までゆるぎなく続いている。先史時代の芸術について、あるいはニューエイジの文献や、ウェブサイトをざっと見てもらえばそれがわかる。ルイス＝ウィリアムズはまさにこの伝承にふさわしい人だ。この〝芸術〟はロマンティックで神秘的な感じがする。宗教的な解釈が自然に湧き上がってくる。それはけっこうな物語になる。それは現行の理論家たちに泥だらけになって洞窟に入ることを要求しない」。詳細については、Kevin Sharpe and Leslie Van Gelder, “Human Uniqueness *and* Upper Paleolithic ‘Art’: An Archaeologist's Reaction to Wentzel van Huyssteen's ‘Gifford Lectures’,” *American Journal of Theology & Philosophy* 28/3 (2007): 313-14を参照されたい。

筆者はもちろん、この分析に同意しない。その答えとして、ルイス＝ウィリアムズの言葉をそのまま引用しておく。「[フランスの洞窟の壁画は]変化に富んでいるにもかかわらず、ある種の共通性を読み取ることができる。もっとも顕著なことは、人々が地底の奥深くで画像を作ったという驚くべき事実である。それらの場所ではしばしば、それらの画像が、ある時たった一人の人間によって創作されたように見え、しかもそれ以外の人の目に触れたことがないのではないかと思われる。太古のこうしたアーティストたちが超自然的な動物や、もしかしたら精霊がうようよしている地下世界があると信じていたのでなければ、こんな人里離れた所に画像を作る理由は想像しにくい。世界中の人間社会と同様、後期旧石器時代の人たちは、もしかしたら宇宙は地下世界、人間が住む世界、天界といった階層型になっていると信じていたのかもしれない。後期旧石器時代の霊界にはどんな生き物が住んでいたのか、それらが人間にどんな影響を与えていたのかは推測の域を出ない」。詳細については、David Lewis-Williams, “Into the Dark: Upper Palaeolithic Caves in Western Europe,” *Digging Stick* 27/2 (2010): 5のほか、以下のSharpe and Van Gelder, “Human Uniqueness and Upper Paleolithic ‘Art,’” 311-45も参照されたい。

9 ここでいう〝階層的宇宙〟説を鮮やかに展開したルイス＝ウィリアムズは、「後期旧石器時代の人々はおそらく、洞窟に入ってゆくことは地下世界へ入ることに等しいと理解していたのではないか」と述べている。「洞窟の通路は地下世界の〝内臓〟で、壁、床、天井は、それ以遠にアクセスするために突き抜けることができる薄い〝隔膜〟である。活動場所はそれゆえ地下世界の下位区分にある」。詳細は、

David Lewis-Williams, *Conceiving God: The Cognitive Origin and Evolution of Religion*（London: Thames and Hudson, 2010）, 210を参照されたい。

10　ほかにも、スペインのアルタミラ洞窟やティト・ブスティーヨなど、すばらしく保存のよいものがある。エル・カスティーヨで発見された画像は、〝手型を枠取りした〟〝大きな赤い円〟である。詳細は、Pike et al., "U-Series Dating of Paleolithic Art in 11 Caves in Spain," *Science* 336（2012）: 1411-12のほか、M. García-Diez, D. L. Hoffman, J. Zilhão, C. de las Heras, J. A. Lasheras, R. Montes, and A.W.G. Pike, "Uranium Series Dating Reveals a Long Sequence of Rock Art at Altamira Cave（Santillana del Mar, Cantabria）," *Journal of Archaeological Science* 40（2013）: 4098-106を参照されたい。

後期旧石器時代の洞窟壁画および動産芸術、およびその地理的分布、年代、多様性について役に立つ諸説を知りたい読者は、以下を参照されたい。Oscar Moro Abadía and Manuel R. González Morales, "Paleolithic Art: A Cultural History," *Journal of Archaeological Research* 21（2013）: 269-306; Paul Bahn, Natalie Franklin, and Matthias Strecker, eds., *Rock Art Studies: News of the World IV*（Oxford: Oxbow Books, 2012）; Gillian M. Morriss-Kay, "The Evolution of Human Artistic Creativity," *Journal of Anatomy* 216（2010）: 158-76; Michel Lorblanchet, "The Origin of Art," *Diogenes* 54（2007）: 98-109; Paul Pettitt and Alistair Pike, "Dating European Palaeolithic Cave Art: Progress, Prospects, Problems," *Journal of Archaeological Method and Theory* 14/1（2007）: 27-47; Gregory Curtis , *The Cave Painters: Probing the Mysteries of the World's First Artists*（New York: Alfred A. Knopf, 2006）; Günter Berghaus, *New Perspectives on Prehistoric Art*（Westport, Conn.: Praeger, 2004）; Randall White, *Prehistoric Art: The Symbolic Journey of Humankind*（New York: Harry N. Abrams, 2003）; Paul Bahn, *The Cambridge Illustrated History of Prehistoric Art*（Cambridge: Cambridge University Press, 1998）; and Margaret W. Conkey, "A Century of Palaeolithic Cave Art," *Archaeology* 34/4（1981）: 21-22.

11　ヴォルプ洞窟を最初に探検したのは、トゥールーズ大学の先史学教授アンリ・ベグエンの三人の息子たちだった（それでこの洞窟が「トロワ＝フレール」と呼ばれるようになった）。一九一二年夏のけだるいある日のこと、三人の兄弟たちは捨てられていた箱や空になったドラム缶を使って自家製のボートを造り、それでヴォルプ川の細い支流に漕ぎ出し、これらの洞窟の一つの半分水没した入り口をくぐった。内部は薄暗かったが、洞窟の壁にかすかに刻み込まれた絵らしいものを見つけた。その時、彼らは自分たちが見たものの重要性に気がつかなかった。兄弟たちは第一次大戦の勃発で次々と前線に召集されたため、洞窟探検は中止された。彼らが子供時代の洞窟探検を再開したのは一九一八年に戦争が終わってからだった。だが、その時までに父親のベグエン伯爵はこの発見の重要性に気がつき、友人の考古学者でフランス人の司祭だったブルイユ〝神父〟に連絡した。ヴォルプ洞窟に関する筆者の記述の大半はこのブルイユ神父自身による *Four Hundred Centuries of Cave Art*, 153-77 から引用させて頂いた。

12　旧石器時代の〝諸楽器〟についてさらに知るためには、Ian Tattersall, *Becoming Human*, 13-14, 213 を参照されたい。ランドール・ホワイトによれば、「楽器の演奏が、洞窟内の壁画を描く場所の選択に何らかの役割を果たしていた証拠が次々と出ている。三つの洞窟（フォンターネ、ル・ポータル、ニオー）を調査したマイケル・ドゥーヴォワは、高品質の楽器のあった場所と密度の高い壁画や彫刻がある場所との間には明確な関連がある……ことを証明している。この種の研究はまだ始まったばかりだが、洞窟内での活動に横笛、リソフォーン、歌唱、詠唱も含まれていたとすれば、音質が考慮に入れられていたと容易に想定される」という。詳細は、Randall White, *Prehistoric Art*, 16 を参照されたい。

13　ルイス＝ウィリアムズの説によれば、これらの斑点は、旧石器時代の人間が〝意識変容状態〟になったあと、〝釘付けになって〟目にする幻の記録（言い換えれば、シャーマンが異界に入った時に目にした異様な、別世界のもののようなイメージ）であるという。それに対して、ルロワ＝グーランとマイケルソンは、幾何学模様は生殖器を表しているという。「[この幾何学模様は] 男性と女性の外観、生殖器の特徴の表現で、標示の仕方はいろいろあるが、大きく分けると次の二つになる。一つは〝ふっくら〟したもの（楕円形、三角形、四角形）、二つ目は〝ほっそり〟したもの（まっすぐな線、カギ型にまがった線、枝分かれした線、点の連続）を表し、最後に壁に手を置き、染料で枠取りした手型がある。それぞれの標示シリーズのモチーフを比べてみると、性的特徴の標示にもたくさんの種類があり、ほっそりしたものは男性的、ふっくらしたものは女性的なものを表していることなどが次第にわかってくる」。詳細については、David Lewis-Williams, "Debating Rock Art: Myth and Ritual, Theories and Facts," *South African Archaeological Bulletin* 61/183 (2006): 105–11, and *The Mind in the Cave: Consciousness and the Origins of Art* (London: Thames and Hudson, 2004 のほか、Leroi-Gourhan, "The Religion of the Caves," 12-13 を参照されたい。

14　イルガ・ザゴルスカは石器時代の埋葬慣習における紅殻の表象的意味について以下のように書いている。「赤い色は同じ色の、例えば血液のような天然物質を暗示している。埋葬場所の赤い色は、死者があの世へ渡る道中に、生者的活力を保持できるようにという呪《まじな》いの一種とみなされる。顔料の使用は、広い意味では、人間の心の世界や知識の広がりに関係があるとされている。埋葬との脈絡で考えれば、あるものが何かを象徴するという思考の始まりと関連付けられる。……だが、研究者たちはまた、顔料の使用は同じような時代に、同じような空間で使用されてきたわけではなく、その使用の有無は必ずしも納得のゆく解明ができるわけではないことを強調している」という。詳細については、Ilga Zagorska, "The Use of Ochre in Stone Age Burials of the East Baltic," in *The Materiality of Death: Bodies, Burials, Beliefs*, ed. Fredrik Fahlander and Terje Oestigaard (Oxford: Archaeopress, 2008), 115 を参照されたい。

ジュリアン＝リイエル・サルヴァトーレとジョフリー・A・クラークは、顔料は多くの場合、象徴的な意味合いよりも実用的効能から使用されてきたのではないかという。「顔料は寒気や湿気を遮断したり、表面を滑らかにしたり、骨から作ったビーズを磨いたり、収斂剤や防腐剤の役目をしたり、腐敗を遅らせたりするのにも提供されてきた可能性がある。……それゆえ、墓所にそれが見られるのは、これが有用な物質であるという知識があって、後期旧石器時代以降、次第に美観上か、儀式的行事用か、あるいはその両方の目的のために使われるようになったことを示唆しているにすぎないのかもしれない。カフゼーの埋葬場所の一部からの同様の出土は、中期旧石器時代にそれが知られていた（おそらく、使われてもいた）ことを証明している。すると広く使用されるようになったのはたぶん、ずっと後の今から二万年前くらいからのことであった可能性もある」。詳細については、Julien Riel-Salvatore and Geoffrey A. Clark, "Grave Markers: Middle and Early Upper Paleolithic Burials and the Use of Chronotypology in Contemporary Paleolithic

Research," *Current Anthropology* 42/4 (2001): 449–79, and Erella Hovers, Shimon Ilani, Ofer Bar-Yosef, and Bernard Vandermeersch, "An Early Case of Color Symbolism: Ochre Use by Modern Humans in Qafzeh Cave," *Current Anthropology* 44/4 (2003): 491–522を参照されたい。

15 赤（一番多い）、黒、白、黄色（一番少ない）の顔料で描かれた押し絵や抜き染めは、旧石器時代における最古の芸術的表現形態の一つである。手型の押し絵は溶いた顔料に手を突っ込み、それを洞窟の壁に押し当てて作るのに対し、抜き染めの方は、口に含んだ顔料を手の周りに吹き付け、それによって指、腕、手の甲の周囲に後光効果を生み出そうとしたものらしい。フランス南部、スペイン北部、イタリアのたくさんの洞窟から手型の押し絵、抜き染めが産出しているが、こうした独特の表現形態は決して西ヨーロッパの洞窟に限られたものではない。

ショーヴェ洞窟と同じくらい古い粘土製の彫像の発見は言うまでもなく、エル・カスティーヨ洞窟やアルタミラ洞窟と同時代のものであるインドネシアで発見された手型の抜き染めの発見は、後期旧石器時代の美術の起源と発展、およびその意味の理解に幅広い影響を与える可能性を秘めている。詳細は、Paul Pettitt, A. Maximiano Castillejo, Pablo Arias, Roberto Peredo, and Rebecca Harrison, "New Views on Old Hands: The Context of Stencils in El Castillo and La Garma Caves (Cantabria, Spain)," *Antiquity* 88 (2014): 48; M. Aubert, A. Brumm, M. Ramli, T. Sutikna, E. W. Saptomo, B. Hakim, M. J. Morwood, G. D. van den Bergh, L. Kinsley, and A. Dosseto, "Pleistocene Cave Art from Sulawesi, Indonesia," *Nature 514* (2014): 223–27; and Michel Lorblanchet, "Claw Marks and Ritual Traces in the Paleolithic Sanctuaries of the Quercy," in *An Enquiring Mind: Studies in Honour of Alexander Marshack,* ed. Paul Bahn (Oxford: Oxbow Books, 2009), 165–70を参照されたい。

手型の抜き染めの大部分は右手よりも左手のものである。これは当時おこなわれていた手型の取り方と関係があるように思われる（例えば、右手に顔料を入れた貝殻、コンテナー、ストロー状の器具をもっておこなうなど）。さらに、場所的には、手型は洞窟内の割れ目、くぼみ、でっぱりの間などと強い関係がありそうだ。プティットらの説によれば、手型の抜き染めは、「岩の割れ目、突起部、窪みなどと明らかに関連のある場所で発見されている。……観察可能な抜き染めのうちスペインのラ・ガルマ洞窟の八〇％、エル・カスティーヨ洞窟の七四％が洞窟内の岩の割れ目か、表面に波状起伏がある場所と何らかの関係がある。それぞれの洞窟内の〝なだらかな〟岩面と抜き染めのある近辺にはアクセスしやすいが、そのような関連性はまったくない。抜き染めのなかには壁の微妙な突起に〝ぴったり合っている〟ように見えるものもあり、壁の突起部を〝摑んでいる〟ように見える形に手を置いているものもあって、そこを摑む探検者への確実な道案内となっているようにも見える」。詳細については、Paul Pettitt et al., "New Views on Old Hands," 53を参照されたい。

ディーン・スノーは二つの別個の論文で、後期旧石器時代にさかのぼる手型画の大部分は女性のものだと論じている。スペインとフランスの八カ所の洞窟から三二の抜き染めを分析したスノーは、自分が調べた三二の先史時代の手型のうち二四（つまり七五％）は女性のものだったと推断している。スノーの手法で手型から現代の男性と女性の性別を確認できる確率は六〇％に過ぎないにもかかわらず、最古のホモ・サピエンスの性差は、今日よりも後期旧石器時代のほうがはるかに顕著だったという。スノーへの批判はさておき、この新しい仮説は、後期旧石器時代の描画についていくつかの興味深い疑問を提起する。例えば、男女のどちらが（仮にどちらかであるとして）、その時代の描画の主な描き手であったのか？　さらに、仮に女性が洞窟壁画創出の主たる担い手であったとすれば、洞窟内の描画や彫像は〝共感呪術〟か、もしくはシャーマンが経験する非日常的な精神状態と関係があるとするブルイユやルイス゠ウィリアムズの説に変化をもたらしかねないのではないか？　最後に、描き手の性別は後期旧石器時代の描画の意味、意図、目的に何らかの関係があるのだろうか？　詳細は、Dean Snow, "Sexual Dimorphism in Upper Palaeolithic Hand Stencils," *Antiquity* 80 (2006): 390–404, and "Sexual Dimorphism in European Upper Paleolithic Cave Art," *American Antiquity* 78 (2013): 746–61を参照されたい。

フランス南部のピレネー山脈地帯に位置するガルガス洞窟（一九〇六年に発見された）では、今から二万七〇〇〇年前から二万五〇〇〇年前のものとされる一五〇個以上の手型抜き染めが発見されている。しかしながら、それらの抜き染めは他の後期旧石器時代の発見場所のものとちがい、指が欠けているものがたくさんある。エミール・カルタイヤックが初めて論文の中でその判読に触れて以来、さまざまな推論の課題になったのは驚くに当たらない。これらの抜き染めの様々な解釈を要約すると以下の三つになる。①〝描き手〟の指は生贄のために除去された（例えば、通過儀礼、〝共感呪術〟、あるいは内部者／外部者の確認用など）、②事故もしくは生まれつきにより欠損していた（たとえば凍傷、怪我、病気、先天性障害など）、③指を意図的に曲げて、異なった形や形態を創出していた（たぶん狩猟採集民が特定の動物を指すときの〝手話〟）。この三つのうち最後のものがおそらくもっとも有力な仮説であろうが、上記のどれもとくに確信を抱かせるには至っていない。

第一に、指の切除の背後に生贄にする目的があったとすれば、ガルガス洞窟の指の切除には一定のパターンがあることが認められるはずである。だが、そのようなパターンは見当たらない。同様に、指の切除が意図的なものだったか、あるいは指を特定の動物を表すつもりで折り曲げていたとしたら、そうした慣習はほかの洞窟でも見ることができるはずだと期待するであろうが、それに匹敵する画像はほかに二カ所あるだけである。さらに、意図的に指を切除するのは、生存のために仲間全員が依存しあっている集団並びに個人の安全と生産性を損なうことになるので、非論理的だ。最後に、ガルガス洞窟から検出された手型のいくつかは同一人物によって作成されたものと思われるが、連続する抜き染めで欠落している指がちがっているのは、儀式としての切除、自然もしくは偶然に指を失う場合と対照的に、遊び心から曲げているか、曲げ方が稚拙であることを示唆しているのではないだろうか。詳細については、André Leroi-Gourhan, "The Hands of Gargas: Toward a General Study," *October* 37 (1986): 18–34; Ali Sahly, *Les mains mutilées dans l'art préhistorique* (Toulouse: privately published, 1966); Breuil, *Four Hundred Centuries of Cave Art*, 246–57; and Émile Cartailhac, "Les mains inscrites de rouge ou de noir de Gargas," *L'Anthropologie* 17 (1906): 624–25を参照されたい。

16　後期旧石器時代の絵画の表象的な特徴については、ルイス＝ウィリアムズが次のように述べている。「それゆえ、この画像は洞窟の外で見られると推定されることが多い動物の絵とはちがう。地面と想定されるようなものはまったく描かれていない……草も木も川も自然界にあるものは何一つない。動物の目などの固定部分には、それなりの形をした岩や天然の結節が混ざっていることが多い。ほかには、時として岩の割れ目や裂け目を通る岩面を出入りしているように見えるものや、一部だけ描いておき、残りの部分はある位置から明かりを照らすとできる影によって画像が出来上がる仕掛けになっているものもある」。詳細は、David Lewis-Williams, *Inside the Neolithic Mind* (London: Thames and Hudson, 2009), 83-84を参照されたい。

17　後期旧石器時代の考古学的証拠が示すところによれば、後期旧石器時代の洞窟壁画を特徴づけている動物とホモ・サピエンスの主な食事とはほとんど関係がないという。ルロワ＝グーランによれば、「統計的に見て、［後期旧石器時代の洞窟画に］描かれている動物の種類の数は、当時存在していたことがわかっている動物の種類の数よりずっと少ない。旧石器時代の描き手たちは動物なら何でも描いたのではなく、特定の種類の動物を描いており、それらは必ずしも彼らの日常生活に重要な役割を果たしてはいなかったものである」という。詳細は、André Leroi-Gourhan, *The Dawn of European Art: An Introduction to Palaeolithic Cave Painting* (Cambridge: Cambridge University Press, 1982), 45を参照されたい。

ルロワ＝グーランは二つ目の論文で次のように述べている。「居住地帯の大半に残っている骨の形が示唆する動物と比較すると、壁画に見られる動物のリストが示す特徴に疑問が生じる。まず、西ヨーロッパ全般の伝統との類似点を検討してみると、ライオンや鷲は通常の食べ物という形ではめったに取り上げられないが、家紋や紋章としては、牛や豚よりもはるかに多く用いられている。そこでこの疑問に戻ると、旧石器時代の動物画は食用に適する動物の種類を示したものではなく、一種の動物寓話のようなものと想定してもおかしくない」。詳細については、André Leroi-Gourhan, *Treasures of Prehistoric Art* (New York: Harry Abrams, 1967), 111を参照されたい。

最後に、マーガレット・コンキーの見方によれば、「ある種の動物が描かれる頻度は、その動物が発掘現場の食べ物の残滓に発見される頻度ばかりでなく、それが入手できる可能性としばしば反比例していた。南アフリカのクン族の岩絵《ロック・アート》のみごとな研究書である *People of the Eland* の著者パトリシア・ヴィニクームもまた、同様の推断を示している。これは、レヴィ＝ストロースのいう岩絵のモチーフに選ばれる自然界の品種は、〝食べて美味しい〟ものではなく、〝考えると楽しい〟ものだったという見方と同じと言えるのではないだろうか」。詳細は、Margaret W. Conkey, "A Century of Palaeolithic Cave Art," *Archaeology* 34/4 (1981): 23のほか、Patricia Vinnicombe, *People of Eland: Rock Paintings of the Drakensberg Bushmen as a Reflection of Their Life and Thought*, 2nd ed.

(Johannesburg: Wits University Press, 2009), and Lévi-Strauss's quote is from *Totemism*, trans. Rodney Needham (London: Merlin Press, 1991), 89を参照されたい。

ホワイトの説によれば、「洞窟の奥深くにある壁画は〝狩人のおまじない〟（携帯可能な護符も含む）とする説に反論しているように思われる別の見方もある。描かれている動物が苦しんでいる様子がほとんどまったく描かれていないのだ。例外は、ラスコー洞窟のへこんだ穴に描かれた腹を引き裂かれた野牛や、ラ・ヴァッシュ洞窟の弓矢による狩猟シーンくらいで、暴力が振るわれた痕跡や明らかに狩猟という行為を示す絵はほとんどない」という。詳細は、Randall White, *Prehistoric Art*, 119を参照されたい。

18　ルロワ＝グーランの肯定的仮定によれば、「自然の営みの結果が描き手に利用されていて、洞窟そのものが基盤となる図式に組み込まれている。その自然の営みには二種類ある。一つは、描き手が自然の起伏が生み出した曲線を動物の背中や首、太腿に見立てて画像に仕上げる。もう一つは、割れ目や細く暗い通路にそれとわかる符号や点を描き加えて、女性のシンボルに見立てている。そういうわけで、洞窟も〝積極的協同者〟なのである」。詳細は、Leroi-Gourhan, "The Religion of the Caves," 16を参照されたい。

19　ブルイユの〝呪術師《ソーサラー》〟についての記述はなかなか説得力がある。「ベグエン伯爵と私が最初〝呪術師〟と呼んだ〝神〟は、この聖域のなかに刻まれた、黒塗りの唯一の図像で、秘密のらせん状の通路をよじ登って行くしか手が届かない、床面から四メートルも上に位置している。その呪術師は、明らかにそこに集められたおびただしい数のしばしばひどくもつれ合った動物たちを管理・支配している。図像の縦は七五センチ、横幅は五〇センチほどで、全体は刻み込まれた線画だが、彩色は一様ではない。頭、目、鼻、額、右耳にわずかな痕跡があるだけである。顔は正面を向いていて、瞳孔のあるまん丸い目、目と目の間には一本の線が引かれ、先端がアーチ型になっていて鼻を示している。ピンと立った耳は雄鹿のようだ。額の周りの黒い帯状の部分から二本の太くて大きな枝角が突き出している。短い角一本以外は前方に突き出している角はないが、根元からはるか先のほうでは外側に曲がり、左右二手に分かれている。この図像には口がないが、長い口髭が線で描かれ、胸元まで伸びている。前腕を水平に挙げ、両手をそろえ、短い指は外側に開き、彩色はされておらず、不鮮明である。体全体の輪郭を示す幅広い黒い帯状の線は腰の部分で細くなり、両脚へ伸びて折れ曲がっている。左足の膝関節は斑点で表されている。足と大きなつま先はやや念入りに描かれ、〝ケークウォーク〟ダンスのステップに似た動きを示している。男性性器は勃起しておらず、後ろ向きだが、よく発達しており、キツネか馬のような、ふさふさした毛が末端で細くなっている尻尾の下に挟み込まれている。そのようなマドレーヌ文化期の図像は、この洞窟内で最重要視されており、熟慮の結果、それは獲物の増加と狩猟遠征を司る妖精であると考えられる」。Breuil, *Four Hundred Centuries of Cave Art*, 176–77.

20　動物とのこうした関係がシャーマンに、動物たちに対するある種のパワーを与えている。シャーマンは動物の目を通して見ることができ、動物たちは彼が問題を解決し、予兆を読み取り、病人を癒すことができるように道案内をする。ホセ・アントニオ・ラセラスによれば、「差異が明確な実在レベル間のコミュニケーションを成立させるためには、すべてのものに命を与える小さな妖精たちとの仲立ちをし、私たちの周辺にあるすべてのもの、私たちがいつも目にしているあからさまな現実に介入したり、影響を与えたりする司式者、調停者、シャーマンまたは司祭が必要である。それは、アルタミラ洞窟の天井のレリーフに野牛《バイソン》、鹿、馬を発見し、それらが象徴するものとそれらを結びつける司式者的芸術家、もしくはシャーマンなのかもしれない。旧石器時代の芸術は、広大なヨーロッパの地形の中で数千年もの間に結成された集団としてまとまった存在を説明する口承伝説、特定の共有物語——神話——に関連した特定の象徴的意味を持つ動物群像を持っている」という。José Antonio Lasheras, "The Cave of Altamira: 22,000 Years of History," *Adoranten* (2009): 32.

21　〝鳥の頭をした男〟と呼ばれるラスコー洞窟の画像は、挑みかかる野牛の前にのけぞったり、ひれ伏したりしている人間の姿をはっきり描いている。男の胸を狙って角の位置を下げ、攻撃しようとしている動物は、すでに棘付きの矢か槍で腹部を刺されているように見える。男の右側には、鳥の飾りのついた棒のような画像がある。矢軸が深く刺さった野牛の下方には、腹部から円形の突出物が突き出しているのが見える。男の顔形と棒の飾りの鳥の顔がよく似ていることから、この崇拝の対象となるイメージをシャーマニズムの形跡と解釈する者もいる。詳細については、Matt Rossano, "Ritual Behaviour and the Origins of Modern Cognition," *Cambridge Archaeological Journal* 19/2（2009）: 249–50; Jean Clottes and David Lewis-Williams, *The Shamans of Prehistory: Trance and Magic in the Painted Caves* (New York: Harry Abrams, 1998), 94–95; Noel Smith, *An Analysis of Ice Age Art: Its Psychology and Belief System*, American University Studies, Series XX, "Fine Arts," vol. 15, book 15 (New York: Peter Lang, 1992)；Henri Breuil and Raymond Lantier, *The Men of the Old Stone Age* (New York: St. Martin's Press, 1965), 263–64; and Jacquetta Hawkes and Sir Leonard Woolley, *Prehistory and the Beginnings of Civilization* (New York: Harper and Row, 1963), 204–205を参照されたい。

　旧石器時代のもっともよく知られた人間と動物の合成像である*Löwenmensch*（ライオン人間）は、ドイツ南西部のローネタール（はぐれ谷）の洞窟で発見された三万年ほど前の象牙像で、丁寧に彫られたライオンの頭と、明らかに長い四肢を持った人間の姿をしている。高さ二八センチのこの彫像には右腕と足がなく、左腕沿いと耳の周りには均等な幅の切り込みがある。何を意味する像なのかは謎のままだ。この「ライオン人間」は、世界最古のもっともよく知られた半人半獣像の一つであるばかりでなく、最古の移動可能な芸術作品の一つでもある。詳細については、Joachim Hahn, *Kraft und Aggression: Die Botschaft der Eiszeitkunst in Aurignacien Süddeutschlands?* (Tübingen: Verlag Archaeologica Venatoria, 1986), and Thomas Wynn, Frederick Coolidge, and Martha Bright, "Hohlenstein-Stadel and the Evolution of Human Conceptual Thought," *Cambridge Archaeological Journal* 19/1 (2009), 73–84を参照されたい。

22　ブルイユは、旧石器時代の人間が動物のイメージを洞窟の壁や天井に刻んだのは、猟の成功保証や狩人をケガから守ることを意図していたからだという。ブルイユによれば、洞窟内画像の自然の中で無作為に思いついたものの反映にすぎない恣意性と、よく研いだ道具で作ったと思われる彼ら自身の画像そのものに随時に入れた、パントマイムか狩猟のためのおまじないを思わせる切り込みやマークも、この説によって説明がつくという。旧石器時代の洞窟壁画と〝共感呪術〟に関するブルイユの説は、一九六〇年代まではおおむね合意を得られており、今でもそう受けとめている先史時代芸術の入門者は多い。

　だが、一九六〇年代以降は、ブルイユに対する批判もたくさん出ている。注目すべきは、洞窟壁画に描かれている動物の大半は旧石器時代の人間の食糧の一部ではなかったことから、〝共感呪術〟として利用されていたはずはないとする学者たちがいることである。また、ブルイユは〝高教会派〟的感覚を持ったフランス人司祭だったため、洞窟を聖所とみなす傾向があり、彼の仕事は、南アフリカのサン族（南部アフリカのカラハリ砂漠に住む「ブッシュマン」と呼ばれる狩猟採集民族）をあまりにも単純な民族誌的解釈で論じるなど、方法論的問題によって疑義がさしはさまれているという人たちもいる。こうした非難に加えて、ブルイユの洞窟芸術解釈は、先史時代の壁画芸術を〝高等芸術〟、動産芸術作品を〝大衆芸術〟と呼んで、前者を後者より上位に置くというヨーロッパ中心主義、植民地主義的なものであると非難されてもいる。

　ブルイユの丁寧なスケッチさえも批判の的にされてきた。例えばロナルド・ハットンは、ブルイユが描いたトロワ＝フレール洞窟の〝呪術師《ソーサラー》〟には枝角が付加されていることに疑問を呈した。だが、このような否定的な評価や、ブルイユの描画のいくつかに間違いがあるという事実にもかかわらず、ジャン・クロッテ（トロワ・フレール洞窟へのアクセスが許可されている数少ない個人の一人）はブルイユの〝呪術師〟のイメージの信憑性と丁寧なスケッチの正確さを繰り返し保証してきた。詳細については以下の資料を参照されたい。Oscar Moro Abadía and Manuel R. González Morales, "Paleolithic Art: A Cultural History," *Journal of Archaeological Research* 21 (2013): 269–306; Margaret Conkey, "A Century of Palaeolithic Cave Art," *Archaeology* 34/4 (1981): 20–28; Paul Bahn, *The Cambridge Illustrated History of Prehistoric Art* (Cambridge: Cambridge University Press, 1998), 62–63; Ronald Hutton, *Witches, Druids, and King Arthur* (New York: Bloomsbury Academic, 2003), 33–35; Peter Ucko, "Subjectivity and the Recording of Palaeolithic Cave Art," in *The Limitations of Archaeological Knowledge*, ed. T. Shay and J. Clottes (Liège: University of Liège Press, 1992), 141–65; Robert Bégouën and Jean Clottes, "Les Trois-Frères After Breuil," *Antiquity* 61 (1987): 180–87; and Jean Clottes and David Lewis-Williams, *The Shamans of Prehistory: Trance and Magic in the Painted Caves* (New York: Harry Abrams, 1998).

第2章　獣《けもの》たちの王

1　アルベルト・C・ブランによれば、「アリエージュにあるトロワ＝フレール洞窟に描かれている通称〝呪術師《ソーサラー》〟と呼ばれている彩色された彫画像は、ブルイユ神父が、異なった動物——鹿の角、熊の掌、フクロウの目、オオカミか馬の尻尾などの部分をつなぎ合わせたかのような衣装を着けた呪術師みたいな姿だと描写したことから、そう呼ばれるようになったが、狩猟民にとっては神か、狩猟名人の姿に見えたに違いない。ブルイユ神父は前言を翻した最初の人物だが、一九三一年の時点ですでに、自分が〝呪術師〟と呼んでいたものは、むしろ、その種族の狩猟の対象となり、動物たちの属性を備えた、架空の超自然的な存在を表しているに違いないとはっきり指摘していた。……ほかにも後期旧石器時代の芸術に見られる〝仮の姿《ペルソナ》〟と呼ばれているものも、同じように神あるいは天才を表していた可能性がある」。詳細については、Alberto C. Blanc, "Some Evidence for the Ideologies of Early Man," in *Social Life of Early Man*, ed. Sherwood Washburn, rev. ed. (London: Routledge, 2004), 121 を参照されたい。

「最初、この姿は踊る呪術師を表しているとされた。ブルイユは熟考を重ねたあと、それは呪術師ではなく、今日、動物たちの主人と呼ばれているものを表す神だと推断した。……だが、〝呪術師〟の呼称はすでにこの姿に定着していて、この文献にある〝角のある神〟という名に置き換えられることはなかった。ブルイユにとって、この神の姿は、『彼の教会における高位聖職者と同じような魔力の象徴（仮面）をまとっていた』(Bégouën and Breuil 1958:54)。それゆえ、これは仮面をまとった神なのだった」。詳細については、Henry Pernet, *Ritual Masks: Deceptions and Revelations* (Eugene, Ore.: Wipf and Stock, 1992), 26 を参照されたい。

アルビー・ストーンは、〝獣たちの王〟に関するブルイユの心変わりに賛成して次のように述べている。「トロワ＝フレール洞窟の呪術師は儀式用の動物のコスチュームを着けた人を描いたものと言ってよいであろうが、それはまた神もしくは威力を持った精霊の肖像を描こうとしていた可能性も同じように高い。それはまた、高く評価されている、威力ある個人を暗に示す肖像画を描こうとしていたとさえ思える」。Alby Stone, *Explore Shamanism* (Loughborough, U.K.: Explore Books, 2003), 130 のほか、Morriss-Kay, "The Evolution of Human Artistic Creativity," 169 も参照されたい。

ベッティナ・アーノルドとデレク・カウンツは「獣たちの王」を「野生動物（例えばライオンやイノシシ）にも家畜（ラバや畜牛、羊）にも神聖な支配力を及ぼし、狩猟の守護神的威力を持った〝動物たちの主人〟と呼んでいる」。詳細は、Bettina Arnold and Derek Counts, eds., *The Master of*

Animals in Old World Iconography (Budapest: Archaeolingua Alapítvány, 2010), 9を参照されたい。

ジャケッタ・ホークスとサー・レオナード・ウーリーによれば、「洞窟壁画、およびそれよりずっと規模は小さいホーム・アートは同様に、呪術的な部分と真に宗教的な部分はあるが、動物崇拝に役立っている。……個人の地位も部族の生活もすべてが狩猟の増大やそれらを仕留めることの成功にかかっていたから、芸術は差し迫ったこの二つの大きな必要性に対処するものになる。自分自身が功利主義者だった彼らは動物や自然との霊的交わりの形も宗教的な衝動も神秘的な解釈に向かわないはずがなかった」。詳細は、Jacquetta Hawkes and Sir Leonard Woolley, *Prehistory and the Beginnings of Civilization* (New York: Harper and Row, 1963), 204-205を参照されたい。

「獣たちの王」／「動物たちの主人」について、さらに詳しくは、Jacqueline Chittenden, “The Master of Animals,” *Hesperia: The Journal of the American School of Classical Studies at Athens* 16/2 (1947): 89-114, and Nannó Marinatos, *The Goddess and the Warrior: The Naked Goddess and Mistress of the Animals in Early Greek Religion* (London: Routledge, 2000), 11-12を参照されたい。

2　インドネシアのスラウェシ島にある九つの洞窟からの最新のウラン・トリウム年代測定法による調査報告によれば、この地の手型抜き染めは三万九九〇〇年前に描かれたもので、世界の手型抜き染めのうち最古のものであるという。さらに、インドネシアの洞窟のレアン・ティンプセンとレアン・バルガヤ2から発見された二つの表象的絵画（一頭の雌の“ブタシカ”と確認できないブタに似た動物）をウラン・トリウム年代測定法によって調べた結果によれば、それぞれ三万五四〇〇年前、三万五七〇〇年前のものであることが判明した。インドネシアのスラウェシ島の洞窟壁画の発見と年代確定調査についての詳細は、M.Aubert, A. Brumm, M. Ramli, T. Sutikna, E. W. Saptomo, B. Hakim, M. J. Morwood, G. D. van den Bergh, L. Kinsley and A. Dosseto, “Pleistocene Cave Art from Sulawesi, Indonesia,” *Nature* 514 (2014): 223-27を参照されたい。

オベールとその共同執筆者たちは次のように記している。「われわれが用いた年代測定法によるスラウェシ島での調査結果によれば、表象的絵画は、四万年以上前にすでにこの地に到達した最初の現生人類集団の文化的能力範囲の一部になっていたことを示唆している。洞窟壁画は初期の現生人類の空間的広がりの両端とも言える地域で、同じ頃に別個に出現していた可能性がある。だが、他のシナリオによれば、洞窟壁画は、最初の**ホモ・サピエンス**が数万年前にアフリカを離れて以来、広く実行されており、フランスのショーヴェ洞窟と同様、レアン・ティンプセンとレアン・バルガヤ2で発見された自然動物画は、西ヨーロッパやスラウェシ島以外に、もっと根深い起源があるとも考えられる。もしそうであるとすれば、人類がこの世に分散し始めた最古の時代までさかのぼって、将来、人の手型、表象的描画その他の形のイメージ形成の表示が発見される可能性も期待できる」。詳細は、Maxime Aubert et al., "Pleistocene Cave Art from Sulawesi, Indonesia," 226を参照されたい。

3　マラガの洞窟についての詳細は、Alistair Pike et al., "U-Series Dating of Paleolithic Art in 11 Caves in Spain," *Science* 336 (2012): 1409-13を参照されたい。アヴェロン川での発見については、Jacques Jaubert et al., "Early Neanderthal Constructions Deep in Bruniquel Cave in Southwestern France," *Nature* 534 (2016): 111-114を参照されたい。

4　北京の周口店洞窟群で発見された**ホモ・エレクトス**（北京原人）の頭蓋骨についての論議は、Brian M. Fagan and Charlotte Beck, eds., *The Oxford Companion to Archaeology* (London: Oxford University Press, 1996), 774を参照されたい。周口店で発見された頭蓋骨の年代はおよそ紀元前七〇万年から二〇万年の間とされているが、コンセンサスによれば、五〇万年前以降であることはまずあるまいという。詳細については、Peter Peregrine and Melvin Ember, eds., *Encyclopedia of Prehistory*, vol. 3: *East Asia and Oceania* (New York: Springer, 2001), 352を参照されたい。周口店洞窟群で発見されたホモ・エレクトスについては、Brian M. Fagan and Charlotte Beck, eds., *The Oxford Companion to Archaeology* (New York: Oxford University Press, 1996), 774, and Peter Peregrine and Melvin Ember, eds., *Encyclopedia of Prehistory*, vol. 3: *East Asia and Oceania* (New York: Springer, 2001), 352を参照されたい。

5　タイラーの説によれば、「未発達な人種間の魂についての学説は、アニミズム理論の発達を通じて説明することができるであろう。それはあたかも、文化が未発達の段階において、ものを考える人間が、二つの生物学的な難問の重要性を認識していたかのように見える。第一は、生者と死者の違いは何か、目覚め、眠り、忘我状態、病気の原因は何か？　第二は、夢や幻想のなかに現れる人間の姿は何なのか？　……大昔の文明開化以前の哲学者たちはおそらく、人はみな、実像と幻像という二つの姿を持っているという前提のもとに推論を編み出したのだろう」という。詳細については、Edward Burnett Tylor, *Primitive Culture*（London: J. Murray, 1889), 428を参照されたい。

6　マックス・ミューラーと〝自然との遭遇〟については、*Introduction to the Science of Religion*（London: Longmans, Green, 1873), and *Comparative Mythology*（London: Routledge and Sons, 1909）を参照されたい。マレットのプレ・アニミズム論と呼ばれるものを肯定的に仮定したこの本は、タイラーのアニミズム論への批判として書かれたものであることは言及しておかなくてはならない。詳細については、Robert Ranulph Marett, *The Threshold of Religion*（London: Methuen and Co., 1914), 14を参照されたい。

7　儀式的慣行が適応に有利なある種の感情を喚起するという議論は、Walter Burkert, *Creation of the Sacred: Tracks of Biology in Early Religions*（Cambridge, Mass.: Harvard University Press, 1996), 177に見られる。

8　**超越**という言葉そのものが、論議のあるところで、西欧の哲学的観点を示唆するものであって、東洋で宗教と呼ばれるものには適用できないかもしれない。それにもかかわらず、私たちは超越を「彼方にあるもの」と定義するが、例えば、超越と類似の概念であるモクシャ（最終的自由）は、カルマ（因縁という絆）とマーヤー（幻像）からの解放であるのと同様、ニルヴァーナ（涅槃）という概念は、輪廻からの究極の放免であることがわかる。同様にシューニャター（空）という概念は、これまでの現実の根底にある「意味を把握するための努力協定」による限り、とりわけ、ナーガルジュナの「non-Void entity 空虚でない存在」はあり得ないという説を考慮に入れれば、やはり超越を示唆している。この方法でゆくと、超越的現実について語ることは、「空虚」について語ることになる。詳細については、J. G. Arapura, "Transcendent Brahman or Transcendent Void: Which Is Ultimately Real?" in *Transcendence and the Sacred*, ed. A. M. Olson and L. S. Rouner（Notre Dame, Ind.: University of Notre Dame Press, 1981), 83–99を参照されたい。

9　詳細は、Émile Durkheim, *The Elementary Forms of Religious Life*（New York: Free Press, 1995), 227およびW. Robertson Smith, *Lectures on the Religion of the Semites: The Fundamental Institutions*（New York: Ktav Publishers, 1969）を

参照されたい。

10　デュルケームの理論の影響は、今日、その知的後継者の間にも受け継がれている。例えば、社会学者ピーター・バーガーは、人類の活動に宇宙規模の広範な意味を与えようとするに当たって、宗教は社会のための意味や目的を生み出すばかりでなく、社会を**合法化する**という。バーガーによれば、宗教とは、「人間の活動を通して神聖な秩序すべてを包括する体系、つまり、常にある渾沌に直面しながらも聖なる秩序の維持を可能にする神聖な宇宙の体系」であるという。詳細は、Peter L. Berger, *The Sacred Canopy: Elements of a Sociological Theory of Religion* (New York: Doubleday, 1967), 51を参照されたい。

11　フロイトの宗教観については、*Totem and Taboo: Resemblances Between the Psychic Lives of Savages and Neurotics*, trans. Abraham Arden Brill (New York: Moffat, 1918)(邦訳「トーテムとタブー」門脇健訳、『フロイト全集⑫』岩波書店、二〇〇九年)および *The Future of an Illusion*, trans. W. D. Robson-Scott (London: Hogarth Press, 1928)(邦訳「ある錯覚の未来」高田珠樹訳、『フロイト全集⑳』岩波書店、二〇一一年)を参照されたい。

12　詳細は、David Hume, *Four Dissertations* (London: A. and H. Bradlaugh Bonner, 1757), 94, and Ludwig Feuerbach, *The Essence of Christianity*, trans. Marian Evans (New York: Calvin Blanchard, 1855), 105および *Lectures on the Essence of Religion*, trans. Ralph Manheim (New York: Harper and Row, 1967)を参照されたい。
　ジラールは、暴力とは、私たちの共同社会内の他の人たちから欲望が〝借用された〟時に起こる疑似的ライバル関係によって生じると信じた。詳細は、René Girard, *Violence and the Sacred* (Baltimore, Md.: Johns Hopkins University Press, 1979)(邦訳『暴力と聖なるもの』古田幸男訳、法政大学出版局、一九八二年)を参照されたい。

　現代のドイツ系アメリカ人学者マーティン・リーゼブロードは、宗教の約束とは、「不運を撃退し、危機を乗り越えるのを助け、救いを与えること」であるという。詳細は、Martin Riesebrodt, *The Promise of Salvation: A Theory of Religion* (Chicago: University of Chicago Press, 2010), xiiiを参照されたい。

13　ギアーツは、宗教とは、人々に有意義で首尾一貫した世界を信じるよう奨励し、誘導することが目的であると定義している。詳細は、Clifford Geertz,

The Interpretation of Cultures (New York: Basic Books, 1973), 87–125, 103を参照されたい。同様のことを、ラドクリフ＝ブラウンは次のように書いている。「ある人類学者の説によれば、魔術と宗教は人間に自信、癒し、安心感を与える一方、それを知らなければ自由であったはずの人間に恐怖や不安──黒魔術や神霊への恐怖、『神』『悪魔』『地獄』への恐怖を与えるともよく言われる」。詳細は、Alfred Reginald Radcliffe-Brown, "Taboo," in *Reader in Comparative Religion: An Anthropological Approach*, ed. William A. Lessa and Evon Z. Vogt (New York: Harper and Row, 1979), 46–56を参照されたい。

14　進化論的用語で宗教を説明する時の問題点について、ピーター・ヴァン・インワーゲンは次のように言っている。「超自然的なものの信仰に代価を伴わないものはない。そうした信仰は明らかに、生存や生殖に捧げられていたかもしれない資質の消費を伴う行為（たとえば祭儀や祈禱）に誘い込む傾向があるからだ。ある種の生物のエネルギーや資質の犠牲を伴う特徴、たとえば、多くの鳥類のオスは全身を色鮮やかな羽毛で覆われていることなど、何らかの説明を必要とするのは、生物の進化を語るときには当然ついて回る」。詳細については、Peter van Inwagen, "Explaining Belief in the Supernatural: Some Thoughts on Paul Bloom's 'Religious Belief as an Evolutionary Accident'," in *The Believing Primate: Scientific, Philosophical, and Theological Reflections on the Origin of Religion*, ed. Jeffrey Schloss and Michael Murray (Oxford: Oxford University Press, 2009), 129を参照されたい。

15　マット・ロッサーノによれば、「宗教の最古の痕跡は、人間社会的世界から超自然的世界への人間の意識の広がりを表している。それに伴い、常時警戒を怠らない霊的監視者がいることを自覚して、集団内の協力関係を強化する。霊的存在が常に見張っていると信じることは、集団内の非協力者の数を減らすことに役立ったかもしれない。集団内の行動規範を向上させることによって、人間ならではの協調関係を生み出すことができた」という。詳細は、Matt Rossano, "Supernaturalizing Social Life: Religion and the Evolution of Human Cooperation," *Human Nature* 18/3 (2007): 272のほか、Robert Boyd et al., "The Evolution of Altruistic Punishment," *Proceedings of the National Academy of Sciences* 100/6 (2003): 3531–35を参照されたい。

16　ブルームの別の視点からの見解によれば、「宗教とは……一見無関係だが、集団の利益に寄与するように進化してきた行動や思想がまとまってできた星座のようなものである」という。こうした観点から見れば、集団の中の個人同士の間の利己的な行為の社会的影響を軽減する役割を果たすといえる。だが、こうした見方からは、そもそも宗教がなぜ、どのようにして進化したかを説明するのはむずかしい。宗教は「文化的集団選択」と呼ばれるプロセスを経て進化できると信じる人たちもいる。すなわち、宗教的祭儀を含む宗教が誕生して、首尾よく育つ社会には、宗教が他の集団に勝る利点を与えているのかもしれない。つまり、宗教を持っている社会は生存競争に強く、生き伸びる可能性が高かったという。この説によれば、宗教は人間本来の性質に依拠して生じるものではなく、むしろ後天的学習——遺伝的な移行プロセスに類似した知識の伝達という、異論の多い手段の一つによって生まれたものであるという。

だが、ティム・インゴルドとギスリ・パルッソンはこの説に反対している。両者は文化的なプロセスを説明するに当たって、ダーウィンの進化論を援用するのは、基本的には堂々めぐりであると見て反対している。この問題は、協調性の進化というもっと人類学的理論に近いものと矛盾する。こうした説はしばしば、ある人間が道徳上の、もしくは協力体制上の規範に従わない別の人間を処罰しようとする利他的な処罰の概念に依拠したもので、大きな犠牲を伴う措置である。この意味での処罰とは、小さな集団における協力体制を促進することに役立ち、処罰行為の犠牲や頻度が低ければ、大きな集団においても役立つ可能性を持っている。詳細は以下を参照されたい。Paul Bloom, "Religion, Morality, Evolution," *Annual Review of Psychology* 63 (2012): 186, 196, and Tim Ingold and Gisli Palsson, eds., *Biosocial Becomings: Integrating Social and Biological Anthropology* (Cambridge: Cambridge University Press, 2013).

17　学者や科学者の中には、宗教的信仰を持つことは——たとえば、ジェシー・M・ビアリングが "The Folk Psychology of Souls," *Behavioral and Brain Sciences* 29 (2006): 453-62 で述べているように、それによって、より望ましい仲間を作ることができるなど、適応に有利であるに違いないと主張する人や、デーヴィッド・スローン・ウィルソンが *Darwin's Cathedral: Evolution, Religion, and the Nature of Society* (Chicago: University of Chicago Press, 2002) で述べているように、宗教は何らかの形である種の社会を他の社会より長続きさせ、より速く成長させるという仮説を立てる人もいる。

18　詳細については、Scott Atran, *In Gods We*

Trust: The Evolutionary Landscape of Religion (New York: Oxford University Press, 2002), 43; Paul Bloom, "Religious Belief as an Evolutionary Accident," in *The Believing Primate: Scientific, Philosophical, and Theological Reflections on the Origin of Religion*, ed. J. Schloss and M. Murray (Oxford: Oxford University Press, 2009), 118-27を参照されたい。

第3章　樹幹に見える顔

1　詳細については、Michael J. Murray, "Scientific Explanations of Religion and the Justification of Religious Belief," in *The Believing Primate: Scientific, Philosophical, and Theological Reflections on the Origin of Religion*, ed. J. Schloss and M. Murray (Oxford: Oxford University Press, 2009), 169を参照されたい。

　神経学的現象としての宗教とはどういう意味かを理解するには、およそ一万八〇〇〇年前にだれかが、何らかの理由で〝呪術師《ソーサラー》〟を描いていたことを思い起こしていただきたい。そのだれかの脳が〝呪術師〟を思い浮かべるようになるまで数十万年かかっている。そうした脳は、対象や概念を間接的に表現する能力を持っていなければならない。それには、この世には存在しない架空の生きものを夢想するのに不可欠の、抽象的思考力が必要だった。〝ヒト〟と〝動物〟という明らかに別個のカテゴリーを一つにして、新しい、非現実的なカテゴリーを、意図的に、意識的に努力してつくり出す能力が必要だったはずだ。そうした心の働きは、発達するのに数百万年もかかると言われる脳の前頭葉と側頭葉にある執行指令機能が生み出すものである。

　もう一つの混成物——前述の***Löwenmensch***（ライオン人間）に関連して、ウィン、クーリッジ、ブライトは次のように述べている。そのような混成物を裏付ける抽象的概念は、前頭葉と側頭葉の活発な記憶のネットワークを通して、〝動物〟と〝ヒト〟を関連づける、非常に骨の折れる、注意深い概念から生まれたものである。このような〝動物〟と〝ヒト〟という概念自体は、おそらくかなり初期の、**ホモ・サピエンス**が登場した頃から進化し続けてきた側頭葉のネットワークから生まれた、無意識の民衆の生物的カテゴリーに起因するところが大きい。それらはさらに古い、もしかすると、**ホモ・エレクトス**の登場くらいから進化し続けてきた、〝生命を吹き込んだり〟〝操作したりできる〟脳の一時的なネットワークによる産物という、基本的には存在論的カテゴリーでさえあるという。詳細については、

Thomas Wynn, Frederick Coolidge, and Martha Bright, "Hohlenstein-Stadel and the Evolution of Human Conceptual Thought," *Cambridge Archaeological Journal* 19/1 (2009): 73を参照されたい。

2　「心の理論」と、そのアニミズムとの関係について詳しいことは、Maurice Bloch, *In and Out of Each Other's Bodies: Theory of Mind, Evolution, Truth, and the Nature of the Social* (New York: Routledge, 2016), and Christine S. VanPool and Elizabeth Newsome, "The Spirit in the Material: A Case Study of Animism in the American Southwest," *American Antiquity* 77/2 (2012): 243–62を参照されたい。

3　ジャン・ピアジェその他の発達心理学者たちは、「子どもは物が生きていて意識を持っていると考える傾向がある」ことにずいぶん前から気がついていた。ピアジェの流れを汲むジャスティン・バレットは、幼児がどうして生きていないものに動作主が埋め込まれていると思うかばかりではなく、本能的に自然界には意図や目的があることを知るプロセスのあらましについて述べている。

　さらに、ゲルゲリー・チブラとデボラ・ケレメンの研究によれば、子どもというものは、知らず知らずのうちに、動いている物体が自動推進であろうと無目的な動きであろうと、目的地があるものと考える傾向を観察により証明している。生きているものが死ぬという概念について、ジェシー・ビアリングは、肉体が死んでも心は生き残るという信仰を直感的に持ってはいるが、肉体的な死を理解することができる子どももいるという。それゆえ、目的論的思考は、生得的に、もしかすると文化的伝統と関係なく存在すると理論づけられるという。目的論的思考は、諸現象を司る見えない存在を概念化することを可能にする。たとえそれらを司るものの姿が見えなくても、それを理論的に推測することはできるという。それゆえ、子どもというものは「生来の理論家」なのだとジャン・ピアジェはいう。詳細については以下を参照されたい。Jean Piaget, "Children's Philosophies," in *A Handbook of Child Psychology*, ed. C. Murchison (Worcester, Mass.: Clark University Press, 1933), 537; Justin L. Barrett, *Born Believers: The Science of Children's Religious Belief* (New York: Atria Books, 2012); Gergely Csibra et al., "Goal Attribution Without Agency Cues: The Perception of 'Pure Reason' in Infancy," *Cognition* 72/3 (1999): 237–67; Deborah Kelemen, "Are Children Intuitive Theists?:

Reasoning About Purpose and Design in Nature," *Psychological Science* 15/5 (2004): 295–301; Deborah Kelemen and Cara DiYanni, "Intuitions About Origins: Purpose and Intelligent Design in Children's Reasoning About Nature," *Journal of Cognition and Development* 6/1 (2005): 3–31; and Jesse Bering, "Intuitive Conceptions of Dead Agents' Minds: The Natural Foundations of Afterlife Beliefs as Phenomenological Boundary," *Journal of Cognition and Culture* 2/4 (2002): 263–308.

また、以下のような、北アメリカの先住民族であるオジブワ族が理解している人間文化の中で、人間ではない行為者、自己という概念、秩序ある調和のとれた体系についての大変興味深いケース・スタディも参照されたい。Alfred Irving Hallowell, "Ojibwa Ontology, Behavior, and World View," in *Culture in History: Essays in Honor of Paul Radin*, ed. S. Diamond (New York: Columbia University Press, 1960), 20–52.

4　宗教的信仰はどのように伝播されたかを論じたパスカル・ボイヤーの著書の中で、もっとも手に入りやすいのは、*Religion Explained: The Evolutionary Origins of Religious Thought* (New York: Basic Books, 2001) and *The Naturalness of Religious Ideas: A Cognitive Theory of Religion* (Berkeley and Los Angeles: University of California Press, 1994)である。

5　「最小限度の非生得的概念」という言葉は、ボイヤーの異常な概念の影響力を証明する実験の大勢の共同研究者の一人ジャスティン・バレットの造語である。詳細については、Justin L. Barrett, *Why Would Anyone Believe in God?* (Lanham, Md.: Altamira Press, 2004) and *Born Believers: The Science of Children's Religious Belief* (New York: Atria Books, 2012) を参照されたい。

6　木にまつわる神話について、以下の文献が、一八九〇年にロンドンで私文書として印刷された古いものだが、Archive.org で読むことができ、役に立つ。*Cultus Arborum: A Descriptive Account of Phallic Tree Worship, with Illustrative Legends, Superstitions, Usages, &c., Exhibiting Its Origin and Development Amongst the Eastern & Western Nations of the World, from the Earliest to Modern Times; with a Bibliography of Works Upon and Referring to the Phallic Cultus*. 言葉を話す木についての神話の多くは、この概論から引用した。「モレの樫の木」とか「マムレの樫の木」について

はあまりよくわかっていない。ナフム・サルナが「創世記」の注釈書の中でこれらについて簡単に触れているところによれば、「モレのテレビンノキは、ヘブライ語で *elon moreh* というが、聖なるものを連想させる威厳のある大木を意味することは間違いない」。「モレ」は「教える人、神託を伝える人」を意味する。この木（あるいはそのような木の集合体）はたいへん目立つし、人々によく知られているので、その地域のほかの場所から際立たせるランドマークになった。とりわけ聖なる木をもって聖なる場所を連想させるという現象は、さまざまな文化の中でよく知られている。目立つ木、とくに由緒ある古木は、〝命の木〟とか〝宇宙〟として、その根株は〝地球のへそ〟、天辺は天界を象徴しているとして、仰ぎ見られていたのかもしれない。その意味で、聖なる木というのは、人間と聖なる領域との架け橋であり、聖なるものと人間の出遭うアリーナ、神託や啓示の理想的な媒体となる。木はまた、信奉者が神から受け取りたい保護や豊穣の象徴だったのかもしれない。豊穣崇拝はそのような木との関連で盛んになり、このような形の偶像崇拝は多くのイスラエル人を惹きつけていたことが証明されている。詳細については、Nahum M. Sarna, *The JPS Torah Commentary: Genesis*（Philadelphia: Jewish Publication Society of America, 1989), 91を参照されたい。神託を伝えるとき、「デボラのなつめやしの木」の下に座を定めた女預言者デボラ（旧約聖書「士師記」四章5節）のことも特記しておく。

7　そのヘビはエデンの園にいたイヴに善悪を知る木について「それを食べると、目が開け、神のように善悪を知る者となることを、神は知っているのだ」（「創世記」三章5節）と入れ知恵していることに注目されたい。

8　ジャスティン・バレットは、ＨＡＤＤおよび「心の理論」は、信仰を強めるが創生はしないことを次のように分析している。「女性が一人で深い谷間を踏み分け、未知の曲がり角を歩いていると、切り立った崖から岩が転がり落ちてきて、彼女にぶつかりそうになったとする。ＨＡＤＤは反射的にそれを起こした動作主を探すであろう。見知らぬ森の中をハイキングしている男性なら、近くの灌木の背後に何か物音が聞こえる。ＨＡＤＤは〝動作主だ！〟と叫ぶ。このような場合に動作主の存在を確定したあと、たぶん超人間的な動作主の概念が提供され、そのような出来事の時の動作主がいつも同じであれば、信仰は助長される。同じように、神の概念がすでに良き動作主候補と同様に有力であれば、ＨＡＤＤが見逃していたかもしれない出来事が意味を持つようになる。たとえば、カリフォルニアで、ある子どもが五月に雪が降るように祈ると、翌日、嵐になって、雪が六〇センチ近く積もったとする。その背景には動作主がいそうだ。あるいはニューヨークのある男性が医師から、あなたは死にかけているが、全身が火照り、安らぎを感じるなら、全快すると言われたとする。その男性が回復すると奇跡的な治癒は神のおかげだと思う。なぜなら、動作主探知装置は、(物理法則や素朴な生物学のような)ほかの本来のシステムでは説明できない時、動作主をどうしても発見しようとするあまり、超人間的な動作主にたくさんのほかの出来事をからめてしまうからである。これらの出来事がやがて信仰を支える」という。Barrett, "Cognitive Science, Religion and Theology," 86.

9　ジェシー・ビアリングは、人間には死後、霊魂として生きる世界があると直観的に信じる生得的信仰があるが、それにまつわる問題について、認識力の経験的知識に基づいた答えを提供しようとしている。ビアリングによれば、「個々の人間は、死んだあとどうなるのか、事実的知識によって知ることは不可能なので、ほとんどの人が黄泉の国の代理人の耳打ちを信じ、死後の世界がないなど想像できないというような精神状態に陥りがちである。そうした通念に従えば、死後の世界を信じるのは自然なことで、そうした考え方を広く社会に広めれば、基本的には直観的な概念としての死後の世界の捉え方を豊かなものにしたり(あるいは取るに足りないものに格下げしたり)することに役に立つ」という。詳細は、Bering, "Intuitive Conceptions of Dead Agents' Minds," 263を参照されたい。

第Ⅱ部　人格化された〈神〉

第4章　狩猟民から農耕民へ

1　宗教と食糧の生産との関係について、古典学者ギルバート・マレーは次のように述べている。農業はかつて「全く宗教の問題であることを常としたが、今はそれはほとんど全く科学の問題となっている。古代ではもし農場が不作であるならば、その所有主は恐らくこの不作はどこかで犯された『冒瀆』あるいは罪過に基づくと考えるであろう。彼はありとあらゆる自分の罪、あるいは少なくとも彼の隣人や祖先のそれを数えあげてみ、そして結局災害の原因を決定した時に彼のとる手段はすべて土壌の化学的組成を動かすために計算された種類のものではなくて、罪悪と恐怖についての自分自身の情緒、または彼がその忌諱に触れたと考える可想的存在の可想的情緒を満足させるためのものであるであろう。同一の状態であっても近代人ならば恐らく宗教の事は少しも念頭に置かないであろう、少なくともその初期の段階では。彼はそれが今までよりもっと深く耕す事や、あるいは地底にある鉱滓《かなくず》の問題だというであろう。もっと後になってもし引続き災害また災害とおこって、ついに自分が目指された当の人間であると感じ始めるようになったならば、普通の近代人でも本能的に自分の罪を反省し始めるであろうと思う。今一つの特徴は最初のそれから由来する。道標《しるべ》なき領域は私たちを四方からかこみ、明らかに無限である。従って一度道標なき領域の事物が私たちの普通の生活行動の因子として承認される時、それらはその他の一切を圧倒し一切を浸透する無限の因子となり勝ちである。宗教が禁ずる事柄は断じてしてはならないことであり、この人生が提供し得るあらゆる誘因でこれと平衡を保ち得るものとては存在しない。事実平衡は存在しないのである。自分の良心と妥協する人は本質的に非宗教的である。宗教的人間はよしこの有限の世界のすべてを得ても無限にして永遠な世界でその賭を失うならば、それは何の利するところもないということを十分承知しているのである」。Gilbert Murray, *Five Stages of Greek Religion* (New York: Anchor Books, 1955), 5–6（邦訳『ギリシア宗教発展の五段階』藤田健治訳、二〇–二一頁、岩波文庫、一九七一年）

2　詳細については、Mircea Eliade, *From the Stone Age to the Eleusinian Mysteries*, vol. 1 of *History of Religious Ideas*, trans. Willard Trask (Chicago: University of Chicago Press, 1978), 29–55（『世界宗教史』荒木美智雄・中村恭子ほか訳、筑摩書房、全四巻、一九九一年）を参照されたい。

3　二〇世紀前半においては、食べ物の獲得に関する先史時代の人類のありようは、農耕のほうが採集よりも望ましい形態であったとする説が有力だった。ジェイコブ・ワイスドルフの説によれば、「初期の農業は農耕民に時間やエネルギーを節約させるどころか、骨折り仕事がいっそう多くなったことを示唆すると思われる証拠が出始めた。今日の原始社会についての研究が明らかにしているところによれば、農耕は、実際には骨が折れ、時間がかかり、労働集約型産業であるという見解が、後に強く支持されるようになり……食べ物を探し回る社会は、邪魔が入らない限り、それなりに獲得と消費の平衡状態を保つことが出来るが、新しい文化形態では、結果的には需給の不均衡な状態しか起こりえないことを証明する想定図が提示され始めた。気候変動が重大な危機をもたらしたようには思われないという事実に照らし合わせ、かつ食物採集民が、農耕には乗り気ではないのにそれを採用する決意をしたという事実があるにもかかわらず、農業は必要に迫られた結果生じたという説が定着し始めた」という。ワイスドルフに同調するマイケル・ガーヴェンとヒラード・カプランは、狩猟採集民の寿命はかつて想定されていたよりもはるかに長かったことをはっきりと証明している。詳細については、Jacob L. Weisdorf, “From Foraging to Farming: Explaining the Neolithic Revolution,” *Journal of Economic Surveys* 19/4 (2005): 565–66, and Michael Gurven and Hillard Kaplan, “Longevity Among Hunter-Gatherers: A Cross-Cultural Examination,” *Population and Development Review* 33/2（2007）: 321–65 を参照されたい。

4　ハラリの説によれば、食物採集から農耕への移行は、「目先のことに忠実な人間の胸算用」に過ぎなかった。新石器時代人は食物採集をやめて農耕をおこなった場合のよくない結果を十分に推測できなかった――「食糧の供給源を一つに依存する傾向が強まるにつれて、彼らは事実上、旱害にいっそうさらされやすくなることを予見できなかった。農耕民はまた、豊作の年には、穀物置場がいっぱいになると泥棒や敵を招きやすいため、壁を建設し、見張りを置かざるを得なくなることを予想していなかった」。詳細については、Yuval Noah Harari, *Sapiens: A Brief History of Humankind*（New York: HarperCollins, 2015）, 87 を参照されたい。

5　チャイルドの説によれば、〝新石器革命〟は、気候変動で、農業や食物生産が地理的にやりやすいいくつかのオアシスが出現した結果、起こったものであるという。ロバート・ブレイドウッドのような後続の学者たちは、そのような気候的な危機の出現は見当たらず、農業の勃興は、人々が〝肥沃な三日月地帯〟の周辺に少しでも長く住むことが出来るようなテクノロジーの進歩という社会的、文化的所産に駆り立てられたためであると論じている。

　これと対照的な説を唱えているのはルイス・ビンフォードで、人類は物質文化の発達を通して環境の変化に適応してきたという。さらに、海面の上昇は人々を辺境へと追いやったが、その時、彼らは別の地域から穀物や動物を同伴していったのではないかという。前任者と劇的に異なる説を唱えるジャック・コウヴァンは、農業革命の始まりは完新世（紀元前九〇〇〇年頃）に見られるという。極端に豊かだったこの時代に、気候や環境問題のせいで狩猟採集から農耕活動へ移行したとは言えないという。さらに重要なのは、コウヴァンがギョベクリ・テペに見られる、何かを象徴するような活動は、農業経済の台頭の一〇〇〇年近く前に生まれていたと推定していることである。それによって、ホモ・サピエンスのシンボル創出に関わる認識の発達は、定住生活が現れるずっと前に生じていたことが示唆されている。詳細については、Vere Gordon Childe, *Man Makes Himself*, 3rd ed.（London: Watts and Company, 1936）; Robert J. Braidwood, "The Agricultural Revolution," *Scientific American* 203（1960）: 130-41; Braidwood, *Prehistoric Men*, 6th ed.（Chicago: Chicago Natural History Museum, 1963）; Lewis R. Binford, "Post-Pleistocene Adaptations," in *New Perspectives in Archaeology*, ed. L. R. Binford and S. R. Binford（Chicago: Aldine, 1968）, 313-42; and Jacques Cauvin, *The Birth of the Gods and the Origins of Agriculture*（Cambridge: Cambridge University Press, 2007）を参照されたい。

6　農耕の勃興とその発達に貢献したと思われる要因に関する学者間の意見は、諸説さまざまあるという点で一致している。「これまで提出された例の中で、どれ一つとして十分に納得できるものはないというのが多くの学者たちの見解であるように思われる」とワイスドルフはいう。「食物採集から農耕への移行を論理的に説明することに関心を抱いている学者たちにとって、新しい証拠は絶えず出現する。たとえば、定住生活は農業への移行が起こる以前に、それとはまったく関係なく生じており、農業生産に必要な道具は食物採集にも既に使われていて、それがたまたま農耕にも使われるようになったことを示唆する証拠がある。農耕はまた、多様な食べ物の入手が可能な、比較的複雑で豊かな社会で、しかも周辺に資源の乏しい地域に囲まれているところで生じているという証拠もある。それはまた、食物採集社会の平等主義が農耕民社会の階層的社会構造に取って代わられ、集団的組織構造を持っていた狩猟採集民グループの間に農耕民と同じような家族レベルの組織が広まったように思われる」。詳細については、Weisdorf, "From Foraging to Farming," 581-82 を参照されたい。

7　アラン・シモンズの所見によれば、「大半の研究者は、原始時代に生息した動物を最初に家畜化したのは、地中海東部沿岸諸国の南側ではなく、北側およびトルコの南東部だったことに同意している」が、異論を唱える学者もいる。シモンズは、ギョベクリ・テペと他のトルコ南東部一帯の新石器時代の発掘現場からの考古学的証拠を引用して、この観測と、「動物の家畜化は定住生活の（要因としてではなく）最終的結果として受け止めるべきである」という説を支持している。シモンズと同意見のジョリス・ピーターズは、動物の家畜化は人類が狩猟採集民であることをやめ、定住式のライフスタイルを取り入れるようになったずっとあとに起こったものであると述べている。「状況証拠のみならず形態測定学的証拠が示すところによれば、ヒツジおよびヤギの家畜化がタウルス山麓南部で起こったのは先土器新石器B時代［紀元前七六〇〇〜六〇〇〇年］である……したがって、ヒツジやヤギがこうした昔の遺跡の経済に組み込まれていたことは〝新石器革命〟という言葉が示唆するほど〝革命的〟ではない。……考古学的動物学および古植物学的証拠によれば、大規模な気候変動と地形の劣化、あるいはそのどちらかが起こった可能性は、今では低いと見られており、動物を人間のために利用するパターンへのこのような移行の大きな要因は社会・文化的なものだったという説が有力になっている」。詳細については、Alan Simmons, *The Neolithic Revolution in the Near East: Transforming the Human Landscape* (Tucson: University of Arizona Press, 2007), 141–42, and Joris Peters et al., "Early Animal Husbandry in the Northern Levant," *Paléorient* 25/2 (1999): 27–48, 27を参照されたい。

8 詳細については、Cauvin, *Birth of the Gods*; LeRon Shults, "Spiritual Entanglement: Transforming Religious Symbols at Çatalhöyük," in *Religion in the Emergence of Civilization: Çatalhöyük as a Case Study*, ed. Ian Hodder (Cambridge: Cambridge University Press, 2010), 73–98; and Ian Hodder, "Symbolism and the Origins of Agriculture in the Near East," *Cambridge Archaeological Journal* 11/1 (2001): 108を参照されたい。

イアン・ホッダーの以下のような記述は当を得ている。「宗教、もしくは植物栽培と動物の家畜化、定住者たちの村の出現の主要原因となる動作主の新たな形成以上に、宗教とその象徴性は新たな生活様式のそこここに十分深く入り込んでいた。新たな形の動作主を認め、象徴が猛威を振るう世界を樹立して、それをもとに新たな長期的社会・経済関係を生み出すことを可能にするために、宗教は基本的な役割を果たした。だが、宗教がさまざまな変化の単独の原因であったという説得力のある証拠はない」。詳細については、Ian Hodder, "The Role of Religion in the Neolithic of the Middle East and Anatolia with Particular Reference to Çatalhöyük," *Paléorient* 37/1, (2011): 111–22, 121のほか、Hodder, "Symbolism and the Origins of

"Agriculture in the Near East," 108を参照されたい。

第5章　高位の神々

1　シュメール人の洪水伝説にはたくさんのバージョンがあるが、基本的には、シュメール語で書かれた「シュメール人の洪水物語」、紀元前一七〇〇年頃にアッカド語で書かれた『アトラ・ハシース叙事詩』、紀元前一二世紀頃に同じくアッカド語で書かれた『ギルガメシュ叙事詩』の粘土板XIの三種の生まれ変わりである。これに最近発見された *Ark Tablet*（ノアの方舟の粘土板）を追加するべきであろう。その翻訳者であるアーヴィング・フィンケルによれば、その粘土板はおよそ紀元前一七五〇年頃のものとされている。シュメール人の洪水物語の筆者のバージョンは、『アトラ・ハシース叙事詩』の二つの翻訳——第一に（そして最高の）ステファニー・ダリー著 *Myths from Mesopotamia*、二番目にベンジャミン・R・フォスター著 *Before the Muses: An Anthology of Akkadian Literature* (Bethesda: University of Maryland Press, 2005) を混ぜ合わせたものに、アーヴィング・フィンケル著の *The Ark Before Noah: Decoding the Story of the Flood* (New York: Doubleday, 2014) にある *Ark Tablet* からの資料、および、同じくダリーの翻訳による『ギルガメシュ叙事詩』のバビロニア語版をちりばめたものである（一部に筆者自身の文学的潤色あり）。

2　シュメール人が最初に思い付いた文字は、絵文字《ピクトグラフ》、すなわち、それぞれがある物体に符合するイメージを想起させる記号にすぎなかった。たとえば、マグカップのイメージは〝ビール〟を表した。やがてこれらのイメージは音価として〝bar〟〝la〟〝am〟など、特定の音を表すようになった。シュメール人はまた、楔形の線をつなげたり、交差させたりして約六〇〇個のアルファベットのような文字を生み出した。

　興味深いのは、最古の文書が天地創造神話、あるいは神々や英雄たちの偉業を物語る大叙事詩ではなかったことである。それらは古代の税務書類に相当するもので、収入と支出の一覧、ヒツジ、ヤギ、ウシの割符など、だれがだれに何を借りているかを明確な図表として記録していた。実際、文字は計算を容易にする目的のためだけに勃興した。こうした数値に関する文書が数字と名詞を組み合わせて複雑な文章を生み出すのはずっとあとのことにすぎない。こうした文章が最終的につなぎ合わされて、数千年にわたるメソポタミアの宗教の輪郭を明らかにする広大で忘れがたい神話を生み出すのはさらにずっとあとのことになる。

　こうしたメソポタミア発展の初期段階において、宗教は教義とはほとんど関係がなく、その神の土地を管理することだけが大事であったことに注目するべきである。ニューヨーク大学の古代中東考古学の教授ダニエル・T・ポッツは、約四〇〇〇例のメソポタミアで出土した古代文書と呼ばれる最古の原楔形文字テキストの素晴らしい解析をおこなっている。発見されたのは、ウルクを在所とする女神イナンナを祀る神殿群のある聖域エアンナのごみ処理場だった。これらの文書は公文書的な税務記録で、書字が発明されたのは計算を容易にし、記録を保管するためであったことを示しているという彼の結論にはほとんど反論の余地はない。筆者はスウェーデンのエンゲルスベルク・セミナーで彼の発見についての発表を耳にする光栄に浴した。その時の議事録は Axel and Margaret Ax:son Johnson Foundation から刊行されている。ポッツ教授の論文の題名は、以下の通り。"Accounting for Religion: Uruk and the Origins of the Sacred Economy," in *Religion: Perspectives from the Engelsberg Seminar 2014* (Stockholm: Axel and Margaret Ax:son Johnson Foundation, 2015), 17-23.

3　マイケル・ワイズによれば、「アラム語は主として政治的現実を反映する言語としてパレスチナの共通言語になった。アラム語は、ユダヤ人のバビロン捕囚以前の新アッシリア帝国に始まり、近東の政治行政用語として数百年にわたって使われてきた。新バビロニア帝国とペルシア帝国は、これを〝共通語〟として使い続けた」。フィッツマイヤーの次の説もご覧いただきたい。「紀元前五世紀のユダヤ人の軍事植民地があったエレファンティネ島でアラム語文書が、二〇世紀初頭に発掘されて以来、知られるようになり、公用語としてのアラム語は当時、エジプト南部からインダス渓谷にいたる〝肥沃な三日月地帯〟全土で使われていたと想定されている。アラム語はアレクサンドロス大王の征服以後、国際的な情報伝達手段がようやくギリシア語に取って代わられるまで五〇〇年にわたって使われていた」。このことは、アラム語が紀元前一世紀初め頃でさえ、エリートや政治家たちの間で話し言葉としてのアッカド語に取って代わっていた可能性もあったことを意味しているのかもしれない。詳細については、Michael Wise, *Language and Literacy in Roman Judaea: A Study of the Bar Kokhba Documents* (New Haven: Yale University Press, 2015), 9, 279 のほか、Joseph Fitzmyer, "The Aramaic Language and the Study of the New Testament,"

Journal of Biblical Literature 99/1 (1980): 5–21, 9も参照されたい。

4　イルー、エル（またはエロヒム）、イラーハ（ここからアル・イラーフもしくはアッラーという言葉ができた）の語源は不明瞭とされている。この問題について一番詳しいのは、Marvin H. Pope, *El in the Ugaritic Texts* (Leiden: Brill, 1955) である。

5　メソポタミアの万神殿《パンテオン》にはどれだけ多くの神々が存在していたのか、だれも正確には知らない。ジャン・ボテロの記述によれば、バビロニア学者たちによるもっとも完全に近い集計では約二〇〇〇人の名が挙げられている。アントニウス・デイメルの*Pantheon Babylonicum* の中では、その数は三三〇〇とされている。詳細については、Jean Bottéro, *Religion in Ancient Mesopotamia*, trans. Teresa Lavender Fagen (Chicago: University of Chicago Press, 2004) のほか、Antonius Deimel, *Pantheon Babylonicum: Nomina Deorum e Textibus Cuneiformibus Excerpta et Ordine Alphabetico Distributa* (Rome: Sumptibus Pontificii Instituti Biblici, 1914) を参照されたい。

　皮肉なことに、メソポタミアの男神、女神の物語がメソポタミアの宗教のありようを鮮やかに浮かび上がらせている一方、実際のシュメール語には〝宗教〟という言葉がない。それは宗教がメソポタミアの生活の中で別個のカテゴリーと考えられていなかったためである。宗教は生活**そのものだった**のだ。ある神の存在は、その神の働きとは別個のものではあり得なかった。つまり、アン神とシャマシュ神は、別個の、圏外の、天空や太陽の自然の営みを超越した存在では決してなかった。一言でいえば、神々はその神々の営みを指していた。ある神が自分の営みを演じることに失敗したり、その神々の存在目的がそこの人間集団と関わりのないものになってしまったりしたら、その神の存在はあっさり消えてしまうのだった。

6　ケニオンによるエリコの頭蓋骨の研究についての詳細は、*Digging up Jericho* (New York: Praeger, 1957) を参照されたい。ホッダーは、新石器時代のエリコやチャタルヒュユクに目立つ、遺体から頭部を切り離し、その頭蓋骨を石膏で固めて展示する方法は、必ずしも宗教的活動の表れではないと次のように述べている。「遺体から頭部を切り離すのは明らかに技術の進歩を示しており、どちらの出土品にも、それらの人々が特別扱いされていたと考えられる理由がある。彼らは大切な年長者もしくは儀式の指導者だった可能性がある。頭蓋骨の回復は、祖先を代表する動物、もしくは祖先との仲立ちをする動物とともに、祖先を重要視していることを示している。ここでは、〝神々〟を紹介する必要はない。過去や祖先、神話や、もしかすると儀式を司る年長者もしくはシャーマンに関心があることは確かであるが、家庭内の儀式や血筋の継続への関心以上のものではない」。詳細については、Ian Hodder, "Symbolism and the Origins of Agriculture in the Near East," Cambridge Archaeological Journal 11/1 (2001): 111を参照されたい。筆者はそのどちらの説にも同意しない。

7 スティーヴン・バートマンによれば、**ジッグラト**という言葉はアッカド語の〝頂上〟もしくは〝高い所〟を意味する**ジックラトゥ**という言葉からきているという。詳細はStephen Bertman, *Handbook to Life in Ancient Mesopotamia* (New York: Facts on File, 2003), 194, 197を参照されたい。

　だが、ジックラトが神殿とつながりがあるのか、あるいは神殿そのものかは正確にはわかっていない。ジックラトの目的と機能について私たちが持っている最古の資料の一つであるヘロドトスの記述は、ジックラトゥを次のように叙述している。「その都市のある区画の真ん中に、高くて堅固な壁に囲まれた王宮が建っていた。別の区画の真ん中には、今日もなお、四〇〇メートル四方の壁のそれぞれに青銅の門を構えた主神ゼウスの神聖な囲い地とされている場所がある。この囲い地の中央に縦横約二〇〇メートルのがっちりした塔が建てられ、その上に一つ、また一つと最終的には八階建ての塔になっている。最上階に到達するにはすべての塔の外側にある階段をらせん状にのぼって行く。その道中の半分くらいのところに、のぼって行く人たちが腰を下ろして休めるような腰掛付きの休息所が設《しつら》えられている。塔の天辺にはりっぱな神殿があり、その中には大きくて、ふかふかの長椅子がおかれ、そのそばには金色のテーブルがしっかり据えられている。だが、神殿の中には画像も彫像もいっさいなく、人間が夜、その中で横になって休むことはない。例外は、カルデア人によれば、神によって、その奉仕者であるすべての女性の中から選ばれた一人の地元女性だけである。同じカルデア人が語るところによれば、神ご自身はこの神殿を訪れ、その長椅子で休息をとられることに慣れておられ、エジプトのテーベでさえも同じように……女性がテーベのゼウスの神殿で夜を過ごす。エジプト人の女性もバビロニア人の女性も、男性とは性交しないと言われている」。*Herodotus* 1.181-82. 残念ながら、メソポタミアでは神の性的慣習についてのヘロドトスの言及を立証する資料は発見されていない。

ジョン・H・ウォルトンによれば、「ジックラトゥは私たちが知っているメソポタミア由来のいかなる祭儀にも役割を果たしていない。既知の文献を私たちにとって唯一の道しるべとするなら、一般庶民はジックラトゥをまったく利用していなかったと結論せざるを得ないであろう。ジックラトゥは神聖な場所で、世俗的な利用は固く禁じられていたと思われる。最上階の構造は神が宿泊するように設計されていたが、そこは人々が参拝にいく神殿ではなかった。そこには神を彷彿させるようないかなる画像も彫像もなかった。ジックラトゥは、一般的に、そのすぐそばに画像や彫像が安置され、礼拝がおこなわれる神殿が併設されていた。……ジックラトゥは[天界と地上との間の]通路としての階段を支えるような構造を持った建造物である。この階段は神々がある領域から別の領域へと旅するときに使われるという信仰を目に見える形で表したものだった。それは神々の便宜のためだけにつくられ、神々がその旅の途中で休息するための快適な設備を提供するために維持されていた。ジックラトゥの最上階は、神々の門であり、彼らの天界の住まいへの入り口だった。地上階は神殿になっていて、人々は神が献上品を受け取ったり、信奉者から拝礼を受けたりする場所だった」。詳細は、John H. Walton, *Ancient Near Eastern Thought and the Old Testament: Introducing the Conceptual World of the Hebrew Bible* (Grand Rapids: Baker Academic, 2006), 120–22を参照されたい。

　神殿はその用地すべての所有者であったため、厳密にいえば、市民はみな、神殿の従業員のようなものだったことは注目に値する。農場、ブドウ畑、家畜が草を食《は》む緑豊かな放牧場、魚の泳ぐ曲がりくねった川——などはみな、神の私有財産だった。農夫は神に代わってその地を耕した。収穫物は捧げものとして神に献上したであろう。そこでは神殿の祭司が入念に数を調べ、記録したはずだ。農夫はその一部を彼の労働への〝報酬〟として受け取ったと思われる。神の川で魚をとる漁師、神の放牧場で羊や牛に草を食ませる羊飼い、神のブドウをつぶして絞るワイン醸造業者なども同様だった。このようなメソポタミアの歴史の初期段階では、宗教は、職業としての祭司という官僚による厳重な監督のもとに、特定の神に奉仕する組織化された労働力と大差はなかった。平信徒と神殿の関係は単なる業務上の取引相手だった。詳細については、Potts, *Religion: Perspectives from the Engelsberg Seminar 2014*を参照されたい。

8　これらの土偶はまとめて「ヴィーナスの小像」と

呼ばれている――これらの土偶を発見したヨーロッパ人による造語で、不適切な総称だが、残念ながらこの土偶はローマの女神ヴィーナスとは何の関係もない。すでに述べた三〇万年前のベレハット・ラムのヴィーナスを含むこれらの土偶は、これまでに発見された最古のものであるだけでなく、歴史上、初めて崇拝の対象にされたものである可能性が高い。こうした土偶の中で、今までになく並外れた、明らかに儀式を意識してつくられたと思われるのがイタリアのグリマルディで発見された〝ダブル・ヴィーナス〟である。「美女と野獣」と呼ばれて親しまれているこの〝ダブル・ヴィーナス〟は、完全に磨き上げられた薄緑色の彫像で、実際には背中合わせに頭、肩、太腿の部分で連結された二つの身体からできている。身体の一つは小柄の妊娠している女性で、後ろに反りかえるようなポーズをしており、もう一体の方は人間ではない。それが何であるか、だれも知らない。しなやかに曲がりくねった爬虫類に近いが、顔は角のある架空の獣《けもの》の一種であるかのように見える。この土偶には最上部に穴があけられていることから、魔除けとして身に着けられたものだった可能性がある。

　こうした土偶が私たちの祖先の精神生活でどのような儀式的な役割を果たしていたかを論じるのはむずかしい。およそ二万九〇〇〇年前のものとされるドルニー・ヴィエストニツェのヴィーナスは、頭部の天辺に明らかに香料、香草、もしくは花などを入れておいたらしい穴が彫られている。ヴィレンドルフのヴィーナスは約三万年前に石灰岩から彫ったもので、頭部は織物のヴェールで覆われているか、髪を編み上げにしているかのどちらかであるように見える。ホーレ・フェルスのヴィーナス（今から四万五〇〇〇年前から三万五〇〇〇年前）は、頭部のあるべき部分がフックか環状になっている。実際、ヴィーナス土偶は頭部が明確な形をしていないか、もしくは顔形は彫られていないものが多い。それは特定の女性を象徴しているのではなくて、女性であることを表そうとしているだけであるかのようだ。「ヴィーナスの小像」と呼ばれるものすべてをアルファベット順に網羅したリストは Don's Maps. http://donsmaps.com/venus.html で見ることができる。ヴィーナス土偶の意味にまつわる諸説の詳しい報告は、R. Dale Guthrie, *The Nature of Paleolithic Art* (Chicago: University of Chicago Press, 2005) を参照されたい。

9　「儀式用の彫像は、宗教的なイメージだけを目的としたものではなく、常に神の霊を吹きこまれたものとされていたので、地上での現実と神的存在の心象両方の特徴を保持していた」という。詳細は、Angelika Berlejung, "Washing the Mouth: The Consecration of Divine Images in Mesopotamia," in *The Image and the Book: Iconic Cults, Aniconism, and the Rise of the Book Religion in Israel and the Ancient Near East*, ed. K. van der Toorn (Leuven: Peeters, 1997), 46を参照されたい。

ヤン・アスマンによれば、「彫像には、二つの特性、すなわち神的存在と物質的存在、一つは人間を超えたもの、一つは人間以下のものがあると言われている。こうした彫像の創作者としての人間は、自分自身の起源が神的存在にあることに気づかされ、そうした彫像に敬虔な態度で接して崇拝し、地上における神のための居場所を調える」という。「彫像は神の身体的イメージではなく、身体そのものである。それは彼の外観というよりも、形相を表している。神はそうした形相をとることによって、まるで一匹の動物のようであったり、ある自然現象のようであったりする。彫像は造られるのではなくて、〝生まれる〟ものなのだ。……エジプト人はイメージと神的存在との区別を決して曖昧にしたことはなかったが、私たちの見聞とは異なった方向、異なったレベルでそれを捉えている」。詳細については、Jan Assman, *The Search for God in Ancient Egypt*, trans. David Lorton (Ithaca and London: Cornell University Press, 2001), 41, 46を参照されたい。

10　それは熱い議論のあるテーマだが、エジプトの聖刻文字《ヒエログリフ》の発明はシュメール人の楔形文字の影響を直接受けているか、あるいは少なくとも、考えていることを言葉にするという発想がメソポタミアからエジプトに伝えられたと信じる学者は多い。詳細は、Geoffrey Sampson, *Writing Systems: A Linguistic Introduction* (Palo Alto: Stanford University Press, 1990) を参照されたい。

11　エジプトの神々は多様な形をとることが可能で、その形を完全に変えてしまうこともできた。二人の神が合体して一人の合成された神となったり、双方の神的存在の威力を併せ持つことになる場合もあった。エジプトの国神アモン＝ラーがまさにその例に該当する（第6章参照）。

この神々の重複する面について（広大無辺で活動的／抽象的）、アスマンは次のように述べている。「発見に役立つモデルとしての神的存在の広大無辺な様相に対する私たちの研究の枠組みの中で、書字と計算、官僚的几帳面さ、厳格さ、統率力、知識の神であるトート神の〝月に似た〟本質を表している。月の宗教的な解釈、そのような宇宙についての包括的な宗教的解釈を、私たちはエジプト人の多神論と呼んでいる。……このような例から私たちが学んできたことを、エジプト人の神的存在に対する一般的な概念にまで広げてみると、神的存在の広大無辺な範囲は、地球、大気、水、あるいは太陽や月のような天体など、明らかに物質的なものにとどまらず、〝作動中〟で、しかも人間もまた、それに参加している宇宙現象として解釈される行動、特性、姿勢、特質の特定の複合体にまで及んでいる」。詳細は、Assman, *Search for God in Ancient Egypt*, 81を参照されたい。

12　インド・ヨーロッパ語族の移住による言語をめぐる痕跡については、James Patrick Mallory, *In Search of the Indo-Europeans: Language, Archaeology and Myth* (New York: Thames and Hudson, 1989) を参照されたい。インド・ヨーロッパ語族の宗教性についてさらに詳しいことは、Hans F. K. Günther, *The Religious Attitudes of the Indo-Europeans*, trans. Vivian Bird (London: Clair Press, 1967) ; Gerald James Larson, ed., *Myth in Indo-European Antiquity* (Berkeley: University of California Press, 1974) ; and J. P. Mallory and D. Q. Adams, eds., *The Encyclopedia of Indo-European Culture* (London and Chicago: Fitzroy Dearborn Publishers, 1997) を参照されたい。

13　ソーマ〔ヴェーダなどのインド神話に登場する神々の飲料。なんらかの植物の液汁〕は、インド・ヨーロッパ語族に向精神薬的効能を持つとして珍重されていた植物にすぎなかったので、同じ性格を持った集団の一員のように人格化されることはなかったが、たまたまヒンドゥー教の月神チャンドラの姿をとり、四つの手の一つに人を酔わせる飲み物のカップを持った姿で神々の座の一端を占めるようになった。

14　ミケーネ文字はやや散文的な〝線文字〟として知られている。エディス・ホールによれば、ミケーネ文明の遺跡は、テーベ、ティリンス、テラプネス、ピロス、クレタ、そしてもちろんミケーネ自体でも発掘されているという。古代ギリシアへのミケーネ文化の影響の大筋について、以下の優れたホールの業績がある。*Introducing the Ancient Greeks: From Bronze Age Seafarers to Navigators of the Western Mind* (New York: W. W. Norton, 2015), 29-49.

15　Barbara Graziosi, *The Gods of Olympus: A History* (New York: Picador, 2014), 12.

16　バルバラ・グラツィオージによれば、ペイディアスの有名な処女アテナ像がパルテノン神殿に建てられたにもかかわらず、アテネ人はオリーヴの木をアテナとして崇め続け、事実、この女神を崇める祝祭の間に、儀式の一環である捧げものを受け取るのもペイディアスの彫像ではなく、この木片だったという。詳細は、*Gods of Olympus*, 47を参照されたい。ペイディアスのパルテノン神殿のアテナ像については、Pausanias, *Description of Greece* trans. W.H.S. Jones (Cambridge, Mass.: Harvard University Press, 1935) 5.1-15を参照されたい。

17　太陽神としてのアテナについては、Miriam Robbins Dexter, "Proto-Indo-European Sun Maidens and Gods of the Moon," *Mankind Quarterly* 25 (1984): 137-44を、ヘラの姿形については、Walter Burkert, *Greek Religion*, trans. John Raffan (Cambridge, Mass.: Harvard University Press, 1985), 131を参照されたい。

18　クセノファネスの著作の優れた翻訳とコメントを出しているジェイムズ・レシャーは次のように述べている。「断片15では……さまざまな種類の動物は、もし可能であれば、自分たちの神々を自分たち自身の姿形に当てはめて、自分たちとそっくりに描き出しただろう……と推論されている。少なくとも表面上は、信仰とは多種多様で、信仰者は自分の持っている特性を神に当てはめたがるある種の性癖があるとコメントしている。[クセノファネスは] こうした考察によって、そのような信仰を事実に反すると証明したり、嘲笑したりして、卑劣な手段で批判したわけではないが、一般的にはそのように読まれがちである」。詳細については、James H. Lesher, *Xenophanes of Colophon: Fragments; A Text and Translation with A Commentary* (Toronto: University of Toronto Press, 1992), 89, 91を参照されたい。

興味深いのは、クセノファネスが生きていた紀元前六世紀から五世紀には、ギリシア人は、明らかに石やブロンズでますます人間そっくりの神々を制作するようになっていたことである。

19　クセノファネスの言葉は、Catherine Osborne, *Presocratic Philosophy: A Very Short Introduction* (Oxford: Oxford University Press, 2004) に引用されているもの。タレスの言葉は、Cicero, *The Nature of the Gods* (Oxford: Oxford University Press, 2008) に引用されたもの。ギリシアの一神教については、Laurel Schneider, *Beyond Monotheism: A Theology of Multiplicity* (London: Routledge, 2007) を参照されたい。マーティン・ウェストは、ギリシア人の「唯一神」についてのこのような概念を「容赦なき神」と呼んでいるが、プラトンのような思想家たちがこの定義に同意して

いたかどうかはわからない。*Oxford Companion to Classical Literature* から引用した以下のプラトンの『テイマイオス』の要約を検討されたい。「始まりに神は存在した。よき存在として可能な限り完全な宇宙を、イデアという霊的なものと物質的な要素という二つのものから創造した。さまざまな比率で混ざり合ったそれらのものから、神は世界と、その霊魂、下位の神々、数々の星を形成した。下位の神々はある種の幾何学的公式に従って、代わるがわる人間と動物を創生した。やがて感覚や不健全な傾向の起源が追跡され、人間に宿る霊魂の三つの種類が詳述され、死後の人間の運命が簡潔に示された」。詳細については、Paul Harvey, ed. *The Oxford Companion to Classical Literature*（Oxford: Clarendon Press, 1951), 431を参照されたい。マーティン・ウェストの言葉は、"Towards Monotheism," *Pagan Monotheism in Late Antiquity*, ed. Polymnia Athanassiadi and Michael Frede（Oxford: Oxford University Press, 1999), 21-40から引用したもの。

第6章　神々の中の最高神

1　リタ・フリードの観察によれば、「[アクエンアテンは］伝統的な人間像に慣れていた古代の観察者に衝撃を与えることを狙ってそのように表現された」のだという。エジプトの彫像やレリーフに見られるアクエンアテンの異常な描写については、マルファン症候群を含む先天性の病気ではないかという説明も多々あるが、DNA鑑定ではそのような憶測はほとんど証明されていない。この証拠をもとに、アクエンアテン、およびその妻ネフェルティティ女王、息子のツタンカーメンを含む一族の肉体的特徴は、アマルナ時代の彫刻家たちが意図的に誇張したものではないかと想定される。

　ジェイムズ・ホフマイアーによれば、多くのエジプト学者は「アマルナ時代独特のスタイルは、王の身体的異常をそのまま（あるいは誇張して）描いたというよりも、何かを象徴したかったからだ」という見方を容認しているという。「女性的特徴を持った男性の王は、単身の（配偶者のいない）創造者としてのアテン神の、父でもあり、母でもあるという普遍的な性質を反映したものであるという考え方は古くからあった」。ホフマイアーに同調するゲイ・ロビンズは、「エジプト美術の役割の一つが宗教的な思想を視覚的に表現することであったので、王の姿の典型的な描き方の変化は、アメンホテプ四世／アクエンアテンの新たな宗教思想と関わりがある確率がかなり高いのではないか」と述べている。

詳細については、Rita Freed, "Art in the Service of Religion and the State," in *Pharaohs of the Sun: Akhenaten, Nefertiti, Tutankhamen* (Boston: Museum of Fine Arts in association with Bulfinch Press/Little, Brown, 1999), 112; James K. Hoffmeier, *Akhenaten and the Origins of Monotheism* (Oxford: Oxford University Press, 2015), 133; Ahad Eshraghian and Bart Loeys, "Loeys-Dietz Syndrome: A Possible Solution for Akhenaten's and His Family's Mystery Syndrome," *South African Medical Journal* 102/8 (2012): 661-64; and Gay Robins, "The Representation of Sexual Characteristics in Amarna Art," *Journal of the Society for the Study of Egyptian Antiquities* 23 (1993): 36を参照されたい。

2　「エネアド」を構成しているのは創造神アトゥム、その子どものシュー神とテフヌト神、その子どもたちのヌト神とゲブ神、そのまた子どものイシス神、オシリス神、セト神、ネフティス神とされている。詳細は、Rudolf Anthes, "Egyptian Theology in the Third Millennium B.C.," *Journal of Near Eastern Studies* 18/3 (1959): 169-212を参照されたい。

太陽は、エジプト全土のたくさんの地域で、ラー神、ケプリ神、ホルス神、アトゥム神など異なった名前で崇拝されていたが、これらの名前は一四世紀までには一つの国民的太陽崇拝へと習合され、個々の太陽神のそれぞれが太陽の異なった側面を反映するようになった。こうした活動の初期の例は、第五王朝から第六王朝にかけて（紀元前二三五〇～二一七五年）作成された可能性の高い『ピラミッド・テキスト』の次のような記述に見られる。「我は東方にてはラー神のごとく輝き、西方にてはケペラ［ケプリ］神のごとく旅し、空神ホルスは空神ホルスの定めに従って生きるように生き続ける」（PT888）。『ピラミッド・テキスト』のさらにもう一つのセクションにはこうある。「彼らは汝をケペラという別名のもとにラー神のごとくあらしめ、汝はラー神の名のもとにラー神のように彼らに近づき、アトゥム神の名においてラー神のごとく彼らから顔を背けるであろう」（PT1693-95）。詳細については、Raymond O. Faulkner, *The Ancient Egyptian Pyramid Texts* (Oxford: Clarendon Press, 1969), 156, 250-51を参照されたい。

3　アクエンアテンの即位よりおよそ二〇〇年前、第一八王朝の初代ファラオ・イアフメス一世（在位：紀元前一五三九～一五一四年）は、南部の都市テーベの守護神アモンと北部の都市ヘリオポリスの守護神ラーの間の連携を堅固なものにした。一九〇一年にジョルジュ・ルグランがカルナックにあるイアフメス一世の石碑を復元して、この二柱の神の習合が以下のように証明されていることを示した。「ホルス：風貌の偉大さ、黄金のホルス：二つの土地を統合した人、上エジプト、下エジプトの王、二つの土地の主人：ネフェトイリー、ラーの息子、彼の愛する者：イアフメス（とこしえに栄えあれ！）、アモン＝ラーの息子、その王冠が与えられるべき愛する直系相続人、強い影響力を持つ、真に善良な神、誤りなき、ラー神と同等の支配者……」。ホフマイアーの説によれば、この石碑によって、アモンとラーの名がイアフメス一世により、「二柱の神を同義語の並列によって同等扱いで」使われていたことが明確に証明されているという。テーベ王家と太陽神信仰のヘリオポリスの併合は、数百年にわたる分裂と闘争のあと、上エジプトと下エジプトを一人の支配者の下に統合することを熱望していたイアフメス一世の賢明な政治工作の一つだった。ホフマイアーが書いているとおり、「普遍的な神、空と太陽の融合、アモン＝ラーを求める思考様式は、万人を統治しようとするファラオの役割に誠にふさわしかった」。詳細については、Mark-Jan Nederhof, "Karnak Stela of Ahmose," n.p. [cited 24 April 2014], https://mjn.host.cs.st-andrews.ac.uk/egyptian/texts/corpus/pdf/urkIV-005.pdf; Georges Legrain, "Second rapport sur les travaux exécutés à Karnak du 31 octobre 1901 au 15 mai 1902," *Annales du Service des Antiquités de L'Égypte* 4 (1903): 27-29; James Breasted, *Ancient Records of Egypt*, vol. 2 (Chicago: University of Chicago Press, 1906), 13-14; and Hoffmeier, *Akhenaten and the Origins of Monotheism*, 50, 59を参照されたい。

4　アクエンアテンが権力形成期にヘリオポリスを訪れたことがあったか、彼が下エジプト王国の神学についてどれほど知っていたかに関しては、すべてが正確にわかっているわけではない。大方のエジプト学者たちは、未来の王アクエンアテンは、ほぼ二〇〇年前にイアフメス一世によって〝異国の支配者たち《ヒクソス》〟から解放された都市メンフィスで育った可能性が高いということで意見が一致している。だが、アクエンアテンが仮にヘリオポリスに足を踏み入れたことがなかったとしても、太陽神崇拝とその教えには触れていたであろう。ドナルド・レッドフォードの説によれば、「太陽神とその神学はエジプトの儀式典礼制度に深く浸透していたので、若い王子がどこで育てられたとしても、太陽神崇拝の影響から遮断されていたとは考えにくい」という。詳細は、

Donald Redford, *Akhenaten: the Heretic King* (Princeton: Princeton University Press, 1984), 59を参照されたい。

5　アクエンアテンの言葉については、Maj Sandman, *Texts from the Time of Akhenaten* (Bruxelles: Édition de la Fondation Égyptologique Reine Élisabeth, 1938), 7から引用した。

アテン神の太陽円盤は、アクエンアテンの父アメンホテプ三世の統治時代の重要なシンボルであった。それによって、紀元前一四世紀の初めにはすでに、〝太陽信仰〟が重視されていたことがわかる。アメンホテプ三世は死後、神格化され、太陽神と同義語になった。レイモンド・ジョンソンによれば、父の死の経験と、父のアテン神への神格化がアクエンアテンの宗教的感性に深遠な影響を与えたという。ジョンソンによれば、即位後のアクエンアテンの行動は、とくに唯一神論者的でも、急進的でもなかったという。アクエンアテンは、どちらかと言えば神格化された父を息子が宗教的慣行と熱望の重要なよりどころにすることによって、手の込んだ祖霊崇拝のような形で行事を遂行していたにすぎないという。詳細については、Raymond Johnson, "Monuments and Monumental Art Under Amenhotep III: Evolution and Meaning," in *Amenhotep III: Perspectives on His Reign*, ed. David O'Connor and Eric H. Cline (Ann Arbor: University of Michigan Press, 2001): 63-94; Donald B. Redford, "The Sun-Disc in Akhenaten's Program: Its Worship and Antecedents, I," *Journal of the American Research Center in Egypt* 13 (1976): 47-61; and Erin Sobat, "The Pharaoh's Sun-Disc: The Religious Reforms of Akhenaten and the Cult of the Aten," *Hirundo: McGill Journal of Classical Studies* 12 (2013-2014): 70-75, 73を参照されたい。

6　ザラスシュトラが正確にはいつ頃から自分の信仰を述べ伝え始めたのか不明である。紀元前八〇〇〇年頃というまったく神話的な数字から、イラン王国の勃興前夜の紀元前七世紀頃という説までいろいろある。筆者は、ゾロアスター教の誕生のもっとも納得のゆく年代は、紀元前一一〇〇年から一〇〇〇年頃であると信じており、その理由を以下の筆者の論文で説明している。"Thus Sprang Zarathustra: A Brief Historiography on the Date of the Prophet of Zoroastrianism," *Jusur* 14 (1998-99): 21-34.

7　古代イランの神々は役割と任務を持っていたが、その影響力は地域的なものではなく、全世界的なものだった。たとえば、ミトラ（あるいはミスラ）は〝契約〟を神格化したものであるが、太陽がすべてを見ているという理由から太陽と関連づけられていた。それにもかかわらず、ボイスが述べているように、「ほかの多くのインド・イラン語族の神々と同様、ミトラはどんな現世の王よりも偉大な人間の姿をしていると考えられていた」。ボイスによれば、「ミトラやヴァルナ・アパム・ナパトを火神や水神と関連づけることがすでにインド・イラン語族の時代に明らかにあったけれども、それがその神の存在を同定することでも、必要不可欠な要素だということでもなかった。神々自体が抽象的な存在で、人間が通常、何らかの化身として見ることができる形ある自然界の物体ではなかったのだ。物理的な現象を代表する神々のグループは別にあって、彼らは実際にそうした現象そのものであると言われていた可能性がある」。たとえば、アータルは火神、アナーヒターは水神、アスマンは天空神というように。詳細については、Mary Boyce, *A History of Zoroastrianism*, vol. 1: *The Early Period* (Leiden: Brill, 1975), 24, 31, 68–69を参照されたい。

8　ゾロアスター教徒はさまざまな名称で呼ばれている。イランでは「ザルトゥーシュティ」だが、彼らは自分たち自身のことを「べヘディーン」〔「良い宗教」の信徒の意〕と呼ぶ。南アジアでは「パールシー」、ギリシアでは自称「マギ」である。ボイスをはじめ、ザラスシュトラがアフラ・マズダーを宇宙の唯一の神とみなしたのを信じていない人たちもいるが、実際に『ガーサー』にはほかの神は出てこない。古アヴェスタ語でつづられ、声に出して詠唱されることを目的とした『ガーサー』は一七章の小祈禱文から成っており、ザラスシュトラ自身によって書かれたものと言われている。詳細については、Herman Lommel, *Die Religion Zarathustras. Nach dem Awesta dargestellt* (Hildesheim: Olms, 1971)を参照されたい。

　おそらく、アフラ・マズダーという言葉は、「起源的には、〔インド・イラン共通時代の神話に登場する最高神である〕ヴァルナ」だが、今の私たちには知られていない神が起源だった可能性もある。換言すれば、私たちはこの神の姿を、その通り名である「主」を意味する「アフラ」、「賢い」もしくは「叡智」を意味する「マズダー」として知っているにすぎないのかもしれない。アフラ・マズダーの語源についての討論は、F.B.J. Kuiper, “Ahura ‘Mazda’ ‘Lord Wisdom’?” *Indo-Iranian Journal* 18/1-2 (1976), 25–42を参照されたい。

9　ゾロアスター教徒に「聖なる不死者《アムシャ・スプンタ》」として知られているこれらの特質を実体化したものが、神から流れ出た完璧なものである以下の六つの神話：ウォフ・マナ『良い意図』、アシャ・ワヒシュタ「最上の正義」、フシャスラ・ワイルヤ「望ましい王国」、スプンタ・アールマイティ「惜しみなき献身」、ハウルワタート「健康」、アムルタート「長寿」である。こうした実体化は、アフラ・マズダーの崇高な意志によって新たにされ、神の主要な属性が人格化されたことを意味する。ゾロアスター教徒に讃美する価値があると考えられているのは、「聖なる不死者」に畏敬の念を抱くということで、すなわち、アフラ・マズダーと交わりを持つという行為にほかならなかった。

「聖なる不死者《アムシャ・スプンタ》」が初めて登場するのは『ガーサー』である。「聖なる不死者」という言葉がそのまま『ガーサー』に登場するのではなくて、六柱の名で記されている（「ヤスナ」47.1）。のちのアヴェスタ語で書かれたものでは――文献集の中では『ガーサー』は最古の部分――「聖なる不死者」は神々そのものになっていて、アフラ・マズダーの天界の宮廷に仕えている。詳細については、Dinshaw J. Irani, *Understanding the Gathas: The Hymns of Zarathushtra* (Womelsdorf, Pa.: Ahura Publishers, 1994) を参照されたい。

10　前述したように、ゾロアスター教の学者すべてがザラスシュトラは一神教信者であることに同意しているわけではない。たとえば、メアリー・ボイスがその一例であることは、彼女の研究の集大成である *History of Zoroastrianism*, 3 vols.（Leiden: Brill, 1975-1991）を見れば明らかである。反論については、Farhang Mehr, *The Zoroastrian Tradition: An Introduction to the Ancient Wisdom of Zarathustra* (Rockport, Mass.: Element, 1991) を参照されたい。

11　もう一つ注記するべきは、〝聖刻文字〟で――エジプトのヒエログリフにおけるシンボルは神の名前を文字化したものとされ、その名前がどの神に属しているかがわかる――アテン神の名前に使用されているものがないことである。アクエンアテンの意識では、まるで大勢の神の一人であるかのようなアテン神を、わざわざ神とははっきり認める必要を感じなかった。詳細は、Erik Hornung, *Akhenaten and the Religion of Light*, trans. David Lorton (Ithaca and London: Cornell University Press, 1999), 85, 199を参照されたい。

12　そのような排他主義者の理想は、それなりの政治・経済的影響をもたらす。最終的には、他のすべての神々の否定は、それらの神々を祀る祭司、従者をたちまち失業させ、一般住民の間に混乱をもたらした。アクエンアテンの宗教改革は、エジプト第一八王朝時代に飛び切り裕福になっていたアモン＝ラー神の祭司階級の権力と特権を大幅に削減した。同様に、ザラスシュトラの宗教は、すべての神々をそれぞれ必要としていたマントラや儀式のいらない一人の神に置き換えることによって、マギ〔高度な宗教儀式を司るペルシア系祭司階級〕の権力と権威を脅かした。その結果、どちらの人物の死後も、祭司階級が強烈に、エジプトの場合は激烈に、それ以前の宗教的伝統を再主張することになったのは驚くに当たらない。

13　単一神教《ヘノセイズム》はまた、たくさんの男神、女神を装って特異な究極の現実を顕わにしたものへの信仰と解釈することもできる。それぞれの神は究極の現実の化身として正当な崇拝の対象となり得るからだ。

14　〝現世政治の神格化《ポリティコモルフィズム》〟という言葉はトーキル・ヤコブセンの造語で、古代メソポタミアにおけるそのプロセスについてたいへん詳しい以下のような著書がある。*The Treasures of Darkness: A History of Mesopotamian Religion* (New Haven: Yale University Press, 1976), 73.

ヤコブセンによれば、「シュメール人もアッカド人も自分たちの神々を、人間の姿をして、人間の感情を持ち、この世の人間と同じように生きている存在と想定した。それゆえ、神々の世界はほとんどすべての細目にいたるまで、地上の状態を反映したものであり……同様に、神々が政治的には民主的な路線に沿って組織化されており、有史以降のメソポタミアに見られる独裁的なこの世の国家とは本質的に異なっている事実を説明しなくてはならない。たとえば、神々の行動圏に現在より古い形の、有史以前にそうであったような地上のメソポタミア国家を反映させている」。

ヤコブセンはさらに続ける。「私たちの資料からは、有史以前のメソポタミアは政治的には、有史以降の独裁政治とは異なる、民主的な路線に沿って組織されていた徴候が残されているように見える。手元にあるその資料からは、政治形態として、平時の公共問題の扱いは長老会議で処理されるが、究極の主権はすべてのメンバー――さらにいいのは、共同体の自由民の成人男性全員で構成される総会に委ねられていたことがわかる」。詳細は、"Primitive Democracy in Ancient Mesopotamia," *Journal of Near Eastern Studies* 2/3 (1943): 167, 172を参照されたい。

15　『エヌマ・エリシュ』の英語訳は、Wilfred G. Lambert, *Babylonian Creation Myths* (Winona Lake, Ind.: Eisenbrauns, 2013) のアンソロジーから引用した。マルドゥクの変貌と、神を王に譬え

た経緯については、Jacobsen, *The Treasures of Darkness* を参照されたい。

16　ついでに言えば、アッシリア帝国のアッシュール神は、特定の役割、権力、属性、人格さえも持たないという意味で、メソポタミアの神々の中でも比類がない。それはアッシュール神がその名を冠したアッシリアの都市の単なる守護神ではなく、**その都市そのもの**と解釈されていたためだった。彼はその都市が神格化されたものだった。紀元前一三世紀頃、アッシュール市は小さな田舎町から拡張主義的なアッシリア帝国の首都へと様変わりし、したがってアッシュール神もまた、取り柄のない、人格を持たない神から軍神で、天界の主人へと変貌させられたのである。ウィルフレッド・ランバートによれば、「メソポタミア南部にはこれと同じように地域の守護神の名を冠した都市はなかったように思われる。唯一のそれと思われる例外はムルだが、これはアダトという名の神であることが証明されており、それと同じ名の都市があった。だが、古代の資料によれば、アダト神はこの都市の守護神とはされていないので、名前が同じなのは偶然の一致だったのかもしれない」。詳細は、Wilfred G. Lambert, "The God Aššur," *Iraq* 45/1 (1983): 82–86, 84 を参照されたい。

17　学者たちは全般的に、**シヴァ**神が、元はルドラ（〝うなる嵐の神〟）という名で知られ、シヴァ（〝親切な、めでたい〟）という言葉はヴェーダ時代にルドラの形容詞として使われていたという説に同意している。だが、これらの用語は入れ替え可能になって、ヴェーダ時代以降は、ルドラはシヴァの同義語として使われている。そうした傾向はさらに進み、シヴァはたくさんの異名で呼ばれるようになる。たとえば、以下のように、ほかのもっと偉大な神を連想させるようなものまである。（**デヴェンドラ**〝神々の長〟、**トリロキナータ**〝三界の王〟、**グルネシュワル**〝慈悲の王〟、**マハーデーヴァ**〝偉大な神〟、**マハーシュヴァラ**〝偉大なる王〟、**パラメーシュヴァラ**〝至高の王〟など）。マーク・ミュエスによれば、「ルドラはほかに友好関係にある神々はなく、荒涼とした、恐ろしい場所に住むことを好んだ。……アーリア人は通常、ルドラへの供物は彼らの村の外に置き、ルドラ神が自分たちの圏外にとどまってくれるよう懇願した。だが、皮肉なことに、ルドラ神はまた、神霊治療家でもあった。……だが、ヴェーダに登場するルドラ神《デーヴァ》は、後にシヴァ神として知られるようになり、神の原型を提供していた可能性があると信じる学者が多い」という。

同様に、ドリス・スリニヴァサンは以下のように述べている。「ルドラ神の外観の強化や彼の支配権の増幅は、主としてリグ・ヴェーダ以降に生じている。これらのテキストの中のシュヴェーターシュヴァタラ・ウパニシャッドによって広められた偉大神［例えばルドラ＝シヴァのような］へとルドラ神はまっしぐらに突き進む。その過程で、ルドラ神の特徴や起源・由来の関係は、もはや神話や文字通りのイメージを示唆するものではなくなっている。彼の特徴の総体はむしろ、《神》として経験される絶対的な至高性についての神学的見解を伝えることを意図している。そのような神はすべてのものを内包し、あらゆることを生じさせ、すべてのものの《王》である。……ルドラ神の外観、行為の完全な強化は、あらゆるものを含む最高神の性質を定義するためのヴェーダの伝説の範囲内での推論にすぎない企てと見てよいであろう」。詳細については、Mark Muesse, *The Hindu Traditions: A Concise Introduction* (Minneapolis: Fortress Press, 2011), 47–48のほか、Doris Srinivasan, "Vedic Rudra-Śiva," *Journal of the American Oriental Society* 103/3 (1983): 544–45を参照されたい。

第Ⅲ部　〈神〉とは何か？

第7章　一神神教の〈神〉

1　バビロニア帝国による侵攻がおこなわれた頃のイスラエル王国はすでに崩壊して二分され、王国の北部は紀元前七二二～七二一年にサルゴン二世のアッシリア軍に制覇されていた。アッシリア軍侵攻の危機に遭遇した北部出身の知識階級はこの時、文書や物語《ナラティヴ》を携えて南部に移動していた可能性がある（書かれたものよりも口頭による伝承が大半だった可能性が高い）。そうだとすれば、エロヒスト（「モーセ五書」の創作者のうち、エロヒムの名を使った個人またはグループ）起源の影響力は北部と南部の王国の両方が大きな危機に瀕していた時代である紀元前八世紀末にスタートしていた可能性がある。

アッシリア軍によるこの南北両王国に対する二度にわたる大きな戦闘（紀元前七二二～七二一年のサルゴン二世、紀元前七〇一年のセンナケリブ）は、当然のことながら、近隣の諸集団（シリア、モアブ、その他）の地域的緊張を高め、その結果、これに続く一〇〇年ほどの間に彼らの神に対する解釈をめぐる対立を緩和することを意図したたくさんの預言的神託や書物が生まれた。たとえば、「第Ⅰイザヤ書」（南部）「アモス書」（北部）「ホセア書」（北部）「ミカ書」（南部）「ナホム書」（北部）「ゼファニヤ書」（南部）「ハバクク書」（南部）、「ヨシュア記」「士師記」「サムエル記」「列王記」「詩編」の一部、「申命記」の一部など。

論理的見地からすれば、傑出した神〔例えば北部の大局観〕としての単一神《エロヒム》崇拝重視は、北部王国の滅亡によって紀元前七二二〜七二一年以降、消滅したことには同意できるであろう。ヤハウェ〔のちに「エホバ Jehovah」と呼ばれるようになる〕への信仰は、南部では紀元前五八六年まで続いているが、ヤハウェ信奉は、エロヒムに焦点を当てた北部の物語《ナラティヴ》によって置き換えられたり、影響を受けたり、補足されたりしてきた可能性がある〔結果としてJ「ヤハウェ」、E「エロヒム」双方が台頭した〕。換言すれば、北部王国の滅亡から南部王国が滅亡するまでの一三五年間に、ヤハウェとエロヒムの習合がすでに起こっていたのかも知れない。かりにこの期間に習合が起こらなかったとしても、ヤハウェとエロヒムは、たとえ名称上だけにしても、紀元前六世紀から五世紀にかけての祭司階級による文書ではっきりと結びつけられている。ヤハウィスト資料の卓越性、そのモーセへの言及、それがエロヒスト資料よりも古いと思われることから、南部王国が北部王国より長く存続したのは、北部の神〔エロヒム〕がアッシリアの神〔アッシュール〕に紀元前七二二年に滅ぼされたためだったのかも知れない。仮に南部王国が北部王国に敗北させられていたなら、エロヒスト資料はヤハウィスト資料より古いように思われていた可能性がある。ところが、エロヒスト資料はずっと新しいように見え、ヤハウィスト資料よりも神を非人格的に扱っているように感じられる。バビロン捕囚以後、北部王国への偏見は収まりはじめ、祭司階級の書記や編纂者たちが自分たちの伝承や物語をできるだけ記録しておこうという努力が見られる。そのことが、第Ⅱイザヤ〔バビロン捕囚からの帰還の時期に活動したとされる預言者〕の観点から、ヤハウェとエロヒムを一つの神に習合せざるを得なくした。

2　ルートヴィヒ・ケーラーは、「『神《ゴッド》』は権力の座にある主《ロード》である：それは『旧約聖書』神学における一つの基本的な記述である。……それ以外のすべてのものは主から生じる。それ以外のことすべては主に拠って立つ。それ以外のすべてのことは主との関連においてのみ、解釈されうる」と述べている。詳細は、Ludwig Köhler, *Old Testament Theology*, trans. A. S. Todd (Philadelphia: Westminster Press, 1957), 30 を参照されたい。

3　厳密に言えば、**ヤハウェ**は「私はいる」という意味なのではない。〈神〉は、その正体を問うモーセに対して、「出エジプト記」三章14節で「**エヒエ・アシェル・エヒエ**〔**私はいる、という者である**〕」と答えているが、重ねて〈神〉はモーセに、「あなたがたの先祖の神、アブラハムの神、イサクの神、ヤコブの神である『主』「**ヤハウェ**」が私をあなたがたに遣わされました」とイスラエルの人々に言いなさいと指示している（「出エジプト記」三章15節）。ヘブライ語聖書（『旧約聖書』）で〈神〉の固有名詞になっている「**ヤハウェ**」は、ヘブライ語の be 動詞「**ヒエ**」の一人称単数「**エヒエ**」（「私はいる／私はいるだろう」）という言葉とは違って、同じ be 動詞の三人称単数の形態音韻的変化形の一つである（つまり「彼はいる／彼はいるだろう」の意）。詳細については、以下の文献を参照されたい。Francis Brown, S. R. Driver, and Charles Briggs, *A Hebrew and English Lexicon of the Old Testament* (Oxford: Oxford University Press, 1951), 217-18, and Sigmund Mowinckel, "The Name of the God of Moses," *Hebrew Union College Annual* 32 (1961): 121-33.

4　モーセの名はエジプト語で、トトメス（「トート神によって生み出された」）やラムセス（「ラー神によって生み出された」）など、神の名を埋め込んだ名前と同根の意味を持つ。『旧約聖書』ではモーセはヘブライ人の両親の下に生まれたが、彼の誕生にまつわる最初の物語では名前が残されていなかったので、ずっとのちになって彼の血筋をもっともらしく整え、彼のイスラエルの祖先とのつながりを補強するために名前を与えられた。「出エジプト記」六章20節には、「アムラムはおばヨケベドを自分の妻に迎え、彼女はアロンとモーセを産んだ。アムラムの生涯は百三十七年であった」と記されている。

モーセの存在については、考古学的証拠が皆無なので、もしかすると彼は、異端のファラオ、アクエンアテンによる驚天動地とは言え、結局は失敗に終わった一神教革命の一世代か二世代あとに生まれていた可能性がある。そのことから、学者たちの中にはモーセはアクエンアテンの急進的な一神教主義の影響を強く受け、事実上のイスラエル人の宗教は、アクエンアテンによる粛清後も生き延びた太陽円盤アテンを唯一神とする新しい一神教の一形態だったと推論する人たちもいる。詳細については、以下を参照されたい。Donald B. Redford, *Akhenaten: The Heretic King* (Princeton: Princeton University Press, 1984) ; Jan Assman, *Of God and Gods: Egypt, Israel, and the Rise of Monotheism* (Madison: University of Wisconsin Press, 2008) , and *From Akhenaten to Moses: Ancient Egypt and Religious Change* (Cairo: American University in Cairo Press, 2014).

5　「創世記」によれば、ミデヤン人はアブラハムの妻ケトラの産んだ息子の一人ミデヤンの末裔とされている。だが、これはモーセをアブラハムと関連づけようとする編纂者の意図のように思われ、文字どおりに受け取るべきではない。おそらく、ミデヤン人とは一カ所ではなく、シナイ半島からアラビア半島にまで広がる非セム族系の砂漠居住民の部族連合と考えるのが妥当であろう。詳細は以下を参照されたい。William J. Dumbrell, "Midian: A Land or a League?" *Vetus Testamentum* 25/2 (1975): 323-37.

6　セイル付近の「聖なる山」の位置については、「申命記」三三章2節、「士師記」五章4節を参照されたい。モーセにまつわる伝承の中で混同や首尾一貫性の欠如は、単に場所の問題にとどまらない。たとえば、モーセの義父は、『旧約聖書』の中で、レウエル（「出エジプト記」二章、「民数記」一〇章）、エトロ（「出エジプト記」三、四、一八章）、ホバブ（「士師記」四章）の三つの異なった名前で登場する。モーセの義父がミデヤン人とされているところが数カ所（「出エジプト記」二、一八章、「民数記」一〇章）、カイン人（「士師記」四章）となっているところもある。混同していると思われるのは、「士師記」四章11節では、ホバブはモーセの義父と呼ばれているが、「民数記」一〇章29節では、ホバブはレウエルの息子（つまりモーセの義兄弟、もしくはレウエルの支族の一員）とされている箇所である。説明がどうであれ、異なった時代の異なった書き手によって記された複数の資料がいっしょくたになって、今日にまで続くモーセの物語《ナラティヴ》を生み出したことは明らかである。詳細については、William Foxwell Albright, "Jethro, Hobab, and Reuel in Early Hebrew Tradition," *Catholic Biblical Quarterly* 25/1 (1963): 1-11を参照されたい。

7　厳密に言えば、国家の権威の下に建設に従事している者はみな、ファラオの奴隷である。実際には祭司たちも彼らが奉仕する神殿の奴隷と考えられていた。詳細は、Schafik Allam, "Slaves," in *The Oxford Encyclopedia of Ancient Egypt*, ed. D. Redford (Oxford: Oxford University Press, 2001), 293-96を参照されたい。

「出エジプト記」一二章37節には、イスラエル人の数は「女と子どもは数に入れず、徒歩の男だけで約六十万人」と記されている（「出エジプト記」三八章、「民数記」二章も参照されたい）。もしこの数字が正確であれば、イスラエル人は全体で一〇〇万を超えていたであろうし、エジプトの全人口に匹敵していたであろう。それはもちろん常識に反し、まともに受け止められるはずがない。

「出エジプト記」物語の日付には広い幅があって、

一番古いものではおよそ紀元前一四四七年頃とされ、それ以後のものは紀元前一二七〇年頃とされているものもある。「イスラエル」を明確に集団もしくは民族として扱った最古の記述は、イスラエル石碑（紀元前一二〇八年）と呼ばれるファラオ・メルネプタハ（ラムセス二世の三男〔一三男という説もある〕で紀元前一二一三年から一二〇三年までの統治者）の軍事的征服のリスト中にある。この石碑の27行目には、「イスラエルは壊滅し、もはやその子孫はいない」と記されている。ということは、紀元前一三世紀末には、「イスラエル」と呼ばれる人たちがすでに存在していたことを示唆していると言えよう。このことは、多くの議論がある「出エジプト記」の出来事は紀元前一二八〇年頃起こったとする『旧約聖書』の年代記と食い違っている（ヨシュアによるカナンの征服が紀元前一二四〇年とあり、これに荒野にあった四〇年を加えると紀元前一二八〇年となる）。問題は、『旧約聖書』の証人は、イスラエル人が紀元前一一世紀にサウルとダビデの下に統合された部族（〝イスラエル〟と呼ばれる）国家になる前に二〇〇年から三〇〇年経っていることを示唆していることである（「ヨシュア記」「士師記」の全章、および「サムエル記上」の最初の数章は二〇〇年から三〇〇年にわたる出来事を含んでいる）。「出エジプト記」の出来事（「出エジプト記」一章8・11節）のあった時代は、ラムセス二世がファラオとして統治していた紀元前一二七九年から一二一三年の間というのが定説になっているが、これはイスラエル石碑の証拠と合致しない。言うまでもなく、『旧約聖書』の「ヨシュア記」には日付が何も記載されておらず、聖書学者たちは「出エジプト記」の出来事の時期の推定法としてエジプト人の記録を使用していることを心に留めておいていただきたい。詳細については以下を参照されたい。Michael G. Hasel, "Israel in the Merneptah Stela," *Bulletin of the American Schools of Oriental Research* 296 (1994): 45–61; Anson F. Rainey, "Israel in Merneptah's Inscription and Reliefs," *Israel Exploration Journal* 51/1 (2001): 57–75; Hans Goedicke, "Remarks on the 'Israel-Stela,'" *Wiener Zeitschrift für die Kunde des Morgenlandes* 94 (2004): 53–72; and Bryant Wood, "The Rise and Fall of the 13th-Century Exodus-Conquest Theory," *Journal of the Evangelical Theological Society* 48/3 (2005): 475–89.

8　ヤハウェの起源を知る手がかりとなりそうなのは、彼自身がモーセに謎めいた自己紹介をする場面にあるかもしれない。「私はいる、という者である」とヤハウェは宣言する（「出エジプト記」三章13節）。デ・ムーアによれば、それはエジプトの太陽神ラーが自己紹介した時と同じセリフであるという。詳細については以下の文献を参照されたい。Johannes C. De Moor, *The Rise of Yahwism: The Roots of Israelite Monotheism*, 2nd ed. (Leuven: Peeters, 1997); Walther Zimmerli, *Old Testament Theology in Outline* (Edinburgh: T&T Clark, 1978), 152; Michael C. Astour, "Yahweh in Egyptian Topographic Lists," in *Festschrift Elmar Edel in Ägypten und Altes Testament*, ed. Manfred Görg (Bamberg, Germany: Görg, 1979), 17-19; Horst Dietrich Preuss, *Old Testament Theology* (Louisville: Westminster John Knox Press, 1995), 69.

ミデヤン人との関係はモーセの記録に何らかの汚点を残しているのではないかと思われることについて、彼は兄アロン、姉ミリアムから問い詰められている場面がある。「ミリアムはアロンと共に、モーセが妻にしたクシュ人の女のことで彼を非難し、『モーセはクシュの女を妻にした』と言った」（「民数記」一二章1節）。モーセの義父の名前にばらつきがあるのと同様（前述）、『旧約聖書』のこの部分では、モーセの妻はクシュ人とされているが、モーセが第二夫人を娶《めと》ったとはどこにも記述がない。こうした矛盾があるにもかかわらず、ミデヤン人とのつながりは、ミデヤン人だったらしいバラムと呼ばれる、もっと重要なヤハウェの預言者によってさらに強化されている（「民数記」二二-二三章、三一章8節）。詳細については以下を参照されたい。L. Elliott Binns, "Midianite Elements in Hebrew Religion," *Journal of Theological Studies* 31/124 (1930): 337-54; George W. Coats, "Moses in Midian," *Journal of Biblical Literature* 92/1 (1973): 3-10; Karel van der Toorn, *Family Religion in Babylonia, Syria and Israel: Continuity and Change in the Forms of Religious Life* (Leiden: Brill, 1996), 283.

9 『旧約聖書』におけるエルの名前としてもっとも一般的に使用されているのは複数形のエロヒムで、文字どおりには「神々」を意味する。だが、『旧約聖書』でエロヒムの名を用いる場合、三人称男性単数動詞を使用する傾向が見える（例えば、「彼は言った」「彼が造った」など）。だが、わずかな例として、エロヒムを一人称複数で語らせているところもある。たとえば、「**我々の**姿に人を造ろう」（「創世記」一章26節）など。一七世紀初頭に編纂された『旧約聖書』の欽定訳以来、英語圏では、ヘブライ語においては威厳あるものの複数形はないという事実を無視し、一般的にこれを「**威厳あるものを示す複数形**」として片づけてきた。エルが、聖書に見られるこれらの複数形の呼びかけ方をしている理由を有体に説明すると、エルはその会議に列席していたほかの神たちに話しかけているためである（たとえば、「創世記」三五章7節、「サムエル記下」七章23節、「詩編」五八篇11節、さらに「創世記」一一章7節、「イザヤ書」六章7節も参照されたい）。換言すれば、エルとは、「創世記」一章によれば、全世界に唯一の神ではなく、多神教の万神殿《パンテオン》の中で最高神であるにすぎない。詳細については以下を参照されたい。Frank Moore Cross, “Yahweh and the God of the Patriarchs,” *Harvard Theological Review* 55/4 (1962): 225–59, and *Canaanite Myth and Hebrew Epic: Essays in the History of the Religion of Israel* (Cambridge, Mass.: Harvard University Press, 1997) ; Mark S. Smith, *The Early History of God: Yahweh and the Other Deities in Ancient Israel*, 2nd ed. (Grand Rapids: Eerdmans, 2002), 32–43; W. R. Garr, *In His Own Image and Likeness: Humanity, Divinity, and Monotheism* (Leiden: Brill, 2003); and Samuel Shaviv, “The Polytheistic Origins of the Biblical Flood Narrative,” *Vetus Testamentum* 54/4 (2004): 527–48.

　女神アシェラは、カナン人の宗教的伝統の中でエルの配偶者であり、聖家族の家母長という最高の名誉ある地位を保っていた。祭司階級の書記たちが使う異本からの合成によって、エルとヤハウェが時おり一人の神にされたことから、ヤハウェの妻としてのアシェラ崇拝がしばらくの間、続いていたように思われる。ウィリアム・デヴァーは以下のように論じている。「ヤハウェの配偶者、カナン人エルの後継者としてのアシェラについて［『旧約聖書』の中で］“沈黙”されているのは、八世紀から六世紀にかけての改革者宗派によるほとんど全面的な証拠隠滅の結果であると今では理解されているようだ。その結果、『アシェラ』への言及は、［『旧約聖書』からは］実際には削除されていなかったのに……のちの編者によって誤解されたか、あるいは単なる影の薄い女神というイメージの新解釈がなされたのではないか。……だが、古代イスラエルにおいて改革を必要としたという事実そのものが、“地母神”であり、時にはヤハウェの配偶者として人格化されたアシェラ崇拝が、この王家の終焉までは一般的におこなわれていたということを思い起こさせる」。詳細は、William G. Dever, “Asherah, Consort of

1987), 115-84 を参照されたい。

12 『旧約聖書』には、エルサレム神殿にバアル神やアシェラ神の像が置かれ、それらの神々は祭壇の〝高き所〟に祀られており、イスラエル人はこうした神々に祈りや生贄を捧げていたという記述はたびたび出てくる（たとえば「列王記下」二一章1-7節）。『旧約聖書』の中の一神崇拝の証拠については、「出エジプト記」二〇章3節、「申命記」五章7節を、イスラエル人が隣人の神々を崇拝していた証拠については「士師記」一〇章6節を参照されたい。

13 「創世記」一七章は、アブラムがヤハウェから指図を受けるところから始まる。問題の神は自分自身を別の名で示す。「アブラムが九十九歳の時、主《ヤハウエ》はアブラムに現れて言われた。『私は全能の神《エルシャダイ》である。私の前に歩み、全き者でありなさい』」（「創世記」一七章1節）。それゆえ、アブラムが独占的に合意を結ぶのは「ヤハウェ」ではなく「エル」である。「アブラムがひれ伏すと、神《エロヒム》は語りかけた。『これがあなたと結ぶ私の契約である。あなたは多くの国民の父となる。あなたの名はもはやアブラムとは呼ばれず、アブラハムがあなたの名となる』」（「創世記」一七章3-5節）。「出エジプト記」六章の例にも見られるように、ここでもまた、祭司階級編纂者たちは、アブラム／アブラハムにまつわるヤハウィスト資料とエロヒスト資料を何とか混ぜ合わせて、特異な一人の神のまとまった物語にしようと奮闘しているのがわかる。実際、「創世記」に見られるアブラム／アブラハムの物語には、「出エジプト記」に見られるモーセの物語と同様、後の祭司階級編纂者が、混乱しながらも、ずっと昔のヤハウィスト資料とエロヒスト資料による物語の糸を縒り合わせ、一つのややまとまった物語に綴り上げようとする明確な意図が見られる。だが、細かく見てみると、基盤となるエロヒスト資料には、たとえば、アブラムがウルからハランへ彼の不妊の妻サライと甥のロトを連れて移住する時の様子など、祭司階級によるアブラム／アブラハム物語の書き直しがあることが垣間見られる（「創世記」一一章31節、一二章4-5節）。「出エジプト記」では、主《ヤハウエ》はモーセに、アブラハムは自分の名を知らないはずだと、次のように告げている。「私は主《ヤハウエ》である。私は、アブラハム、イサク、そしてヤコブに全能の神《エルシャダイ》として現れたが、主《ヤハウエ》という私の名は彼らに知らせなかった」（「出エジプト記」六章2-3節）。にもかかわらず、アブラムは神の訪問を受けたが、この物語のこの特定の部分を書いた祭司階級編纂者は、その名を「ヤハウェ」と呼んでいる（「創世記」一二章1節、4節）。ところがこの神は、そんなことには無頓着に、アブラムにハランを去って「カナンの地」に向かえと命じる（「創世記」一一章31節、一二章5・6節）。アブラムはそれに従い、その行為によって、彼は初めて、「逃げ延びた人」を意味する「ヘブライ人」と呼ばれるようになる（「創世記」一四章13節）。彼は親族と共に旅し、カナン北部の「エル」の文化の中心地であるシェケムという都市にたどり着く。

　シェケムでアブラムは、神託を告げることで有名な「モレの樫の木」（話をする木！）と呼ばれる神聖な木のあるところに足を止め、彼をこの地へ呼び寄せた神を祀る祭壇を築いた。シェケムを出たアブラムは、ベテルのすぐ東にある丘陵地帯の国へと旅をする。ベテルは都市ではなく、「エル」に捧げられた神殿のある所（「私はベテルの神《エル》である」と「創世記」三一章13節でエルは宣言している）だ。その後、彼はネゲブに下り、そこにしばらく住んでいたように見えるが、やがてエジプトに行き、ちょっとだけ、信じられないほど短い滞在をしている。その目的はアブラム／アブラハムの物語（と彼の神！）とモーセの物語（「創世記」一二章10節、一三章1節）をつなげるためだった。

　アブラムとその親族は、最終的にはヘブロンの町のもう一つの神託を告げる木「マムレの樫の木」の近くに永住する（「創世記」一三章18節）。アブラムはヘブロンで裕福でぜいたくな暮らしをし、数えきれないほど大勢の奴隷、使用人、よく訓練された戦士を雇ったばかりでなく、膨大な量の家畜、金銀を蓄えた。それらはみな、彼の神の祝福を象徴するものだった。この戦士たちはのちに重宝することになる。メソポタミアの侵入者たちがカナン人の都市サレム（エルサレム）に奇襲攻撃をかけたあと、アブラムはこれらの戦士たちをこの街の防衛のために派兵した。それを感謝したサレムの祭司であり王でもあるメルキゼデクは、アブラムに「いと高き神《エル・エリオン》」の名において祝福を与えた（「創世記」一四章18・20節）。

14　このテーマでは、ダンとベテルで造った自分の〝金の牡牛〟を通して、ヤハウェ＝エル崇拝を再確立するために行動を起こしたように見えるヤロブアム〔古代イスラエル王国分裂後、北イスラエル王国を樹立した初代の王〕の事例がさらに裏付けられているのがわかる。あるいは、「金の子牛」はイスラエル人の一部に、母性愛の女神であるハトホルを崇拝することによってエジプトの宗教的信仰を再び受け入れさせる意図としても見ることができるであろう。女神ハトホルは、しばしば牛になぞらえられている（金の子牛を造るためのイスラエル人の貴金属の使用は、この点についての興味を特段にそそる

――「出エジプト記」三二章4節には、「イスラエルよ、これがあなたの神だ。これがあなたをエジプトの地から導き上ったのだ」とある）。

15　マーク・スミスの考察によれば、「もともとはシナイ半島／パラン／エドム／テイマン出身の軍神であったヤハウェは、古代イスラエルの初期の時点では、エルとは別物として知られていた。たぶん、エドム／ミデヤンとの交易によって、〝ヤハウェ〟はイスラエル人の住む高地の宗教にあとから入ってきたものであろう。『申命記』三二章8・9節の一文は、南部の軍神だった〝ヤハウェ〟が〝エル〟を頂点とするより大きな高地の万神殿《パンテオン》に初めて同化されたことを示す文書の名残ではないかと推定される」。Smith, *Early History of God*, 32-33 より引用。

16　ヤハウェ＝エルの称号があるのは以下のような、ごくわずかの節にすぎない。「創世記」二一章33節――ヤハウェ＝エル・オラム（「永遠の神、主」）、「詩編」一〇篇12節――ヤハウェ＝エル、「詩編」三一篇6節――ヤハウェ＝エル・エメト（「まことの神」）、「詩編」九四篇1節――ヤハウェ＝エル・ナクヮモト（「報復の神」）、「詩編」一四〇篇7節――ヤハウェ＝エリ（「主よ」）。

17　マルコ・トリーヴスは次のように書いている。「『旧約聖書』によれば、原初の『神の国』とは、『士師記』の時代に存在した社会制度だった。ギデオン（『士師記』に登場するヘブライ人の士師）は、イスラエル人たちが彼らの王となってくれという勧誘を断る理由として、主（Lord）からその王国を奪いたくないからだと述べている（『士師記』八章22・23節）。イスラエルの長老たちがサムエルに、彼らに王を与えてほしいと願い出ると、この預言者は、王の即位は主（Lord）の拒否を示唆するものだと言って彼らを非難した（『サムエル記上』八章4・7節、一〇章18・19節、一二章12節）。

　これら二つのエピソードから、私たちは以下のように推察できそうだ。①これらの節の著者の見解では、人間を君主とする王国と神的存在が統治する国はたがいに別ものだった。②伝承によれば、『神』は『士師記』の時代にはイスラエル王であった。③サウルの正式指名によって『神の国』は終焉した」。マーティン・コーエンも同様の考察をしている。「『旧約聖書』にある証拠が示すところによれば、長らく計画されていたこの王国は、当時の社会意識としてはシロの祭司階級の支配下にあった。最初の王国の選択についての両者の説明では、統治者を指名するのはシロの祭司であるサムエルであり、彼はヤハウェの名において行動し、ヤハウェの意志の公的通訳者も務めている。同様にヤハウェ信奉者の観念的、伝統的な姿勢を、王国のそれに完全に変更しようとしたのもシロのサムエルである。それまでのイスラエルの社会意識としては、ヤハウェが王なのだから、他に王は要らないとされていたが、今回、ヤハウェは自分の管理下の君主を認めたのだ。それは、つまり、王をヤハウェのスポークスマンである祭司たちの管理下に置くということである。守旧派の指導者層は、王を祭司階級の管理下に置けば、その立場は弱いままで、もし王が祭司たちを犠牲にして自分の権力を増大させようとすれば、祭司たちはヤハウェの声を聞いて、王を退位させることも可能になるだろうと胸算用した。サウル〔イスラエルの初代王〕の場合がまさにそれである」。詳細については以下を参照されたい。Marco Treves, "The Reign of God in the O.T.," *Vetus Testamentum* 19/2 (1969): 230-31, and Martin Cohen, "The Role of the Shilonite Priesthood in the United Monarchy of Ancient Israel," *Hebrew Union College Annual* 36 (1965): 59-98, 69.

マーク・スミスはこう論じる。「この王国は政治的組織であると同時に宗教的組織でもあった。王家の影響下にある宗教は、国家と宗教的観念形態の双方の強烈な特徴を併せ持つ。民族的な神の威信が高まれば、その見返りにその王朝の威勢も強まる。ヤハウェとダビデ王朝の間の特別な関係は、『サムエル記下』二三章5節で『永遠の契約』と呼ばれている公式契約的関係の形をとっていた。……この契約の宗教的・政治的概念化はダビデ王朝の神学体系を余すところなく物語る。契約という形式を国有化することによって、ヤハウェを連合王国の国家的神として格上げした。これによってヤハウェの国家的指導権が古代イスラエルに確立された」。

スミスはさらに続ける。「この画期的な国家的信仰の集中化はまた、一人の民族神信仰を奨励し、土着神の示威運動の価値を低く評価する過程で、一神教的ヤハウェ信奉につながった。国民生活の王家による統合は、首都および首都を在所とする民族神との関係を通して権力を集中的に明示することによって、政治的にも宗教的にも、政治・文化の集中化の達成に寄与した。こうした展開は、王国時代の発展にも役立った。それはダビデ時代の首都確立に始まり、ソロモン時代にはエルサレムの宗教的重要性が達成され、ヒゼキヤとヨシヤの宗教政策で頂点に達した。……だが、宗教の効用は、崇拝の対象の集中化の影響の一面にすぎない。宗教政策は政治・経済面の利益もまた担っていた。王国の役割は、発展する国家の需要に応えて斬新であると同時に保守的でもあることだった」。Smith, *Early History of God,*

185–87より引用。

18　この新しい宗教的表現を用いた重要な人物は預言者イザヤだった。さらに詳しく言うと、学者たちが第二イザヤと呼んでいる預言者である（『旧約聖書』の「イザヤ書」は、実際には三冊の書が一つにまとめられたものである。バビロン捕囚以前に書かれた第一イザヤ（一－三九章）、バビロン捕囚の期間中か直後に書かれた第二イザヤ（四〇－五五章）、ずっとのちに書かれた第三イザヤ（五六－六六章）の三冊だ）。

19　預言者エゼキエルの前に現れた「人の姿のような」（「エゼキエル書」一章26節）〈神〉の面影、ゼカリヤに現れた神々の集会を司る〈神〉の姿（「ゼカリヤ書」三章7節）は、人格化された神という古くからの神秘的な概念が、バビロン捕囚以後の『旧約聖書』の文献の中でも完全に消えていないことを証明している。だが、そうしたイメージは明らかに減少している。詳細は、Smith, *Early History of God*, 141–47を参照されたい。

第8章　三位一体の〈神〉

1　事実、「ヨハネによる福音書」はイエスを「ヤハウェ」と同一視している。この福音書の終わり近くの驚くべき一節には、たいまつを掲げた神殿警察の暴徒とローマ兵たちが、ゲッセマネの園にいたイエスを逮捕するためにやってくる。「誰を捜しているのか」とイエスは群衆に尋ねる。「ナザレのイエスだ」と彼らが答えると、イエスは「私である」（**エゴー・エイミ**）と返事する。「エゴー・エイミ」とは、ヘブライ語聖書のギリシア語訳である『七十人訳《セプトゥアギンタ》』で「ヤハウェ」の名をギリシア語に訳したものである。もしかするとこの瞬間の重要性を見逃してしまっている読者もいるかもしれないが、「ヨハネによる福音書」は、このイエスの言葉の威力によって逮捕しに来た暴徒たち全員が、たちまちあとずさりして、地に倒れたとしている（「ヨハネによる福音書」一八章6節）。

　筆者はほかのところでも述べているが、『七十人訳』では「神の子」という言葉がイエスに対してしばしば適用されている。だが、これはイエスの親子関係の**続柄**を意味する言葉ではなく、一般的な**称号**である「イスラエルの歴代の王たちに対する伝統的な称号として多くの人に対して使われている」。『旧約聖書』の中では、サタンも含めて、大勢の人が「神の子」と呼ばれている。詳細については、拙著 *Zealot: The Life and Times of Jesus of Nazareth*, New York: Random House, 2013（邦訳『イエス・キリストは実在したのか？』白須英子訳、文藝春秋、二〇一四年）を参照されたい。

2　クリス・デ・ウェットの論考によれば、ギリシア人にとって「『ロゴス』とは、万物の創造の成り立ちを規定する原理としても機能する。ギリシア人はロゴイ〔『ロゴス』の複数形〕という言葉をさまざまな形で使い分ける……たとえば、（a）『ロゴス』・**スペルマティコス**、すべての人間に内在する種子的ロゴス、（b）『ロゴス』・**エンディアテトス**、神の御心《みこころ》にあって語られない思い……（c）『ロゴス』・**プロフォリコス**、後者の神の思いを表す言葉。とりわけストア派では、『ロゴス』はすでに表現という概念と関連づけられている」という。詳細は、Chris de Wet, "Mystical Expression and the 'Logos' in the Writings of St. John of the Cross," *Neotestamentica* 42/1 (2008): 35-50, 39.

3　チャールパはこう書いている。「ローマ皇帝たちは神々であり、少なくともその多くは、死後、そう宣言された。私たちが知る限り、紀元一四年から三三七年までの期間に、ローマ帝国を支配した六〇人の皇帝のうち三六人が、その家族二七人と共に神格化された。彼らは崇拝の対象となり、それぞれ独自の祭司階級と祝祭日を持っていた。祭壇や神殿が彼らのために建設された。彼らが生前に神々と見られていたかどうかは、議論の余地があり、多くの学者たちの論議の的になっている」。詳細は、Aleš Chalupa, "How Did Roman Emperors Become Gods? Various Concepts of Imperial Apotheosis," *Anodos—Studies of the Ancient World* 6-7 (2006-2007): 201を参照されたい。

4　ギリシアの歴史家シケリア（シチリア）のディオドロスは、マケドニアのピリッポス二世が紀元前三三六年、失恋した護衛官にアイガイの劇場で殺されたと書いているが、暗殺がおこなわれたのは、ピリッポスがオリンポスの一二神の像と並べて自分自身の彫像を建立するところを監督している時だったという。ピリッポスが自分の存命中に神になることを理解していたかどうかは明らかではないし、仮に彼がアイガイで自分を神格化しようとしたとしても、それが彼の殺害の原因の一つであったかどうかも不明だが、一つだけ確かなのは、ピリッポスが死後、神格化された人物として扱われたことだった。

　アーサー・ボウクの考察によれば、「ギリシアの神学と神話が神的存在と人間の領域の間にきっぱりと境界線を引いたことがなかったという事実が、形式上、君主に神の権能を与えることを可能にした。下位の神々と英雄たちは人間から神的存在への移行は容易であるような考え方を生み出した。マケドニアの王家そのものが、その祖先はヘラクレスであると断言しているように、ギリシアの名家の大半もその先祖を遡ればいずれかの神か英雄にゆき着く。ギリシアの植民都市では必ず、その植民地の**創建者**《オイキステス》の死後、直ちに国家が英雄の地位に祀り上げ、それにふさわしい崇拝の儀式を執りおこなった。似たような崇拝の慣習は、それよりもっと古いギリシアの諸都市の多くにも存在していた」。だが、それでも、厳格な宗教的伝統は人間が存命中に神格化することを認めていなかったことに留意しなければならない。とは言っても、実際にはそのような名誉はギリシア世界の著名人に与えられており、アレクサンドロス大王の時代よりはるか前に、そういう人たちは存在していたという。ラリー・クライツァーは、さらに以下のように述べている。「ギリシア人には自分たちの王を神格化してきた長い歴史がある。そうした慣習は少なくともアレクサンドロス大王の統治（紀元前三三六〜三二三年）よりはるか以前に鋳造された硬貨にその痕跡を見ることができる。王の中には自分の在位中にこうした政策を積極的に推進する者もいた。中でもよく知られているのは、アレクサンドロス大王の後継者の一人で、セレウコス朝の王アンティオコス四世（在位：紀元前一七五〜一六四年）である。その行為は結果的にアンティオコスと臣下のユダヤ人との間に直接摩擦を生じさせ、引き続いて起こったマカバイの反乱のお膳立てをすることになった」。Arthur Edward Romilly Boak, "The Theoretical Basis of the Deification of Rulers in Antiquity," *Classical Journal* 11/5 (1916): 293–94, and Larry Kreitzer, "Apotheosis of the Roman Emperor," *Biblical Archaeologist* 53/4 (1990): 212.

5　古代エジプト人は生きているファラオを文字どおりホルス神**であると**考えていたわけではない。むしろファラオはホルス神**さながらに**玉座に座っているものだと思っていた。ホルス神はファラオの身体の中に宿っていると思われていたのだ。エジプトの資料では、ファラオの神的な性向を裏付ける一方、人間的な属性や限界も持っている者として活き活きと描いている。もちろん、神々のこともまた、人間について使われるのと似たような言葉で語られていることを考えれば、ファラオに人間的な属性があると考えることは、彼の神性を損なうことにはならない。だが、神々の力とファラオの力の間には、その表現において明確な差異がある。ファラオは明らかに下位の存在と見られているのだ。そのことがエジプト学者たちの一部に、ファラオの神性は単なる象徴もしくはプロパガンダ用の道具に過ぎなかったので、それを真面目に受け止めるエジプト人はほとんどいなかったのではないかと推測させている。だが、神的存在である王支配という概念が、国民全体にそれほど重要な意味を持つことなしに、なぜそれほど長く続いたのかは想像しにくい。納得できる可能性の高い説明としては、神的存在の王威はファラオの**人格**というよりも、その**官職**だったのではないかという推測が挙げられる。

ファラオは、男性であれ女性であれ（女性のファラオもわずかながらいた）、王座に就くまでは人間と考えられていたが、戴冠式で神格化された。だが、時が経つにつれて、ファラオは生まれながらにその地位に就くことを運命づけられていたと一般的に考えられるようになった。ジョン・ベイネスは次のように要約している。「王は〝永遠の〟官職と、組織において神的存在の役割を担う現世の人間だった」。詳細については、John Baines, "Kingship, Definition of Culture, and Legitimation," in *Ancient Egyptian Kingship*, ed. David O'Connor and David P. Silverman (Leiden: Brill, 1995), 3-48, 6のほか、Donald B. Redford, "The Sun-Disc in Akhenaten's Program: Its Worship and Antecedents, II," *Journal of the American Research Center in Egypt* 17 (1980): 21-38; Byron E. Shafer, ed., *Religion in Ancient Egypt: Gods, Myths and Personal Practice* (Ithaca and London: Cornell University Press, 1991); David P. Silverman, "The Nature of Egyptian Kingship," in *Ancient Egyptian Kingship*, ed. David O'Connor and David P. Silverman (Leiden: Brill, 1995), 49-94を参照されたい。

6　メソポタミアの神的存在の王の支配という概念についての詳細は以下を参照されたい。Henri Frankfort, *Kingship and the Gods: A Study of Ancient Near Eastern Religion as the Integration of Society and Nature* (Chicago: University of Chicago Press, 1948); Gillian Feeley-Harnik, "Issues in Divine Kingship," *Annual Review of Anthropology* 14 (1985): 273-313; Gebhard Selz, "'The Holy Drum, the Spear, and the Harp': Towards an Understanding of the Problems of Deification in Third Millennium Mesopotamia," in *Sumerian Gods and Their Representations*, ed. I. L. Finkel and M. J. Geller (Groningen: Styx, 1997), 167-209; Nicole Brisch, "The Priestess and the King: The Divine Kingship of Šū-Sîn of Ur," *Journal of the American Oriental Society* 126/2 (2006): 161-76.

7　イエスの地上での主たるアイデンティティは「メシア」、ローマ人の語法でいえば、〝ユダヤ人の王〟である、ということを忘れてはならない。イエスの王にふさわしい地位はユダヤ人にもローマ人信奉者にも認められていた。キリスト教徒がイエスのことを語るとき、よく使われてきた言葉は、ローマ人が皇帝に対して使う言葉が反映されている。ユリウス・カエサルの晩年にエフェソス市に建立された石碑には「人の姿で現れた〈神〉であり人類共通の救い主」という肩書が付けられた。カエサルの後継者アウグストゥスの誕生日は、キリスト教徒がイエスの誕生を指すのと同じ〝good news（良き知らせ）〟（彼らの〝福音書〟もこう呼ばれる）と呼ばれた。皇帝のこの都市への行幸は、キリスト教徒が「キリストの再臨」を指すときに使う〝パァールゥーズィア〟として知られていた。

8　殉教者ユスティノスの言葉は、*Dialogue with Trypho*, trans. Lukyn Williams (New York: Macmillan, 1930), 113より引用。サモサタのパウロスについてはDennis C. Duling, *Jesus Christ Through History* (New York: Harcourt, 1979), 74より引用。

9　マルキオンは、イエスは人間のように見えただけで、〈神〉として、実際に肉体の形をとったり、女性から生まれたりしたはずはないと信じていたという意味の仮現説《ドケティズム》（ギリシア語で〝…のように見える〟という意味の**ドケイン**という単語から派生した言葉）の支持者だった。彼の肉体的な身体は、人々が実際に純粋に神霊と相互に影響し合うことができる手立てとしての幻にすぎなかった。デーヴィッド・ソルター・ウィリアムズが記しているように、「マルキオンはまた、キリストの有形性を否定する仮現説信奉者のキリスト論を推進したと思われている」。詳細は、David Salter Williams, "Reconsidering Marcion's Gospel," *Journal of Biblical Literature* 108/3 (1989): 477を参照されたい。

10　グノーシス派の教えによれば、森羅万象の中の不可知の〈神〉（「父」）は、いくつかの下位の神々の創造に責任があったという。これらの神々の最後に生まれた「ソフィア」（「知恵」の神）は不可知の〈神〉のことを知りたがった（交わりたがった）。その結果、デーミウールゴスが存在する（生まれる）ことになった。二世紀の教父エイレナイオスは、次のように述べている。「彼ら［グノーシス派の人たち］が主の言葉を使い回すやり方はいかにも安易かつ恣意的であって、善い意味で言われている言葉も悪い意味に変えてしまう。さらに、何か一定の知識《グノーシス》を教示してやるという口実の下に多くの者たちを道から逸らせ、万物を創造して秩序づけた方から引き離してしまう。すなわち、彼らは、天地万物を創造した神よりもはるかに高いところに、さらに偉大な別の存在がいることを証明してみせると言うのである。そして手練手管の説得術によって無垢な人々を誘惑しては、探求の道へ引き込んで行く。ところが実際には、説得とは裏腹にその人々を滅びに陥れてしまう。というのは、彼らの思考を創造主《デーミウールゴス》に対する冒瀆と不信心に変えてしまうからである。その結果、その人々は真理を虚偽から識別することができなくなってしまうのである。

　デーミウールゴスは、すべての心魂的なものと物質的なものとの制作者であるがゆえに、充足《プレーローマ》〔グノーシス主義において超永遠世界を指す〕の外にあるものの父となり、また神になっていると彼らは言う。彼は混ぜ合わされた二つの実体を分離して非物体的なものから物体的なものに変え、天的なものと地上的なものを制作し、物質的なものと心魂的なもの、右のものと左のもの、軽いものと重いもの、上昇するものと下降するものの制作者となっているからである。

　実際、彼らの言うところによれば、デーミウールゴスは七つの天を構築して、自分自身はその上にいる。……これらのものをデーミウールゴスは［ことごとく］自分自身で作り上げたものと思ったが、実はアカモート〔デーミウールゴスの母〕が生み出したからこそ制作し得たのだと彼らは言う。彼らによれば、彼は天を知らずして天を制作し、人間を知らずして人間を形成し、地を知悉せずして地を示した。そして、すべてについてこのように、自分が作成したものの原型《イデア》にも、母そのものにも無知であり、自分だけがすべてであると思ったのである」。

Irenaeus, *Against Heresies* 1.2-3, 5.2-3.（邦訳『キリスト教教父著作集第2巻第1　エイレナイオス1　異端反駁I』大貫隆訳、教文館、二〇一七年、五、二三〜二四頁）

　The Secret Book of John については、Frederik Wisse, "The Apocryphon of John," in *The Nag Hammadi Library in English*, ed. James M. Robinson (San Francisco: HarperSanFrancisco, 1978), 104-23 を参照されたい。

11　Søren Giversen and Birger A. Pearson, "The Testimony of Truth," in *Nag Hammadi Library in English*, 448-59 より引用。

12　マルキオンがこれを書いているのは、ユダヤ人の蜂起の約五〇年後であることに留意する必要がある。この蜂起が原因でエルサレムはローマ人の手によって破壊され、ユダヤ教は宗教として非合法化された。キリスト教徒は、自分たちをイエスの宗教と完全に切り離して神学的議論をおこなったばかりでなく、ユダヤ教徒と同じ運命をたどるのを避けようとした。この点については、筆者の *Zealot: The Life and Times of Jesus of Nazareth*, 57–70 を参照されたい。

13　ティム・カーターによれば、「マルキオンは新約聖書が造物主である神の信奉者の教えに汚染されているので、彼自身がその付着物から該当文書を除去することを自分の任務とした。それに応じて、四つの福音書のうち、ティベリアス公国建設一五年目にカペルナウムにイエスが登場するところから始まるルカによる福音書の一部を切り詰めたものだけを彼は認めた。マルキオンはまた、パウロの手紙も認めたが、牧会書簡と呼ばれる『テモテへの手紙一、二』および『テトスへの手紙』、旧約聖書からの引用、ユダヤ教への好意的な言及は除去した」。詳細については以下を参照されたい。Tim Carter, “Marcion's Christology and Its Possible Influence on Codex Bezae,” *Journal of Theological Studies* 61/2 (2010): 551–52; Einar Thomassen, “Orthodoxy and Heresy in Second-Century Rome,” *Harvard Theological Review* 97/3 (2004): 241–56; Bart D. Ehrman, *Lost Christianities: The Battle for Scripture and the Faiths We Never Knew* (New York: Oxford University Press, 2003), 104–109; Williston Walker, *A History of the Christian Church* (New York: Scribner, 1918), 67–69; and Williams, “Reconsidering Marcion's Gospel,” 477–96.

14　Elaine Pagels, *The Gnostic Gospels* (New York: Random House, 1979), 35 より引用。さらに詳しくは、Elaine Pagels, “The Demiurge and His Archons: A Gnostic View of the Bishop and Presbyters?” *Harvard Theological Review* 69/3–4 (1976): 301–24（邦訳『ナグ・ハマディ写本　初期キリスト教の正統と異端』荒井献・湯本和子訳、白水社、一九九六、八四頁）を参照されたい。

15　コンスタンティヌス帝の母ヘレナは、どの資料を見ても敬虔なキリスト教徒で、三二六年にエルサレムに巡礼中にイエスが磔刑にされた本物の十字架を発見したと断言している。彼女はまた、東地中海沿岸部にいくつかの大きな教会を建立したり、教会の改装をおこない、ゴルゴタの地で採集した土など、たくさんの遺物をローマに持ち帰ったとされている。だが、こうした主張が真実であるかどうかにかかわらず、一つ確かなのは、ヘレナがキリスト教徒であったということは、四世紀初めまでにはキリスト教がローマ社会の最高位レベルにまで浸透していたことを示唆していることである。

　帝国内のキリスト教信仰の激増に応えて、コンスタンティヌス帝は「ミラノ勅令」を制定し、ローマ帝国内でキリスト教徒であることを合法化した。この勅令の「寛容令」という非公式名が示すとおり、ローマ帝国内では宗教的多元主義と、キリスト教徒の迫害からの解放が認められた。だが、キリスト教がローマの公式宗教となったのは、三八〇年に皇帝フラウィウス・テオドシウス、グラティアヌス、ヴァレンティニアヌス二世による「テッサロニケ勅令」が可決されてからである。

16　皮肉なことに、ローマ社会内の宗教的信仰の多岐にわたる発言者だったコンスタンティヌス帝は、彼の死後（三三七年）、元老院によって神格化された三六人の皇帝の一人だった。アルナルド・モミリアーノによれば、「キリスト教徒皇帝にとって、〝ディーウス〟（国家神）の重要性を実際に最小化しておいたことが、〝サンクトゥス〟（聖人）になる可能性を開いた。コンスタンティヌス帝自身、死後まもなく、東方では、事実上、使徒の一人に近い聖人のように扱われた」。詳細は、Arnaldo Momigliano, “How Roman Emperors Became Gods,” *American Scholar* 55/2 (1986): 191を参照されたい。

17　詳しくは、Tertullian, *Apologetical Works*, and Minucius Felix, *Octavius*, trans. Rudolph Arbesmann, Sister Emily Joseph Daly, and Edwin A. Quain（Washington, D.C.: The Catholic University of America Press, 1950）, 63を参照されたい。

テルトゥリアヌスは「三位一体《トリニタース》」における三つの様態は、神的存在の実体の中で等分に共有されているのではないと信じていた。「父」は神格の最大量を包含し、「子」はそれに次ぎ、「聖霊」はそれ以下である。換言すれば、イエスは〈神〉と同じ物差しで測れる存在ではなく、〈神〉と共にある〝一つの実体〟だったのかも知れない。

ネオプラトニズムの創唱者プロティノス（二〇五～二七〇年）もまた、〈神〉について三位一体説的な論法で次のように述べている。神的存在の力とは、神人同形論を嫌うギリシア人の考えでは、次の三つの様態、すなわち完全無欠な「一者」、「理性」、「霊魂」で表されると言う。ディアメイド・マックロックの説明によれば、「プラトンの言う『理性』によってのみ捉えられる完全無欠な『一者』という理念とは対照的に、最初のものは完全無欠を表し、二番目のものは、私たちの凡庸な感覚によって第一のもののイメージであると知ることが出来、三番目のものは、この世を活発化し、それによって別種の存在であることが出来る霊であると想定している」。詳細については、Diarmaid MacCulloch, *Christian History: An Introduction to the Western Tradition*

(London: SCM Press, 2012), 80を参照されたい。

18　様態的唯一神主義者たちはこの問題を、一つの実体と三つの様態というテルトゥリアヌスの解釈を容認することによって解決しようとしたが、この実体は三つの様態が**同時に**共有されるのではなく、最初に「父」として、次に「子」として、最終的に「聖霊」として顕れると論じた。

19　アウグスティヌスの声明で顕著なのは、彼自身が自分の立場の論理的誤りを平然と無視していたことだけではない。三位一体の概念に埋め込まれているのは、〈神〉とは物質的な実体として分割や共有が可能であり、イエスの場合のように人間の姿をとることもできると解釈する明らかにギリシア文明的信仰である。実際、〈神〉を物質的なものと言うより霊的なものととらえる概念そのものが、五世紀の教会には事実上存在しなかった。アウグスティヌス自身が〈神〉を天界に住む〝巨大な輝く肉体を持った〟大男のように見なしていた。

20　カルケドン公会議の翻訳は、R. V. Sellers, *The Council of Chalcedon: A Historical and Doctrinal Survey* (London: SPCK, 1953), 210から引用した。Roland Teske, "The Aim of Augustine's Proof That God Truly Is," *International Philosophical Quarterly* 26 (1986): 253–68も参照されたい。

ユダヤ人がキュロス大王の軍隊によりバビロン捕囚から解放されたのと、その同じペルシアの王がゾロアスター教を二元論という形で再生させるのを助け、世界制覇をしたアケメネス朝ペルシア帝国の公的宗教にしたのは、まことに不思議な歴史の偶然である。キュロス大王の軍事的勝因は、戦争とは、勝軍の神が敗軍の神を打ち負かすという神々の間での戦闘であるという理念をきっぱり拒否したことにあった。キュロスはそれに代わるものとして、征服された人々を解放し、自分たちの好きな神々を崇拝させる、世界初の人権憲章と広く見なされているキュロスの円筒形碑文を造りあげた。彼は、占領したどの都市にも、地元の寺院を再建させ、地域の祭司階級の暮らしが立つようにしてやり、彼らの崇拝する神々を称賛した。

同様に、バビロニアに自軍を送るはるか前に、キュロス大王は、「マギ」と呼ばれるゾロアスター教の高度な宗教儀礼を司る祭司階級にバビロニア人へのメッセージを託して派遣した。このペルシアの王は自分がバビロニアの国神マルドゥクを撲滅する意図がまったくないことを知らせたかったのだ。それどころか、彼は、バビロニアの最後の王で優柔不断、信仰心の薄いナボニドゥスからバビロニア人を解放するため、マルドゥクから軍隊を送られたと断言している。「マギ」もユダヤ人を含むバビロニアに囚われたすべての人々に同様のメッセージを伝えている。この企ては成功した。紀元前五三八年、バビロニア軍によるエルサレムの破壊から約五〇年後、キュロス大王はバビロニアの城門を徒歩で無血入城し、バビロニア人にも、彼らに囚われていた人たちにも聖人のように歓迎された。キュロスが最初におこなった措置の中には追放されていたユダヤ人の故郷への帰還も含まれていた。彼はバビロニアの自分の財庫から、ヤハウェの神殿の再建費用を調達した。その結果、キュロス大王は「ヤハウェの牧者」（「イザヤ書」四四章28節）と呼ばれるようになり、『旧約聖書』全体の中ではほんの一握りに過ぎない「メシア」（「イザヤ書」四五章1節）と呼ばれる唯一の非ユダヤ人になった。

第9章　すべてに遍在する〈神〉

1　預言者ムハンマドの伝記作者アル・タバリーによれば、ムハンマドはヘラクレイオスとホスロー、およびエチオピア皇帝、エジプトの支配者、バーレーンの支配者、シリアの総督にもイスラームへの帰依を奨める手紙を送ったという。大半の学者はこの手紙の史実性を認めているが、ガブリエル・セッド・レイノルズを含む一部の人たちは、アル・タバリーの主張の真実性に疑問を投げかけている。詳細については、以下を参照されたい。Gabriel Said Reynolds, *The Emergence of Islam: Classical Traditions in Contemporary Perspective* (Minneapolis: Fortress Press, 2012), 49.

2　ビザンツ帝国とペルシア帝国の間の数百年にわたる闘争――淵源はキリスト教の勃興以前にまで遡る――の一番詳細な記述は、傑出した歴史家であるDavid Levering Lewisによる *God's Crucible: Islam and the Making of Europe, 570–1215* (New York: W. W. Norton, 2008) に見られる。

3　面白いことに、ナジマ・サユティは一四世紀の歴史家イブン・ハルドゥーンを参照しながら次のように述べている。「神殿を建てたり、偶像神を採用したりする余裕のない人たちは、カアバ神殿、あるいは自分で選んだそのほかの神殿の前に石を一つ置き、カアバ神殿そのものに対してと同じように敬意を表した。多神教徒アラブ人はこうした石を〝アンサブ〟と名付けた。だが、その石が人間もしくは動物に似ている時には、それらを〝アスナム〟あるいは〝アウサン〟と名付けた」。詳細は、Najmah Sayuti, "The Concept of Allah as the Highest God in Pre-Islamic Arabia," MA thesis, McGill University, 1999, 39を参照されたい。

4　イスラームは実際にはユダヤ人のメシア信仰として始まったという説は、一般的にはハガリズムとして知られており、著名な歴史家パトリシア・クロンとマイケル・クックの共著 *Hagarism: The Making of the Islamic World*（Cambridge: Cambridge University Press, 1977）で初めて紹介された。クックとクロンはシリア語とヘブライ語の資料をもとにイスラームの勃興を論じ、ムハンマドはユダヤ人で（前述のようなユダヤ教とイスラームの関連を基盤にして）、彼の信奉者たちは、もともとはハガレネス（ハガル人）と呼ばれていた。ムハンマドの祖先を遡ると、アブラハムの最初の妻のあとに連れ添ったハガルに行き着くとされる。ハガリズムはイスラーム学者たちからはほぼ完全に忘れ去られているが、近年のイスラーム史の論じ方の一部にその影響力が見られる。その一例として、Tom Holland, *In the Shadow of the Sword: The Birth of Islam and the Rise of the Global Arab Empire*（New York: Doubleday, 2012）が挙げられる。

ムハンマドのユダヤ教についての知識は『トーラー』〔イスラームでは『旧約聖書』全般を指す〕からではなく、アラブ系ユダヤ人との遭遇によって得られたものであることに留意することが重要である。預言者ムハンマドは、伝承によれば、読み書きができない人という概念は正確ではない（アラブの諸都市の中ではもっともコスモポリタン的な町に住む成功した商人としてのムハンマドは、基本的な読み書きの能力があった可能性は非常に高く、もしかしたら複数の言語さえ出来たかもしれない）が、アラビアのユダヤ人の間ではヘブライ語の聖典の複製はなかったという単純な理由から、彼がヘブライ語聖書を手にすることはなかったであろうと思われる。この点については拙著 *No god but God: The Origins, Evolution, and Future of Islam*（New York: Random House, 2005), 97-100を参照されたい。

「**サマド**」というむずかしいアラビア語は、「永遠」と訳されることがあるが、筆者は「**アッラーフ・サマド**」を「〈神〉は唯一無二《ユニーク》」と訳しており、これが最上の定義であると思う。この言葉は字義どおりには「だれにも左右されない」という意味なので、アリー・イブン・フサインの「**サマド**」の説明と伝えられている、「配偶者はなく、事物を保護することに困難はなく、彼には何一つ隠せないお方」という伝統に従った。

5　サーサーン朝ペルシア帝国のユダヤ人は、ビザンツ帝国のユダヤ教信徒たちよりもうまくやっていた——バビロニア語の「タルムード」はイラン人の支配下で作成され、いくつものユダヤ教学派がこの地域全土に設立されたが、そこでさえも、宗旨替えに反対する法律が、宮廷でおこなわれる大々的な神学論議に対するユダヤ人の影響力に歯止めをかけていたことは指摘しておかなければならない。

6　詳細については、Arent Jan Wensinck, "Two Creeds, The Fikh Akbar II," in *The Norton Anthology of World Religions*, vol. 2, ed. Jack Miles (New York: W. W. Norton, 2015), 1553-59を参照されたい。

7　アル・アシュアリーについては、Majid Fakhry, "Philosophy and Theology: From the Eighth Century C.E. to the Present," in *The Oxford History of Islam*, ed. John L. Esposito (New York: Oxford University Press, 1999)を参照されたい。

8　ルーミーのよく知られた英訳は、Coleman Barks, *The Essential Rumi* (1995)である。ほかにも、次の二冊がある。*Mystical Poems of Rumi* translated by A. J. Arberry (1968) and Reynold Nicholson's *Rumi: Poet and Mystic* (1950). ルーミーの生涯についてさらに詳しくは、Annemarie Schimmel, *I Am Wind, You Are Fire: The Life and Works of Rumi* (1992) のほか、ブラッド・グーチによる新しい伝記 *Rumi's Secret* (New York: Harper, 2017) を参照されたい。シャムスとルーミーの最初の出逢いについて、後世の解釈では、預言者ムハンマドの天性に関する神学的な学説を展開しているという。この点については以下を参照されたい。Omid Safi, "Did the Two Oceans Meet? Historical Connections and Disconnections Between Ibn 'Arabi and Rumi," *Journal of Muhyiddin Ibn 'Arabi Society*, 26 (1999): 55-88.

9　「酔っぱらったスーフィー」について詳しくは、Ahmet Karamustafa, *Sufism: The Formative Period* (Berkeley: University of California Press, 2007) を参照されたい。

10　イブン・アル・アラビーは、シャムスとルーミーとの出逢いより一〇〇年ほど前の一一六五年、スペインの町ムルシアで生まれ、芸術や学問がすばらしい進歩を見せ、広範囲のギリシア語の科学や哲学の書物がアラビア語に翻訳されたばかりでなく、ユダヤ教徒、キリスト教徒、ムスリムの異教徒間の宗教的交流が前例のないほど顕著であった時代のアンダルシア地方の主都セビリアで育った。高名なユダヤ人哲学者マイモニデスや、西欧ではアヴェロエスという名で知られている、史上もっとも影響力の大きかった思想家の一人であるイブン・ルシュドも当時このアンダルシア地方に住んでいた。ムスリム支配下のアンダルシアについての詳細は、María Rosa

Menocal, *Ornament of the World: How Muslims, Jews, and Christians Created a Culture of Tolerance in Medieval Spain* (New York: Back Bay Books, 2003) を参照されたい。イブン・アル・アラビーの悟りとそれに対するイブン・ルシュドの反応については、ウィリアム・C・チッティックの優れた著作 *The Sufi Path of Knowledge: Ibn al-Arabi's Metaphysics of Imagination* (Albany: SUNY Press, 1989) の序文から引用した。

11　「一《いっ》なる〝存在〟しかない。その存在とはもちろん、〝実在〟している。従って、その実在しているものが〝唯一無二の神〟である。それは他のいかなる理由も度外視した、それ自身の存在の裡《うち》に在る」。Bulent Rauf, "Concerning the Universality of Ibn 'Arabi," *Journal of the Muhyiddin Ibn 'Arabi Society*, vol. 6, 1987. イブン・アル・アラビーは先達の偉大な思想家たちの影響を受けているが、部分的には、西欧ではアヴィケンナとして知られる偉大なイスラーム思想家のイブン・シーナー思想に磨きをかけた。彼の必然的存在についての教義はそれ自体が、〈神〉を〝純粋な存在〟とする新プラトン主義的解釈を基盤としていた。

終章　万物の創造を司る「一《いっ》なるもの」

1　「創世記」の初めの部分には、人間が〈神〉のようになろうと努力したり、神のような能力を利用しようとしたりする少なくとも三つの物語がある。一つは「エデンの園」の物語、二つ目は「創世記」六章の堕天使の物語、三つ目は「バベルの塔」の話である（「さあ、我々は町と塔を築こう。塔の頂《いただき》は天に届くようにして、名を上げよう……」「創世記」一一章4節）。いずれの例も、「創世記」の神学者たちは、神々や神のような存在になろうと努力する人類に身の程をわきまえさせた。

2　詳細は、Michael P. Levine, *Pantheism: A Non-Theistic Concept of Deity* (London: Routledge, 1994), 91を参照されたい。

Stanford Encyclopedia of Philosophy は汎神論《パンセイズム》を次のように定義している。「もっとも一般的な意味での汎神論とは、肯定的には〈神〉を宇宙と同一視し、〈神〉以外には何も存在しないとする見解、否定的には〈神〉を森羅万象とは別個のものと考える見解を拒否するものと解釈してよいであろう」。

汎神論《パンセイズム》と万有在神論《パネンセイズム》は区別される。前者は森羅万象が〈神〉であると断言する。後者は、〈神〉は森羅万象に内在するが、それを超越した存在であると言う。ウィリアム・ロウによれば、この二論の違いは、実際に森羅万象をどう見るかによるとされる。

「万有在神論によれば、森羅万象は有限で、〈神〉の中に内在するが、〈神〉は実を言えば無限であるから、有限の森羅万象内部であろうと外部であろうと限定されるはずはまったくない」。換言すれば、汎神論と万有在神論の違いは森羅万象を有限と信じるか、無限と信じるかによって異なる。筆者の見解では、〝森羅万象〟という言葉の定義は、〝存在するあらゆるもの〟であるから、汎神論と万有在神論は実質的な違いがあるはずがない。実際、筆者にとって、万有在神論は、森羅万象の働きを超越する意志と意図を持つ、人格化された〈神〉をつなぎとめるもう一つの手段にすぎない。詳細については、William Rowe, "Does Panentheism Reduce to Pantheism? A Response to Craig," *International Journal for Philosophy of Religion* 61/2 (2007): 65–67 を参照されたい。

ショーペンハウアーは、この世界を〈神〉と呼べるはずだという見解を馬鹿げていると嘲笑した。「あるがままの世界を偏見なしに受け止めれば、それを一人の神と見なそうとする者はだれもいないであろう。私たちの世界のような、粗末でみすぼらしい世界になるしか知らない、ひどく軽率な神であるに違いない」。

だが、リーヴァインの説明によれば、〈神〉と世界とは同じものを意味していないし、汎神論者にとっても、必ずしも同じものを意味してはいない。しかしながら、汎神論者はこの世界と〈神〉とは、ある種のおたがいについての解釈に同一の感覚と基準を持っていると見なす。伝えられるところでは、〈神〉、世界、そのすべてを含む「一《いっ》なるもの」はみな同じものと見なしている。そういうわけで、彼らは、非汎神論者は信じない〈神〉と世界について真実であることを信じる。意見の相違をめぐる問題点とは、単に〈神〉と世界の特性についてではなく、それらが意味するものについてである。汎神論者が世界、もしくは〈神〉がすべてを含む「一《いっ》なるもの」であると主張する時、非汎神論者がこれらの用語を使う時とはやや異なっている。詳細については、Levine, *Pantheism*, 26–29を参照されたい。汎神論についての詳細は、H. P. Owen, *Concepts of Deity* (London: Macmillan, 1971); Alasdair MacIntyre, "Pantheism," in *Encyclopedia of Philosophy*, vol.6 ed. Paul Edwards (New York: Macmillan, 1967), 31-35; and John Macquarrie, *In Search of Deity* (London: SCM Press, 1984) を参照されたい。

3 タイタス・ブルクハルトは、*Introduction to Sufism* (London: Thorsons, 1995), 29で、「したがって、理想的な現実について考えるならば、実在するすべてが〈神〉そのものであるが、〈神〉はこれらの実在物そのものではない。これは、〈神〉の現実はそれらを除外したものという意味ではなく、〈神〉の無限性を考えた場合、それらの現実は存在しないからだ」と述べている。プリズムを通した光の比喩は、Mazheruddin Siddiqi, "A Historical Study of Iqbal's Views on Sufism," *Islamic Studies* 5/4 (1966): 411-27 に述べられているイブン・アル・アラビー自身の言葉である。

4　ヴェーダーンタ学派の伝承は、W. S. Urquhart, *Pantheism and the Value of Life: With Special Reference to Indian Philosophy* (London: Epworth Press, 1919), 25 から引用した。ティモシー・スプリガはアーカートの分析をわかりやすく次のように述べている。「[〈神〉でないものは何一つない」という最初のフレーズは、言葉で言い表せない一つのまとまりであるブラフマン以外に現実には何も存在せず、変化と多様性に富んだ日常世界は誤った心象であるという意味だ。二番目の「〈神〉は存在するもののすべてである」というフレーズは、日常世界は単なるまぼろし以上のものだが、すべてが一つの普遍的な霊魂のさまざまな変形からできているという意味である。最初のフレーズは、中世インドの偉大にして一流の思想家シャンカラの主唱する不二一元論《アドヴァイタ・ヴェーダーンタ》から、二番目のフレーズはヒンドゥー教の哲学者ラーマーヌジャによって古典的慣行に基づいてまとめられた公認のヴェーダーンタより引用した」。詳細は、T.L.S. Sprigge, "Pantheism," *Monist* 80/2 (1997): 199 を参照されたい。

ヴェーダーンタ哲学における汎神論についてラーダクリシュナンは次のように言っている。「ヴェーダーンタ体系とは、ブラフマンと呼ばれる絶対的な存在だけが現実であり、有限の化身は実在しないと考える現世の客観的現実を否定する汎神論であると想定される。一つの絶対的に不可分の現実があり、その本質の構成要素は知識である。有限ではあるが優れた精神と思考の対象を持つ実証的世界全体がまぼろしである。主体も客体も夢見ている魂を包含する消えゆく心象であって、目覚めた瞬間に無に帰する。サンスクリット語の『マーヤー』は、実在しない現実に存在すると考えられる物質世界の幻影を示唆している。シャンカラはこの『マーヤー』を、ロープと蛇、手品師とごまかし、砂漠と蜃気楼、夢見る人と夢の類似点を挙げて説明する。今日、思われているようなヴェーダーンタ哲学の主要な特徴は、ブラフマンは本物で、森羅万象はうわべだけのもの、アートマンはブラフマンであり、それ以外の何物でもないという一文に簡潔に説明されている」。詳細は、Sarvepalli Radhakrishnan, "The Vedanta Philosophy and the Doctrine of Maya," *International Journal of Ethics* 24/4 (1914): 431を参照されたい。

道元禅師の言葉は、*Zen Ritual: Studies of Zen Buddhist Theory in Practice*, Steven Heine and Dale S. Wright, eds. (New York: Oxford University Press, 2008) から、荘子の言葉は、Rodney A. Cooper, *Tao Te Ching: Classic of the Way and Virtue; An English Version with Commentary* (Bloomington, Ind.: AuthorHouse, 2013), xvから引用した。クーパーによれば、「道教は汎神論をはるかに超えたものである。なぜなら、『道《タオ》』は森羅万象が形成される前から存在していたからだ。もしそれを他の信仰体系と比較するとすれば、どちらかと言うと万有在神論に近い――神的存在（それが一神教の〈神〉であろうと、多神教の神々であろうと、あるいは時空を超えて存在する宇宙の生命力や生気を与える力であろうと）が自然のあらゆる部分に浸透し、時空を超えて拡大すると仮定する信仰体系である。万有在神論が汎神論より優れているのは、神的存在が森羅万象と同義語であるとしている点である」(p.xvi)。

5　**ツィムツーム**の教理は、もっと正確に言えば、万有在神論的見解に近い。被造物は〈神〉自身から引き出されたのだとすれば、〈神〉の被造物と〈神〉自身を別物と考えるには矛盾があると多くの思想家たちは述べている。ルフス・M・ジョーンズの言うように、「〈神〉の外側全体が世界であるとするためには、〈神〉は自分自身の『実在』を縮小し、『至高の実体《エン・ソフ》』に凝縮されなければならない。なぜなら、もし〈神〉が全体として見れば、どこにでも存在するとすれば、どうして外界があり得ようか?」。詳細は、Rufus M. Jones, "Jewish Mysticism," *Harvard Theological Review* 36/2 (1943): 161-62のほか、Gloria Wiederkehr Pollack, "Eliezer Zvi Hacohen Zweifel: Forgotten Father of Modern Scholarship on Hasidism," *Proceedings of the American Academy for Jewish Research* 49 (1982): 87-115を参照されたい。

ウィンフリート・コーデュアンによれば、エックハルトの神観は汎神論にほぼ近いという。「それなのに、危ういくらい近いように見えても、汎神論とエックハルトが教えていることとの間には無限に広い隔絶がある。なぜなら、それは神的存在の秩序そのものではないからだ。それは堕落の形を変えて〈神〉と一体化させる神の贖罪行為である。自然の中には見いだされず、自然を超えた所で獲得できるわけでもないものも、〈神〉からは受け入れてもらえるのである」。詳細は、Winfried Corduan, "A Hair's Breadth from Pantheism: Meister Eckhart's God-Centered Spirituality," *Journal of the Evangelical Theological Society* 37/2 (1994): 274 を参照されたい。

6 スピノザの汎神論はしばしば、「一《いっ》なるもの、あるいはそうとしか言いようのないものしか存在しないという見解」を指す一元論と呼ばれる。マイケル・リーヴァインは、汎神論とスピノザそのほかの人たちが哲学でいう〝一元論〟とをはっきり区別していることに言及しておかなくてはならない。彼によれば、「一元論者たちは、彼らの言う一元論が指す〝一《いっ》なるもの〟が何であろうと、神性がそこに起因するはずであることを否定する可能性があるため、汎神論と一元論を単純に同一視することは論外である」という（*Pantheism*, p.86）。

ほかにも〝汎神論者〟で、哲学者の例を挙げると、プロティノス、老子、F・W・J・シェリング、G・W・F・ヘーゲルらがいる。詳細は、Peter Forrest and Roman Majeran, "Pantheism," *Annals of Philosophy* 64/4 (2016): 67-91 を参照されたい。

7 〝実体二元論〟に対する私たちの当然の性向に関して、認知科学者ポール・ブルームは、「それは、形あるものを扱う時と社会的存在を扱う時、私たちは二つの異なる認知システムを持っていることから自然発生する副産物である」と論じている。詳細は、Paul Bloom, "Religious Belief as an Evolutionary Accident," in *The Believing Primate: Scientific, Philosophical, and Theological Reflections on the Origin of Religion*, Jeffrey Schloss and Michael J. Murray, eds. (Oxford: Oxford University Press, 2009), 118-27 を参照されたい。ブルームはまた、自著 *Descartes' Baby: How the Science of Child Development Explains What Makes Us Human* (New York: Basic Books, 2004) で、子どもたちと共におこなった、心身二元論の基礎となる信仰を示唆する実験のあらましを述べている。

認知理論研究者の中でこの問題についてジャスティン・バレット以上に実験を重ねている学者はほとんどいない。彼の結論によれば、「ますます大勢の認知発達研究者たちが、人間の心の発達の仕方に関わる何かが私たちの中にあり、死後も持続するものがあって、それが現在の世界に何らかの働きをしているのではないかと強く信じないではいられないかのように見える。……確かに、人が死んだあとにも生き残る魂、あるいは霊魂があると信じることが、なぜ子どもにとって（大人にとっても）それほど自然なことなのかが積極的な研究と討論の分野になっている。子どもは何らかの来世の生まれながらの信者であることについては意見の一致が見られるが、その理由については異論がある」という。詳細は、Justin L. Barrett, *Born Believers: The Science of Children's Religious Belief* (New York: Atria Books, 2012), 118, 120 を参照されたい。

詳細は、Jesse M. Bering, "Intuitive Conceptions of Dead Agents' Minds: The Natural Foundations of Afterlife Beliefs as Phenomenological Boundary," *Journal of Cognition and Culture* 2/4 (2002): 263-308 のほか、"The Folk Psychology of Souls," *Behavioral and Brain Sciences* 29/5 (2006): 453-98 を参照されたい。

訳者あとがき

本書の著者、イラン系アメリカ人レザー・アスランは、今やさまざまな顔を持つ〝旬の人〟である。

『ロサンゼルス・ウィークリー』二〇一九年十二月十二日号の「今年の人々」欄に掲載された数枚の大きな写真入り記事の見出しには、Reza Aslan: The Multi-hyphenate Narrativist Blazing His Own Trail（多彩な活動で後続者に独自の道標を示す語り手：レザー・アスラン）という文字が躍っている。

〝多彩な〟とは、国際的に名を知られた〝作家〟〝コメンテーター〟〝大学教授〟〝プロデューサー〟〝宗教学者〟という肩書。魅力は、宗教学の専門知識に裏付けられた資料をもとに緻密な構成力で組み立て、巧みに展開して、忘れがたい印象を残す語り口。テーマは、「人間にとって宗教とは何か？」という、どの活動にも深奥に通奏低音のように流れるさまざまな問いかけ。

本書 *God: A Human History*, Random House, 2017 は、デビュー作 *No God But God: The Origins, Evolution, and Future of Islam*, Random House, 2005（以下すべて拙訳『変わるイスラーム　源流・進展・未来』藤原書店、二〇〇九年）、第二作 *Beyond Fundamentalism: Confronting*

Religious Extremism in the Age of Globalization, Random House, 2009（『仮想戦争　イスラーム・イスラエル・アメリカの原理主義』藤原書店、二〇一〇年）、第三作 *Zealot: The Life and Times of Jesus of Nazareth*, Random House, 2013（『イエス・キリストは実在したのか?』文藝春秋、二〇一四年）に続く、彼自身の宗教的体験をもとに綴る〝心の旅路〟シリーズ第四作である。

本書は、太古の昔から人間の宗教感情が覚醒して行くプロセスを、認知科学、考古学、宗教史などの比較的近年の資料をもとに、カリフォルニア大学リバーサイド校創作学科の終身在職教授ならではの、序章と三つの楽章による交響詩のようなみごとな構成で描かれている。終章では、イラン・イスラーム革命直後、七歳で両親とともにアメリカに亡命し、イスラーム世界とキリスト教世界の狭間《はざま》で、戸惑い、迷いつつ歩んできた自分自身の〝心の旅路〟の終着点で、〈神〉を知ることは、自分を知ることだと告白する。人間には、肉体は死んでも、魂《こころ》は別の境域で生き続けると信じようとする本能的性向があり、この人間の普遍的特質は、〈神〉への信仰よりもはるかに古く、太古の昔からあるという。では、「あなたにとって魂とは何か?」。それを何と呼ぶかは、時代や地域、歴史や文化的背景によって異なるであろう。その存在を信じるか、信じないかはあなた自身の選択である、と強烈にして、深く、鋭いいくつもの問いを投げかける。

訳していて気がついたことをいくつか記しておく。

その第一は、原著者が物語を裏打ちする参考資料として挙げている図書や論文の六〇%近くが一九九〇年代以降のものであることだ。

第I部では、「心の理論」を含む認知科学の発達が、明確に把握できる世界を超えたところにある存在の知覚と、それを他の人々と共有したくてたまらない人間生来の性向を「宗教的覚醒の衝動」の兆《きざ》しととらえて、科学的な分析による宗教の起源の探求を試みている。

第Ⅱ部では、時代測定技術の格段の進歩による近年の考古学研究から、人類史の中で宗教関連施設の建設と農耕民の定住はどちらが先かという議論に新たな見方が提示されている。たとえば、トルコ南東部の丘の上にある一万四〇〇〇年から一万二〇〇〇年前に建立されたと推定される明らかに何らかの祭儀と関りがありそうなギョベクリ・テペという遺跡の本格的な発掘が一九九六年から始まった。この遺跡の建設には長い歳月と途方もない労働力が投入されたに違いないのに、その周辺には人間の暮らした痕跡が発見されていない。ということは、建設労働者たちは、建設地から遠く離れた集落に一時的に滞在している間に、食料になる植物を育てたり、動物を囲い込んで飼育したりし始めた可能性があり、それが農耕民の発達と定住につながったのではないかと見ることも出来るという。

第Ⅲ部では、一九四七年以降に発見された「死海文書」や一九四五年に発見された「ナグ・ハマディ写本」の研究成果の多くが、一九九〇年代以降に発表され、たくさんの言語に訳されて、それまでのユダヤ教とキリスト教に対する世界の認識に大きな影響を与えた事情に触れている。一神教の成立、ユダヤ教の神が唯一神になる経緯、イエスの死からキリスト教の三位一体論が確立するまでの数百年間の論争や、確立後のローマ帝国の東西分裂による混乱収拾のめどがつかないうちに登場するイスラームの始祖ムハンマドのエピソードなどは、これまでの宗教史を別の視点から見る機会を与えてくれる。

「一神教」と聞けば、これまで「一つの神だけを信じること」と単純に考えがちだったが、「唯一無二の〈神〉」を信じ、他の神を信じることを禁止し、他の神の信者を迫害・追放・抹殺したりする唯一神教と、他の神々の存在を認めながら、その中の「最高神」を信じる一神教との違いも明確にされている。

英語と日本語のニュアンスが微妙に違ういくつかのキーワードについても述べておく。

日本語版の表題や本文中にある〈 〉付の〈神〉は、原書では、大文字で始まるGodで、唯一無二の、人間ではない、永遠で、不可分の、姿形の見えない存在を指す。唯一無二であるから定冠詞は付かない。小文字のgodは、日本語ではさしずめ〝神様〟という言葉に置き換えられる普通名詞であり、the god と言えば、たくさんある神々の中の特定の一人を指す。gods と複数形にすれば、遠い昔から、神話に登場したり、何かのシンボルを人格化して万神殿に祀られたりしているような〝神々〟を言う。

もう一つ、本書で一三四回も使われているdivineという言葉。少し英語を学んだ日本人なら、辞書を引かなくても、〝神聖な〟という訳語を思い浮かべるであろう。しかし、本書では、キリスト教についての叙述部分など一部を除いて、英語の同義語辞典でgodlikeとされている、〈神〉とは別物を示唆し、さらに定冠詞付きのthe divineは、〝神的存在〟を想起させる言葉として使われ、それが生来の宗教的人間《ホモ・レリギオスス》の、時代を超えた〈神〉のイメージの明確化に役立っているように思われる。

実質的には本書の全頁数の半分以上を占める膨大な原注は、諸資料の比較や、参考文献に裏付けられた丁寧な解説になっている。参考文献の中で邦訳のあるものは、参考文献リストの原著のあとに併記し、著者の引用部分を邦訳からそのまま訳文に引用させて頂いた部分については、原注の該当個所末尾に邦訳の引用個所の頁を明記した。邦訳書の刊行年代は、必ずしも初版の年代ではなく、現在、入手、閲覧可能なものを記してある。

また、写真やイラストのキャプションに記されている年代は、近年、さまざまな年代検出法が発達している折から、異なる諸説もあるようだが、原書の記載のままとした。

昨今のアメリカ人に聞けば、著者の〝多彩な活動〟のうち、新聞・テレビ・ラジオ・トークショーなどコメンテーターや映画やドキュメンタリー番組のプロデューサーとしての存在のほうが強く印象付けられているかもしれない。旧約聖書の「サムエル記」を下地にしたＡＢＣのドラマ Of Kings and Prophets（歴代諸王と預言者たち）やエミー賞の候補にもなった The Secret Life of Muslims（知られざるアメリカのムスリムたちの暮らし）や、ケーブルテレビ・ネットワークＨＢＯの The Leftovers（残された世界）シリーズのプロデューサーや脚本のコンサルタント、異文化世界からの移民も楽しめるエンターテイメント興行の共同企画者としてもよく知られている。

前著 *Zealot*（『イエス・キリストは実在したのか?』）は、映画『ハリー・ポッター』シリーズの制作者ディヴィッド・ヘイマン監督、ジェームズ・シェイマス脚色により、弟ヤコブの視点から描いたイエスの生涯として映画製作が進行中であるという。

アスランは、イスラーム恐怖症《フオビア》やイスラームへの無知にまつわるマスコミの論争の絶え間ない現代世界において、宗教学者として、イスラームおよび他の宗教との関連性について、筋の通ったユニークな分析をおこない、グローバル化時代の宗教のありようを正しく認識することによって差別や偏見の解消を促してきた顕著な功績に対し、二〇一六年、アイルランドの名門校、ユニバーシティ・カレッジ・ダブリン（ダブリン大学）から、ジェームズ・ジョイス賞並びにここを本拠地とするヨーロッパ最大の歴史文学協会の名誉フェローの称号を授与され、宗教、とりわけイスラームについて、異なった視点からの考察をテーマとした招待講演の機会を与えられた。

本書は翻訳編集部の永嶋俊一郎氏、坪井真ノ介氏をはじめ、綿密な校閲者、装丁、広報、営業など多くの方々の惜しみない協力によって刊行の運びとなった。関係各位に心より感謝申し上げたい。

二〇一九年十二月

白須英子

解説　神が人間を創造したか、人間が神を創造したか

ジャーナリスト
池上　彰

『人類はなぜ〈神〉を生み出したのか？』という書名から著者の立ち位置は明らかです。神が人類を創造したとは考えていないのです。

この著者の両親はイラン出身のイスラム教徒。本人も生まれながらのイスラム教徒だったのですが、アメリカ社会でキリスト教徒に改宗。ところがその後、再びイスラム教徒に戻るという遍歴を経験しています。その上で、敬虔なキリスト教徒やイスラム教徒が怒るような本を上梓したのです。

著者レザー・アスランの前著『イエス・キリストは実在したのか？』での自己紹介によれば、彼の両親はイラン・イスラム革命を逃れてアメリカに亡命しました。著者も七歳で両親に連れられてアメリカに渡り、アメリカで育ちます。一五歳のときに福音伝道キャンプに参加し、「人類の救世主になった」イエスの物語を聞かされて、熱心なキリスト教徒になりました。

ところが、大学で宗教史を学ぶにつれ、キリスト教の聖書に対する疑念が高まったというのです。「私が教わった福音派キリスト教の根底にあるのは、聖書の言葉の一つ一つが神の霊の導きのもと

に真実を伝えるために書かれた、文字通りに読んで間違いのないものであると無条件に信じることだった。ところがそう信じることは、どう見ても反駁の余地のないほど間違っており、聖書は数千年の間に大勢の人々によって書かれた文書であれば当然予想されるような、おびただしい明らかな間違いや矛盾が山のようにあることに突然気づいた私は、面食らい、精神的な拠りどころを見失ってしまったような気持ちになった」（同書）

こうして彼はキリスト教を捨て、イスラム教に回帰するのですが、宗教学者としてイエスの研究を続けます。「聖書に疑問を抱かない信者としてではなく、好奇心の強い学者として詳細に調べ始めた」結果、救世主としてのイエスではなく、人間としてのイエスに惹かれていったそうです。

もしあなたが、海外で「信じている宗教は何ですか？」と尋ねられたら、何と答えますか。「信じている宗教はありません」と答えると、国によっては一騒動が持ち上がる恐れがあります。たとえばサウジアラビアやイラクでは入国カードに信じる宗教を書く欄があります。日本でこんな欄を作ったら、「プライバシーの侵害だ」と問題になりますが、イスラム教を国教としている国にとっては当然のことなのです。

このとき、つい「ＮＯＮＥ」（なし）と答えたりしようものなら、入国を拒否される可能性があります。「信じている宗教がない」ということは、「神を信じていない」ということ。神を信じていなければ、神をも恐れぬ行動に出るのではないか。テロリストではないか。こんな風に見られてしまう恐れがあるのです。

もちろん、あなたが意識的な無神論者なら構いませんが、それだけの覚悟がない人は、何かを書いたほうがいいでしょう。私は、こういうときは「Buddhist」（仏教徒）と書くことにしています。こんなことを繰り返しているうちに、「自分は仏教徒だ」という自覚が生まれてきたのですから、おかしなものです。

日本に住む私たちは、海外から見て実に不思議な宗教意識を持っています。よく言われることですが、子どもが生まれると神社にお宮参りに行き、七五三参りでは、千歳飴《ちとせあめ》を持って神社の前で記念撮影。結婚式は教会で挙げたいと希望するカップルが多く、しかし葬式は仏式で。

これに違和感がないのが、不思議な光景なのです。いったい日本人の宗教意識はどうなっているのか。信じる宗教はないのか。

文化庁がまとめている『宗教年鑑』によれば、何らかの宗教を信じている人は一億八一一六万四七三一人（平成二九年一二月三一日現在）。これは実に不思議な数字です。日本の総人口は総務省統計局によれば概算値で一億二六一五万人（令和元年一二月一日現在）だからです。

日本の総人口より信者数の方が多いという結果になっているのです。

どうしてこんな結果が出ているのか。個々の神社にしてみれば、氏子《うじこ》の家庭は神道の信者としてカウントします。寺院は檀家《だんか》を仏教の信者として計算します。教会は、通ってくる人たちを信者として報告します。結果、ダブルカウントが起き、信者数が総人口より多くなってしまうのです。

では、日本人は無宗教なのか。そうではないのですね。初詣は神社に行ったりお寺に行ったりしますから、どこかに人智を超えた超自然的な力が作用することを信じているように思えます。受験シーズンになると受験生は「志望校に絶対合格」などと書いた絵馬を奉納するのですから。

つまり特定の派を絶対視することはしないのですが、宗教一般は許容するのですね。日本人は決して無宗教ではないのです。

それどころか、日本人は古来あらゆるところに神の存在を認めてきました。神道では八百万《やおよろず》の神というほどです。「トイレの神様」という歌が流行したこともあるほどです。

こうした人間の宗教意識は、何万年も前から存在したと著者は指摘します。たとえば約四万一〇〇〇年前にスペイン北部の洞窟に描かれた壁画は、居住空間ではない場所にありました。当時の人々が、宗教行事として使っていたとみられる空間に描かれていたのです。

さらに私たちの祖先であるホモ・サピエンスが出現する以前の一七万六〇〇〇年以上前に、フランスの洞窟にネアンデルタール人が祭壇のようなものを築いていたことがわかりました。

では、どうして人類は宗教心を生み出したのか。著者は、過去の多くの学者の説を紹介しながら、「神の誕生」を紐解いていきます。そこで登場する神々は、残忍で粗暴で、平気で人間たちを大量虐殺する存在です。「慈悲深き神」が登場するのは、ずっと後になってからなのです。

このような残忍な神は、いまから四〇〇〇年前に作られたシュメール語のアトラ・ハシースと洪水の叙事詩にも現れます。この詩の中で、当時の神々は、騒がしい人間どもを地上から一掃するため、大洪水を起こすことを決めます。ところが、アトラ・ハシースだけは、ある神からの言葉を聞いて箱舟をつくり、大洪水を生き延びることができます。

これは『旧約聖書』の中の「ノアの箱舟」の物語とそっくりです。『旧約聖書』が聖霊によって書かれたのではなく、各地の伝承が集まって誕生したことを窺わせます。『旧約聖書』の神も、一度は人類を絶滅させようと考えたのです。

やがて現在のパレスチナの地にイエスという男が現れ、ユダヤ教の改革運動をしたために十字架にかけられます。こうして昇天したイエスは、弟子たちにとって救世主（キリスト）ではないかと崇められますが、さて、イエスは神なのか、神の子なのか人間なのか。信者にとって難題となります。そこで信者たちが生み出した解釈は「三位一体」。ウルトラC級の発想でした。

本書は、その間の経緯が丁寧に解説されていきます。

このように古より存在した宗教は、現代においても大きな影響力を発揮します。たとえばＩＳ（イスラム国）という過激派組織。彼らは「神」の名のもとに異教徒を大量虐殺してきました。彼らが信じる「神」は、信者に殺人を命じてしまうのです。

そのＩＳを攻撃してきたアメリカという国家も、宗教国家として誕生しました。アメリカのドル札やコインには「我々は神を信じる」と刻印されています。

アメリカの大統領は就任式典で聖書に手を置いて宣誓します。続く大統領のスピーチでは、必ず『旧約聖書』の一節が引用されます。『新約聖書』はユダヤ教徒の聖典ではないからです。『旧約聖書』であれば、ユダヤ教徒にとっての聖書であり、キリスト教徒やイスラム教徒にとっても聖典だからです。

そのアメリカでは、いま「福音派」と呼ばれるキリスト教徒が増加しています。彼らは「キリスト教原理主義」とも呼ばれます。聖書に書かれたことは一字一句真実だと考える人たちです。彼らにとって、ダーウィンの「進化論」など唾棄すべきもの。人間は進化の過程で生まれたのではなく、神様が創造したと聖書に書いてあるではないかというわけです。

彼らは、聖地エルサレムに「イスラエル」という国が存在してこそ、「この世の終わり」に救世主イエスが再臨して人々を導いてくれると信じています。それゆえに彼らは、「イスラエルの首都はエルサレムだ」と主張するドナルド・トランプ大統領を支持するのです。

日本から見て驚くことが多い言動を繰り広げるトランプ大統領の支持率がなぜ下がらないのか。現代アメリカを宗教の観点から見るとわかることが多いのです。

宗教を知れば世界が見える。宗教を知る一つの方法になるこの書は、知的興奮に満ちています。

二〇二〇年一月

人類《じんるい》はなぜ〈神《かみ》〉を生《う》み出《だ》したのか？

二〇二〇年二月十日　第一刷

著　者　レザー・アスラン
訳　者　白須《しらす》英子《ひでこ》
発行者　花田朋子
発行所　株式会社文藝春秋
〒102-8008　東京都千代田区紀尾井町三-二三
電話　〇三-三二六五-一二一一
印刷所　大日本印刷
製本所　大口製本

万一、落丁乱丁があれば送料当社負担でお取替えいたします。小社製作部宛お送りください。
定価はカバーに表示してあります。

ISBN 978-4-16-391169-4